Politische Kontrolle durch Berichterstattung

Europäische Hochschulschriften
Publications Universitaires Européennes
European University Studies

Reihe II
Rechtswissenschaft

Série II Series II
Droit
Law

Bd./Vol. 5166

PETER LANG
Frankfurt am Main · Berlin · Bern · Bruxelles · New York · Oxford · Wien

Silke Fricke

Politische Kontrolle durch Berichterstattung

Eine Untersuchung zur Übertragbarkeit des britischen Konzepts der Public Accountability auf Deutschland

PETER LANG
Internationaler Verlag der Wissenschaften

Bibliografische Information der Deutschen Nationalbibliothek
Die Deutsche Nationalbibliothek verzeichnet diese Publikation in der Deutschen Nationalbibliografie; detaillierte bibliografische Daten sind im Internet über http://dnb.d-nb.de abrufbar.

Zugl.: Hannover, Univ., Diss., 2010

Gedruckt auf alterungsbeständigem,
säurefreiem Papier.

D 89
ISSN 0531-7312
ISBN 978-3-631-61100-5

www.peterlang.de

Vorwort

Der vorliegende Beitrag wurde im Oktober 2010 abgeschlossen und von der Juristischen Fakultät der Leibniz Universität Hannover als Dissertation angenommen.

Besonders danken möchte ich meinem Doktorvater Prof. Dr. Hermann Butzer, der mir die notwendige Freiheit ließ, meine Vorstellungen zu verwirklichen und sie stets mit unterstützendem Interesse begleitete. Für die Bereitschaft zur Übernahme der Zweitkorrektur sei Herrn Prof. Dr. Epping gedankt.

Anstoß gegeben zur Erstellung dieser Dissertation hat mir Dr. Philipp Rösler, welcher mir stets Motivation gab und ausreichend Freizeit ließ, um die Fertigstellung der Arbeit neben meiner Berufstätigkeit verwirklichen zu können.

Neben der fachlichen Unterstützung verdient ein Umstand jedoch besondere Erwähnung: Meine Eltern haben meine gesamte berufliche Ausbildung in jeder ihnen möglichen Art und Weise liebevoll getragen. Dafür möchte ich mich an dieser Stelle ganz besonders bedanken.

Und last, but not least eine große Umarmung an meine Mädels, Freunde und Kollegen für die ausdauernde Aufmunterung und tatkräftige Unterstützung.

Hannover, im Dezember 2010 *Silke Fricke*

Inhaltsverzeichnis

§ 1 Einleitung

Zielsetzung der Dissertation ist es, einen öffentlich-rechtlichen Vergleich zwischen dem englischen Konzept der Public Accountability und der aktuellen Situation der politischen Kontrolle in Deutschland in Bezug auf die Überprüfung der Verantwortlichkeiten der politischen Entscheidungsträger durchzuführen. Im Rahmen dieses Vergleiches soll untersucht werden, ob eine Einführung des Konzepts der Public Accountability in das deutsche Rechtssystem geeignet ist, die Nachvollziehbarkeit und Verantwortung für politische Entscheidungen zu verbessern. Dabei wird neben der juristischen Betrachtung auch die praktische Anwendung der Kontrollmechanismen dargestellt und die Wirksamkeit der gesetzlichen Regelungen im Einzelfall überprüft.

Die Verfassung der Bundesrepublik Deutschland setzt eine Gewaltenteilung der staatlichen Aufgaben voraus. Das deutsche Grundgesetz statuiert in Art. 20 II GG, dass alle Staatsgewalt vom Volke ausgeht. Sie wird vom Volke in Wahlen und Abstimmungen und durch besondere Organe der Gesetzgebung, der vollziehenden Gewalt und der Rechtsprechung ausgeübt. Dabei werden die hier beschriebenen Aufgaben unterschiedlichen Organen zugewiesen: die Gesetzgebung dem Bundestag und dem Bundesrat, die vollziehende Gewalt der Regierung und Verwaltung und die Rechtsprechung den Gerichten. Sinn und Zweck dieser Gewaltenteilung ist die grundsätzliche Verhinderung einer Machtkonzentration, daneben aber auch Grundlage für die Zurechnung von Verantwortung und die Kontrollierbarkeit der politischen Tätigkeiten[1].

Allerdings ist es nicht möglich, die Gewalten abschließend organisatorisch und funktionell zu trennen, da zwischen diesen eine verfassungsrechtlich vorgegebene Zusammenarbeit und somit eine Art Beziehungsgeflecht besteht, welches ein Ineinandergreifen der Gewalten zur Folge hat[2]. Für das Gewaltenteilungsprinzip des Grundgesetzes ist mithin die *„gegenseitige Kontrolle, Hemmung und Mäßigung der Gewalten“*[3] kennzeichnend oder, wie es im Anglo-Amerikanischen-System genannt wird, ein System von checks und balances[4].

1 *Sommermann,* in: v. Mangoldt/Klein/Starck, Kommentar zum Grundgesetz, Art. 20, Rn. 207 f.

2 BVerfGE 3, 225 (247); 34, 52 (59).

3 BVerfGE 34, 52 (59); 95, 1 (15).

4 *Sommermann,* in: v. Mangoldt/Klein/Starck, Kommentar zum Grundgesetz, Art. 20, Rn. 212 mit Verweis auf *Hamilton,* in: *Madison/Hamilton/Jay,* The Federalist Papers, S. 50 f.

Das Parlament ist dabei das direkt vom Volk gewählte Legislativorgan. Als solches hat es nicht nur den Willen des Volkes in Form von Gesetzen durchzusetzen, sondern ist auch verpflichtet, das Handeln der Regierung dahingehend zu überprüfen, ob der so genannte Wille des Volkes eingehalten wird. Doch obwohl das Recht und die Pflicht des Bundestages, die Regierung zu kontrollieren, vom Grundgesetz immer zu den Hauptaufgaben des Parlaments gerechnet wurde[5], wurde das parlamentarische Kontrollrecht ursprünglich an keiner Stelle erwähnt[6]. Das Bundesverfassungsgericht[7] führt hierzu folgendes aus:

> *„Die demokratische und rechtsstaatliche Herrschaftsordnung des Grundgesetzes setzt erkennbare Verantwortlichkeit im Staat und im Besonderen eine verantwortliche Regierung voraus. ‚Die Regierung hat die Aufgabe, in Verantwortlichkeit gegenüber der Volksvertretung und von ihr getragen, der gesamten Staatstätigkeit eine bestimmte Richtung zu geben und für die Einhaltung dieser Linie durch die ihr unterstellten Instanzen zu sorgen.' Die selbstständige politische Entscheidungsgewalt der Regierung, ihre Funktionsfähigkeit zur Erfüllung ihrer verfassungsmäßigen Aufgaben, ihre Sachverantwortung gegenüber Volk und Parlament sind zwingende Gebote der demokratischen rechtsstaatlichen Verfassung."*

Doch gerade die vom Bundesverfassungsgericht für wichtig gehaltenen selbstständig getroffenen politischen Entscheidungen der Regierung, aber auch des Parlaments und der Ministerialverwaltung, werden heutzutage in kompliziert strukturierten Verhandlungsprozessen getroffen[8]. Es wird zunehmend auf externe wissenschaftliche Berater zurückgegriffen. Transparenz und Nachvollziehbarkeit sind weder für die Parlamentarier noch für die breite Öffentlichkeit, welche neben dem Bundestag grundlegender Kontrolleur der politischen Entscheidungen ist, kaum noch gegeben. Urheberschaft und Verantwortung für einzelne Entscheidungen oder die Folgen von Verwaltungsprozessen verdunsten häufig im Dickicht der bestehenden Regeln und im Nebel unübersichtlicher Zuständigkeiten und arbeitsteiliger Verfahren[9]. Es ist nicht immer möglich, ein bestimmtes Organ für eine bestimmte Entscheidung verantwortlich zu machen und dafür zur Rechenschaft zu ziehen. Als Folge entsteht in der Öffentlichkeit immer öfter die so genannte Politik-

---

5 So etwa: *Krebs*, Kontrolle in staatlichen Entscheidungsprozessen, S. 120; *Scheuner*, Verantwortung und Kontrolle in der demokratischen Verfassungsordnung, S. 379, *Schweitzer*, in: Birke/Kluxen, Deutscher und britischer Parlamentarismus, S. 162.

6 Heute spricht der 1956 eingeführte Art. 45b GG über den Wehrbeauftragten von der Aufgabe des Parlaments zur „Ausübung parlamentarischer Kontrolle".

7 BVerfGE 9, 268 (281) mit Verweis auf *Kaufmann*, Die Grenzen der Verfassungsgerichtsbarkeit, VVDStRL 9 (1952), S. 7.

8 *Kühling*, Erosion demokratischer Öffentlichkeit? In: DVBl. 2008, S. 1106 mit Verweis auf BVerfGE 89, 155 (185 f.) und BVerfGE 97, 350 (369).

9 *Schwarzmeier*, in: Holtmann/Patzelt, Kampf der Gewalten, S. 55.

verdrossenheit mit der Konsequenz, dass die Bürger das Interesse an den politischen Entscheidungen verlieren und nicht länger zu den Wahlen gehen[10].

Angesichts dieser Problematik wird von einigen Vertretern aus der Literatur ein Konzept gefordert, welches die öffentliche Transparenz und Rechenschaftspflicht durch Inanspruchnahme eines strategischen Berichtswesens stärken soll, um so eine Verbesserung der Verantwortlichkeit der politischen Entscheidungsträger erreichen zu können. Diese Anforderung könnte das englische Konzept der Public Accountability erfüllen. Kern dieses Konzeptes ist es, vermehrt Informationen über Verfahren und Entscheidungen der Parlamente und der Verwaltung zu veröffentlichen. So soll es für die Öffentlichkeit möglich sein, Rechenschaft und Verantwortung für die getroffenen politischen Entscheidungen einzufordern[11].

Bislang unerforscht ist, was im deutschen Rechtssystem mit diesem Konzept geändert werden könnte. Es wurde bisher keine eindeutige Übersetzungsmöglichkeit des Begriffs der Public Accountability gefunden, da dieser sowohl das Berichtswesen und die Rechenschaftspflicht als auch die Verantwortlichkeit eines öffentlichen Organs meint. Deshalb wird für diese Arbeit zwecks Darstellung des Konzepts eine Begriffsbestimmung verwendet, welche von der ehemaligen Akademie für Technikfolgenabschätzung aus Baden-Württemberg[12] gewählt wurde:

> *„Der englische Begriff der Public Accountability bezieht sich auf das wechselseitige Verhältnis zwischen denen, die politisch relevante Entscheidungen treffen (Staat, Regierung, Politisches System) und denen, die von diesen Entscheidungen betroffen sind (Bürger, Öffentlichkeit). Eine wichtige Rolle kommt dabei den Medien zu. Dabei geht die Bedeutung von Public Accountability über Legitimation durch Wahlen oder die Rechenschaftspflicht einer Regierung gegenüber dem Parlament hinaus. Es geht vielmehr darum, dass die Prozesse des Regierens sowie seine Ergebnisse transparent gemacht werden und dass die Öffentlichkeit die Möglichkeit hat, diese Prozesse und Ergebnisse (aktiv) zu überprüfen, zu beurteilen und – soweit wie möglich – auch über diskursive Beteiligungsverfahren mitzugestalten und zu beeinflussen“.*

Auch wenn das vorhandene Schrifttum bezogen auf die Darstellung des britischen Konzepts der Public Accountability sehr dünn ist, ist festzustellen, dass man in Großbritannien unter „Accountability“ in dem hier gewählten Wortsinn die Verpflichtung, anderen gegenüber Rechenschaft für sein eigenes Handeln abzugeben versteht. Das Konzept der Public Accountability wurde ursprünglich durch An-

---

10 *Engelbert/Kutschka,* Staatliche Öffentlichkeitsarbeit und Demokratieprinzip, NJW 1993, S. 1235; *Mehde,* in: Verhey/Broeksteeg/Van den Driessche, Political Accountability in Europe: Which Way Forward? S. 101; *Kühling,* Erosion demokratischer Öffentlichkeit? In: DVBl. 2008, S. 1098.

11 *Hondeghem,* Ethics and Accountability in a context of Governance and New Public Management, S. 132.

12 *Schippl,* Public Accountability – eine Frischzellenkur für die Demokratie in Europa, in: TA-Akademie Informationen 3/2002, S. 18; Vgl. darüber hinaus: *Oliver,* Law, Politics and Public Accountability. The search for a new Equilibrium, in: Public Law 1994, S. 246.

wälte eingeführt, um Behörden zu verpflichten, sich für ihr Handeln gegenüber der Regierung, dem Parlament und den Gerichten zu verantworten. Diese Rechenschaftspflicht übernahm das Parlament, um die Regierung inklusive der Ministerialverwaltung zur Verantwortung zu ziehen, indem es beispielsweise so genannte select committees, einen parlamentarischen Ombudsmann und das National Audit Office einführte[13].

Das heißt, die grundsätzliche Idee des Konzepts der Public Accountability ist es, eine Verantwortlichkeitsbeziehung zwischen den „Regierenden", also den politischen Entscheidungsträgern, und den „Regierten", mithin der Öffentlichkeit, herzustellen[14]. Auf diese Art und Weise soll Vertrauen in die Arbeit der Regierung und ihrer öffentlichen Einrichtungen hergestellt werden. Dies ist erforderlich aufgrund vielfältiger Berichte über verlorenes Vertrauen in das politische System. Festzuhalten ist daher, dass das Gegenüber, vor dem sich in einer Demokratie die politischen Entscheidungsträger politisch verantworten müssen, das Staatsvolk ist. Da die Bevölkerung als Ganzes aber genauso wenig zur Rechtsetzung wie zur Kontrolle der Exekutive in der Lage ist und eine Sanktionierung aus eigener Initiative nur auf dem Weg von Neuwahlen möglich wäre, entspricht es dem System der parlamentarischen Demokratie, dass das Volk als Souverän die Wahrnehmung dieser Rechte auf ein von ihm gewähltes Organ, in diesem Fall das Parlament, überträgt[15].

Die im Bundestag vertretenen politischen Parteien in Deutschland nehmen diese Politikverdrossenheit zwar wahr und erarbeiten unterschiedliche Lösungsansätze zur Verbesserung der Beteiligung der Bürger am öffentlichen Geschehen und den Wahlen. Und auch die Medien berichten umfassend über mangelnde Beteiligung der Bürger beispielsweise an Wahlen. Doch weder hat sich das juristische Schrifttum mit dem Problem der Verantwortlichkeitskontrolle von Regierungsmitgliedern im Allgemeinen[16] noch mit dem Konzept der Public Accountability im Speziellen beschäftigt.

Dabei verlangt der politische Prozess nach mehr Transparenz, da der Zugang zu Informationen und die Nachvollziehbarkeit von politischen Entscheidungen eine elementare Voraussetzung für die Wahrnehmung von Bürgerrechten sind. Denn für eine Demokratie sollte es erforderlich sein, dass die Bürger die Tätig-

---

13 *Scott,* in: Osborne, Public Management. Critical Perspectives. Band V, S. 453.

14 *Martin,* Public accountability in practice: the need for public scrutiny, S. 1, welche ausführt, dass Public Accountability "forms the basis of a reciprocal accountability relationship by which the people put their trust in politicians, civil servants and public managers to make policy and take decisions about the kind of society in which they want to live".

15 *Witte-Wegmann,* Recht und Kontrollfunktion der Großen, Kleinen und Mündlichen Anfragen im Deutschen Bundestag, S. 113.

16 So auch *Wuttke,* Die Verantwortlichkeit von Regierungsmitgliedern in Deutschland und Frankreich, S. 1.

keiten der Regierenden kritisch begleiten und sich mit ihnen auseinandersetzen[17]. Bisher helfen ihnen dabei nicht nur die Grundrechte im Allgemeinen oder beispielsweise die Meinungsfreiheit gemäß Art. 5 I 1 GG, die Versammlungsfreiheit gemäß Art. 8 GG oder die Verfassungsbeschwerde gemäß Art. 93 I Nr. 4 a GG im Speziellen, sondern auch das neue Informationsfreiheitsgesetz oder die Volksgesetzgebung.

Doch das Konzept der Public Accountability geht noch weiter und fordert eine Einflussnahme der Bürger auf die Aktivitäten der politischen Entscheidungsträger. Durch diese Art der Partizipation könnte es möglich sein, die Akzeptanz staatlichen Handelns zu stärken[18]. Heranzuziehen ist in diesem Zusammenhang auch das Leitbild des „aktivierenden Staates“ mit den Prinzipien der neuen Verantwortungsteilung, mehr Bürgerorientierung, staatliche Vielfalt und effiziente Verwaltung, welches die rot-grüne Bundesregierung 1999 beschlossen hat[19]. Dieses Leitbild legt dar, dass neben dem selbstständigen Handeln des Staates auch eine Kooperation des Staates mit den Bürgern zu erfolgen hat[20]. Grundlage dafür ist eine fundierte Informiertheit über das politische Geschehen[21]. Diese Grundlage bildet das Konzept der Public Accountability mit Hilfe eines strategischen Berichtswesens.

Der angedachte Austausch der Öffentlichkeit mit den politischen Entscheidungsträgern hat dabei nicht nur das Ziel, die Information und Teilhabe der Bürger zu verbessern, sondern auch, gesellschaftliche Wissensressourcen zu aktivieren und die Qualität der Demokratie zu erhöhen[22]. Diese Art und Weise des Austausches wird in Deutschland in der in Art. 20 II GG festgelegten Staatsform einer parlamentarischen Demokratie nach dem Prinzip der Repräsentation durch Art. 38 I 2 GG präzisiert, der statuiert, dass die Abgeordneten des Deutschen Bundestages Vertreter des ganzen Volkes, an Aufträge und Weisungen nicht gebunden und nur ihrem Gewissen unterworfen sind. Der Schwerpunkt der Betrachtungen der politischen Kontrolle im Rahmen der Dissertation wird deshalb auf der Arbeit der Parlamentarier liegen.

Public Accountability ist ein Konzept, um eine aktivere und engagiertere politische Gesellschaft zu erlangen[23]. Bereits heute engagieren sich viele Bürger ehren-

17 *Rossi,* Informationsfreiheitsgesetz. Handkommentar, S. 26 f. mit Verweis auf BT-Drs. 15/4493, S. 6.

18 *Steffani,* Parlamentarismus ohne Transparenz, S. 11 f.

19 Vgl. *http://www.olev.de/a/aktiver_staat.htm* (Stand: 17.08.2009).

20 *Von Bandemer/Hilbert,* in: Blanke/von Bandemer/Nullmeier/Wewer, Handbuch zur Verwaltungsreform, S. 30.

21 *Schmitz/Jastrow,* Das Informationsfreiheitsgesetz des Bundes, S. 985.

22 Abschlussbericht der TA-Akademie „Internet und Demokratie“, BT-Drs. 15/6015, S. 41 f.

23 *Barker,* Accountability and Responsibility of Government and Public Bodies, in: The Political Quarterly 2001, S. 132.

amtlich. Dabei ist es bemerkenswert, dass politisch aktive Bürger in allen Ebenen der Gesellschaft zu finden sind, sei es der Gründer einer Bürgerinitiative auf kommunaler Ebene oder der Großaktionär, der sein Geld gemeinnützigen Zwecken spendet, oder der Interessenverband, der sich zusammengeschlossen hat, um für ein bestimmtes Ziel zu kämpfen. Allen gemein ist, dass sie auf Informationen der politischen Entscheidungsträger angewiesen sind, um sachgerecht ihre Interessen verfolgen zu können, weshalb hierin der Ansatzpunkt des Konzepts der Public Accountability liegt. Der Fokus des Interesses der Öffentlichkeit am politischen Geschehen liegt jedoch auf der Bundesebene, weshalb sich diese Untersuchung auf diese Ebene konzentrieren wird.

Die vorliegende Arbeit ist rechtsvergleichend angelegt und soll im Bereich der politischen Kontrolle nicht nur die vorhandenen Probleme benennen, sondern auch versuchen, Antworten zu geben. Aus diesem Grunde beschreibt sie zunächst die bisherige Kontrolle politischer Entscheidungen im normativen und empirischen Kontext in Deutschland und beschränkt sich dabei auf wesentliche Umrisse der gegenwärtigen Reformdiskussionen (2. Kapitel). Es wird hierbei festzustellen sein, ob sich die bestehenden Kontrollmechanismen bewährt haben oder ob Schwächen vorhanden sind. Grundlage dieser Entscheidungsfindung ist die Darstellung aller wesentlichen Kontrollmittel.

Es folgt die vergleichende Darstellung des politischen Kontrollrechts in Großbritannien und der Darstellung des Konzepts der Public Accountability (3. Kapitel). Schwerpunkte des Konzeptes sind die Arbeit der select committees, der parlamentarische Ombudsmann, eine aktive Beteiligung der Bürger an der Gestaltung der politischen Entscheidungen und ein strategischen Berichtswesen. Aus der kritischen Auseinandersetzung mit der Kontrollpraxis der Arbeit der politischen Entscheidungsträger in beiden Ländern werden Schlussfolgerungen gezogen (4. Kapitel), aus denen Anregungen für Reformen gründen. Grundlage für eine Verbesserung der Kontrolle der politischen Entscheidungen wird eine umfassende Informiertheit nicht nur der Parlamentarier, sondern der Öffentlichkeit insgesamt sein, um insbesondere dem Problem der Politikverdrossenheit begegnen zu können.

§ 2 Bisherige Kontrolle politischer Entscheidungen in Deutschland

Eine öffentliche Kontrolle politischer Entscheidungen kann auf zwei Wegen geschehen: durch eine Einschränkung der Macht aufgrund des Prinzips der Gewaltenteilung, welches in Art. 20 II 2 GG verankert ist, und durch eine Kontrolle als prüfende und überwachende Funktion.

Art. 20 II 2 GG sieht – wie bereits in der Einleitung dargelegt – vor, dass die allgemeine Staatsgewalt durch „besondere Organe der Gesetzgebung, der vollziehenden Gewalt und der Rechtsprechung ausgeübt" wird. Die Bedeutung des Prinzips der Gewaltenteilung liegt nach Ansicht des Bundesverfassungsgerichts darin, dass die drei Gewalten ineinander greifen und so eine gegenseitige Gewaltenhemmung garantieren. Das heißt, die Gewalten sollen einander kontrollieren und begrenzen, damit die Staatsmacht gemäßigt und die Freiheit des Einzelnen geschützt wird[24]. Denn nur so entsteht ein auf einheitliches Zusammenwirken angelegter staatlicher Aufbau, bei welchem die Gewaltenteilung Transparenz und Verantwortungsklarheit herstellt und stabilisierende Wirkung entfaltet[25]. Gewaltenteilung im Sinne einer gegenseitigen Gewaltenbeschränkung kann dementsprechend nicht stattfinden, wenn dabei einer Gewalt das Übergewicht zukommt[26]. Daneben geht es dem Gewaltenteilungsprinzip aber auch um Zuordnung von Handlungskompetenzen an die Funktionsträger. Das heißt, es bezweckt, dass staatliche Entscheidungen von derjenigen Staatsgewalt getroffen werden, welche dafür beispielsweise nach Organisation und Verfahrensweise am besten geeignet ist[27]. Aus diesem Grunde ist der Bundestag zusammen mit dem Bundesrat für die Gesetzgebung zuständig, die Regierung zusammen mit den Organen der Verwaltung für die vollziehende Gewalt und die Gerichte für die Rechtsprechung.

---

24 BVerfGE 3, 225 (247); 34, 52 (59); *Sommermann,* in: v. Mangoldt/Klein/Starck, Kommentar zum Grundgesetz, Art. 20, Rn. 212.

25 *Hesse,* Grundzüge des Verfassungsrechts der Bundesrepublik Deutschland, Rn. 498.

26 BVerfG NJW 1985, 603 ff.; *Sommermann,* in: v. Mangoldt/Klein/Starck, Kommentar zum Grundgesetz, Art. 20, Rn. 207.

27 BVerfGE 68, 1 (86); 98, 218 (251 f.).

Aus dem so verstandenen Gewaltenteilungsprinzip ist die Kontrollfunktion des Parlaments gegenüber Regierung und Verwaltung entstanden[28], welche das parlamentarische Regierungssystem nach der Rechtsprechung des Bundesverfassungsgerichts grundlegend prägt[29]. Ergänzend hat das Bundesverfassungsgericht[30] dazu ausgeführt, dass

> *„der Grundsatz der Gewaltenteilung, der zu den tragenden Organisationsprinzipien des Grundgesetzes gehört und dessen Bedeutung in der politischen Machtverteilung, dem Ineinandergreifen der drei Gewalten und der daraus resultierenden Mäßigung der Staatsgewalt liegt, gebietet gerade im Hinblick auf die starke Stellung der Regierung, zumal wegen mangelnder Eingriffsmöglichkeiten des Parlaments in den der Exekutive zukommenden Bereich unmittelbarer Handlungsinitiative und Gesetzesanwendung, eine Auslegung des Grundgesetzes dahin, dass parlamentarische Kontrolle wirksam sein kann".*

Historisch betrachtet leitet sich das Wort Kontrolle ursprünglich aus dem französischen contre-role ab und bedeutet soviel wie Gegenrolle oder Gegenzeichnung einer Rechnungsprüfung durch eine zweite Person. Der darin vorgenommene Vergleich der zweiten Person zwischen Soll- und Istwert stellt den Vorgang der Kontrolle dar[31]. Aus diesem Grund erklärt sich die grundsätzliche Bedeutung der Kontrolle als nachträgliche Überprüfung.

Doch Kontrolle kann auch begleitend sein, indem sie die Betätigungen der Regierung und der Verwaltung beobachtet und Informationen angefordert werden. Durch diese Art von Kontrolle soll der Kontrollierte dahingehend beeinflusst werden, dass er bei dem Treffen seiner politischen Entscheidungen bewusster auf korrektes Verhalten achtet[32]. Kontrolle bedeutet also nach seinem ursprünglichen Verständnis nicht mehr nur eine nachträgliche Überprüfung bereits geschehener Vorgänge, sondern auch eine begleitende Überwachung. Die begleitende Kontrolle ist allerdings nur dann zulässig, wenn der Kontrollierte seine Entscheidungen selbstständig getroffen hat, da nicht die für Kontrollen erforderliche Distanz verloren gehen darf[33].

Das Grundgesetz kennt eine Vielzahl von Kontrollbeziehungen zwischen den Verfassungsorganen. Zu nennen ist der neben der Kontrolle der Bundesregierung durch den Bundestag beispielsweise auch die verwaltungsinterne Kontrolle, die Kontrolle innerhalb des Parlamentes, die Parlamentswahl selbst oder die Beziehung zwischen gesellschaftlichen Kräften und dem Bundestag, also die Kontrolle

---

28 *Memminger,* Parlamentarische Kontrolle der Regierung durch Untersuchungsausschüsse, in: DÖV 1986, S. 17.

29 BVerfGE 67, 100 (130).

30 BVerfGE 67, 100 (130) mit Verweis auf BVerfGE 3, 225 (247) und 34, 52 (59).

31 *Schmidt-Aßmann,* in: Schmidt-Aßmann/Hoffmann-Riem, Verwaltungskontrolle, S. 10.

32 *Witte-Wegmann,* Recht und Kontrollfunktion der Großen, Kleinen und Mündlichen Anfragen im Deutschen Bundestag, S. 111 f.

33 *Schmidt-Aßmann,* in: Schmidt-Aßmann/Hoffmann-Riem, Verwaltungskontrolle, S. 11.

durch die Öffentlichkeit und die Medien. Mit Hilfe einer effektiven Kontrolle wird die Regierung gezwungen, gegenüber dem Parlament und der Öffentlichkeit Rechenschaft über ihre politischen Absichten und Betätigungen abzulegen. Diese Verantwortung und der auf sie zielende Kontrollakt können sowohl politischer als auch rechtlicher Natur sein[34]. Rechtliche Kontrolle bedeutet in diesem Sinne in letzter Konsequenz entweder Staatsgerichtsbarkeit oder strafrechtliche Sanktionierung und wird daher grundsätzlich durch die Judikative ausgeübt. Politische Kontrolle wird in ihrer gesamten Vielfalt als Überwachung der Vollziehung der politischen Entscheidungen im Gegensatz zur rechtlichen Kontrolle vom Parlament selbst oder von der Öffentlichkeit betrieben[35]. Sie kann daher anders als die rechtliche Kontrolle, welche nachträglich stattfindet, den gesamten Entscheidungsprozess begleiten.

Zu unterscheiden von einer Kontrolle ist in diesem Zusammenhang die Aufsicht:

> *„Wer die Aufsicht hat, trägt Verantwortung für das Tun der Untergebenden und kann die Entscheidung an sich ziehen. Kontrollrecht des einen setzt dagegen Entscheidungsfreiheit und Rechenschaftspflicht des anderen voraus; der Kontrollberechtigte kann auf Entscheidungsrevision drängen, aber die Entscheidung nicht an sich ziehen“*[36].

Doch bevor auf die unterschiedlichen Konstellationen der gegenseitigen Kontrolle im deutschen Rechtssystem eingegangen wird, soll geklärt werden, was unter Verantwortung bzw. Verantwortlichkeit zu verstehen und wer politischer Entscheidungsträger ist und somit Rechenschaft abzulegen bzw. Verantwortung zu tragen hat. Dabei wird zwischen rechtlicher und politischer Verantwortung unterschieden.

A. Verantwortung und Verantwortlichkeit

Verantwortung und Verantwortlichkeit sind nicht nur ähnlich lautend, sondern auch sinnverwandt und werden dementsprechend häufig gleichgesetzt[37]. Schmidt-Aßmann ist der Ansicht, dass „Verantwortung als Begriff verstanden wird, *„der sich zusammensetzt aus den Elementen der Aufgabe, der Eigenständigkeit und der Einstandspflicht im Sinne einer Kontroll- und Steuerungsabhängigkeit“*[38]. Luhmann hat hingegen prägnant verdeutlicht, dass „Verantwortung“ etwas ist, *„was laufend passiert und allenfalls sekundär einem Entscheider als Fehler*

---

34 *Witte-Wegmann,* Recht und Kontrollfunktion der Großen, Kleinen und Mündlichen Anfragen im Deutschen Bundestag, S. 112.

35 *Nödl,* Parlamentarische Kontrolle, S. 23.

36 *Ellwein,* Regierung und Verwaltung, S. 265.

37 *Wilke,* Über Verwaltungsverantwortung, in: DÖV 1975, S. 512.

38 *Schmidt-Aßmann,* Verwaltungsverantwortung und Verwaltungsgerichtsbarkeit, in: VVDStRL 34 (1976), S. 227 f.

zugerechnet werden kann“, da es allgemein um die Pflicht gehe, Entscheidungen treffen zu müssen, während „Verantwortlichkeit“ „*immer auf Personen zugeschnitten werden muss*“[39]. Die Verantwortlichkeit legt mithin dar, unter welchen Bedingungen aus einem fehlerhaften Handeln für eine Person Konsequenzen erwachsen.

Eine Unterscheidung zwischen den Begriffen der Verantwortung und Verantwortlichkeit ist also möglich, indem zwischen einem sachlichen und einem personalen Moment unterschieden wird. Das heißt, Verantwortung liegt vor für den Fall, ob und wie eine Entscheidung getroffen werden muss. Demgegenüber handelt es sich bei der Verantwortlichkeit um das Verhältnis zwischen zwei Personen und die sich aus diesem Verhältnis ergebenden Pflichten[40]. Die Verknüpfung beider Begrifflichkeiten erfolgt aufgrund der Tatsache, dass Gegenstand der Verantwortung der Zuständigkeitsbereich ist, für den der Verantwortliche einzustehen hat[41].

I. Verantwortung im positiven Recht

Im Strafrecht findet sich zwar der Ausdruck „Verantwortung“ ausschließlich in § 36 S. 1 StGB wieder, welcher die Straflosigkeit parlamentarischer Äußerungen statuiert. Jedoch ist es möglich die Redewendung, „ein Täter werde mit seiner Strafe zur Verantwortung gezogen“, so auszulegen, dass er für seine Tat „haften“ müsse[42]. Verantwortung wird hier also mit Schuld gleichgesetzt, welche ein bedeutendes Zurechnungskriterium für die strafrechtliche Sanktion ist[43]. Mithin lässt sich das Moment der Schuld in diesem Zusammenhang als Bedeutung dafür bezeichnen, dass den Einzelnen eine Verantwortlichkeit trifft[44]. Daher greift im Strafrecht Luhmanns Unterscheidung, dass Verantwortlichkeit stets auf Personen zugeschnitten werden muss.

Im Zivilrecht ist grundsätzlich keine Rede von Verantwortung. Stattdessen geht es um Haftung oder das Vertreten müssen eines bestimmten Sachverhaltes wie beispielsweise in §§ 276 I 1, 323 ff., 462 BGB. Doch genau wie im Strafrecht sind auch hier die Formen einer Verantwortung bzw. Verantwortlichkeit gemeint. Denn wer etwa im Schuldrecht eine Leistungsstörung zu vertreten hat, ist für diese verantwortlich, und wer schuldhaft das Rechtsgut eines anderen deliktisch verletzt, hat sich dafür zu verantworten[45].

---

39 *Luhmann,* Organisation und Entscheidung, S. 197 f.

40 *Schmidt,* Die demokratische Legitimationsfunktion der parlamentarischen Kontrolle, S. 33.

41 *Wilke,* Über Verwaltungsverantwortung, in: DÖV 1975, S. 513.

42 *Dreier,* Verantwortung im demokratischen Rechtsstaat, in: ARSP 74, S. 12.

43 *Wessels,* Strafrecht Allgemeiner Teil, Rn. 396.

44 *Dreier,* Verantwortung im demokratischen Rechtsstaat, in: ARSP 74, S. 12.

45 *Dreier,* Verantwortung im demokratischen Rechtsstaat, in: ARSP 74, S. 13 mit dem Hinweis darauf, dass es auch Ausnahmen von dieser Regel gibt und der Verantwortungsbegriff eine eigene Aussage treffen könne. Beispiel hierfür sei das Familienrecht und insbesondere § 1627 S. 1 BGB.

Da das öffentliche Recht ein sehr differenziertes Bild der Begrifflichkeiten Verantwortung, Verantwortlichkeit, Haftung oder Vertreten müssen widerspiegelt und eine Darstellung zu umfangreich wäre, konzentriert sich diese Untersuchung auf die Verantwortung in den Vorschriften des Grundgesetzes.

II. Verantwortung in den Grundgesetzartikeln

Auf Verfassungsebene ist der Begriff der Verantwortung überall dort niedergelegt, wo es um die Zuordnung von Gewalten geht. Das Grundgesetz kennt den Begriff der Verantwortung in der Präambel im Sinne einer normativen Zuständigkeitspflicht für die Folgen staatlichen Handelns, indem es das deutsche Volk sich zu seiner „Verantwortung vor Gott und den Menschen" bekennen lässt. Darüber hinaus finden sich für die Begriffe Verantwortung bzw. Verantwortlichkeit im Grundgesetz immerhin neun weitere Belege, nämlich in Art. 20 a (Schutz natürlicher Lebensgrundlagen), Art. 23 V und VI (Europäische Union), Art. 28 II (Kommunale Selbstverwaltungsgarantie), Art. 34 (Haftung bei Amtspflichtverletzung), Art. 42 III (Berichterstattung des Bundestages), Art. 46 I und II (Indemnität und Immunität), Art. 65 (Kompetenzverteilung der Bundesregierung), Art. 143 a I (Übergangsrecht für Bundeseisenbahnen) und Art. 143 b III GG (Übergangsrecht im Postbereich).

Der Grundgedanke einer parlamentarischen Verantwortung ist in diesem Zusammenhang die Verpflichtung der Regierung gegenüber dem Parlament „Rede und Antwort zu stehen"[46], also auf Nachfrage hin Auskunft zu geben. Die vom Grundgesetz konstituierte demokratische Herrschaftsordnung macht im Zusammenspiel mithin eine erkennbare Verantwortlichkeit im Staat und insbesondere eine verantwortliche Regierung erforderlich[47]. Ausgangspunkt dieser Verantwortlichkeit ist das Volk, welches Adressat der Verantwortung ist und selbst nicht zur Verantwortung gezogen werden kann. Ihm unmittelbar nachgeordnet in der Legitimationskette des Grundgesetzes ist der Bundestag. Fraglich ist, wer gegenüber dem Volk und dem Parlament zur Rechenschaftsablegung verpflichtet und somit verantwortlich ist.

46 *Kröger,* Die Ministerverantwortlichkeit in der Verfassungsordnung der Bundesrepublik Deutschland, S. 5 f.

47 BVerfGE 9, 268 (281).

B. Politische Entscheidungsträger

Erforderlich ist es, die politischen Entscheidungsträger zu bestimmen, um festzulegen, wer innerhalb des politischen Systems die Verantwortung trägt. Denn Verantwortung kann nur derjenige tragen, der selbstständige Entscheidungsbefugnisse hat[48]. Und nur wo es echte Entscheidungsalternativen gibt, kann Verantwortung entstehen[49]. Bei der politischen Verantwortlichkeit stehen deshalb die Zuständigkeit und die Erfüllung von Aufgaben aufgrund eines ausgeübten Amtes oder Mandats im Vordergrund.

Es müssen hinsichtlich der Frage des Entscheidens zwei Aspekte beachtet werden. Einerseits geht es um die inhaltliche Seite der Entscheidung, andererseits um die formale Beschlussfassung durch das zuständige Organ. Besonderes Augenmerk ist auf die Tatsache zu legen, dass Entscheidung und Beschlussfassung in der Praxis so gut wie immer von einander getrennt sind. Denn auf den politischen Prozess bezogen kann festgestellt werden, dass beispielsweise die Plenardebatte über einen Gesetzentwurf zwar mit einer Abstimmung endet. Aber die Entscheidungen über den Inhalt des Gesetzentwurfs werden nicht im Plenum getroffen, sondern in diversen Ausschusssitzungen und informellen Runden im Vorfeld der Beschlussfassung, so dass das Abstimmungsverhalten der Abgeordneten grundsätzlich schon feststeht[50].

Neben den durch das Grundgesetz legitimierten Organen gibt es Machtgruppen verschiedenster Art, wie beispielsweise Lobbyisten oder die Medien. Die Dissertation konzentriert sich jedoch auf die gesetzlich festgeschriebenen Organe. Dabei übernimmt auf den ersten Blick die Bundesregierung im Sinne des Art. 62 GG den Führungsanspruch im politischen Geschehen. Denn gemäß Art. 62 GG besteht die Bundesregierung aus dem Bundeskanzler und aus den Bundesministern, und gemäß Art. 65 GG bestimmt der Bundeskanzler die Richtlinien der Politik, und die Bundesminister leiten innerhalb dieser Richtlinien ihren Geschäftsbereich selbstständig und unter eigener Verantwortung.

Doch ist es wirklich die Regierung, die den Staat lenkt und die politischen Entscheidungen trifft? Herunter gebrochen bedeutet Regierung nicht nur politisches Organ bzw. Mitglied eines solchen, sondern auch Regierung als Tätigkeit, das heißt, lenken und entscheiden[51]. Deshalb wirkt auch die Ministerialverwal-

---

48 *Kröger,* Die Ministerverantwortlichkeit in der Verfassungsordnung der Bundesrepublik Deutschland, S. 18.

49 BVerfGE 9, 268 (282).

50 *Schuett-Wetschky,* Regierung, Parlament oder Parteien: Wer entscheidet, wer beschließt? In: ZParl 2005, S. 491 f.

51 *Schuett-Wetschky,* Regierung, Parlament oder Parteien: wer entscheidet, wer beschließt? In: ZParl 2005, 489 f.

tung als Hilfseinrichtung der Regierung an den Entscheidungen der Minister mit[52]. Und schließlich trifft auch das Parlament, welches sich aus über 600 Abgeordneten aus ganz Deutschland zusammensetzt und als Legislative das gesetzgebende Organ im deutschen Rechtssystem und somit nicht weniger bedeutend als die Regierung ist, politische Entscheidungen[53]. Festzustellen ist daher, dass politischer Entscheidungsträger nicht nur die Regierungsmitglieder sind, sondern auch die Abgeordneten und ihre Fraktionen. Der englische Begriff „government" eignet sich deshalb gut, um darzustellen, dass es sich bei den Regierenden neben dem Kabinett auch um das Parlament und die Verwaltung handelt, welche alle drei zusammen die Entscheidungen treffen[54] und im System der grundgesetzlichen Gewaltengliederung die Verantwortung für das Recht und seine Gestaltung tragen[55]. Zu beachten ist, dass die Entscheidungsträger einander nicht untergeordnet sind, sondern dass sich alle Gewalten gemäß Art. 20 II GG auf einer Ebene befinden, um Machtbalance und Hemmung der jeweils anderen Gewalten zu gewährleisten.

Neben diesen drei genannten staatlichen Entscheidungsorganen heben sich aber auch so genannte quasi-staatliche Entscheidungsorgane hervor. Beispielsweise die Koalitionsrunde hat sich zu einer Art Lenkungsausschuss entwickelt, in welcher die strittigen Punkte zwischen den Mehrheitsfraktionen im Gesetzgebungsverfahren geklärt und koordiniert werden[56]. Daneben kann auch das Bundesverfassungsgericht, welches regelmäßig die Entscheidungen des Bundestages und des Bundesrates in der Gestalt überprüft, dass es Verhaltensanweisungen gibt, die vom Bundestag bei der Korrektur der überprüften Entscheidung zu berücksichtigen sind, als quasi-staatliches Entscheidungsorgan bezeichnet werden[57].

Insgesamt ist festzustellen, dass politischer Entscheidungsträger und als solcher Adressat der politischen Verantwortung insbesondere die Mitglieder der Bundesregierung, die Abgeordneten des Bundestages und Ministerialbeamte sind, da sie gegenüber den Gesetzen, dem Parlament und dem Volk rechenschaftspflichtig sind[58]. Erst die Rechenschaftsablegung des politischen Entscheidungsträgers

---

52 *Bischoff/Bischoff,* in: Schneider/Zeh, Parlamentsrecht und Parlamentspraxis in der Bundesrepublik Deutschland, S. 1462.

53 *Ellwein/Görlitz,* Parlament und Verwaltung, S. 28.

54 *Pfetsch,* in: Sarcinelli, Politikvermittlung und Demokratie in der Mediengesellschaft, S. 235.

55 *Scholz,* Verwaltungsverantwortung und Verwaltungsgerichtsbarkeit, in: VVDStRL 34 (1976), S. 163.

56 *Schreckenberger,* Informelle Verfahren der Entscheidungsvorbereitung zwischen der Bundesregierung und den Mehrheitsfraktionen: Koalitionsgespräche und Koalitionsrunden, ZParl 1994, S. 340.

57 *Von Arnim,* Parteien in der Kritik, DÖV 2007, S. 227.

58 *Heidbrink/Hirsch,* in: Heidbrink/Hirsch, Staat ohne Verantwortung? S. 13; *Nida-Rümelin,* in: Heidbrink/Hirsch, Staat ohne Verantwortung? S. 56.

lässt die bloße Verpflichtung zum Antwortgeben über Tätigkeiten und Entscheidungen zur Verantwortung werden[59].

Zu beachten ist hierbei, dass die Mitglieder der Bundesregierung gemäß § 1 BMinG und der Parlamentspräsident i.S.d. § 11 I Nr. 2 lit. b StGB Amtsträger sind, welche in einem sonstigen öffentlich-rechtlichen Amtsverhältnis stehen[60]. Doch politische Entscheidungsträger sind zugleich immer auch Bürger. Aufgrund dessen genießen sie die gleichen Freiheitsrechte wie jeder andere Private auch, jedoch sind sie ebenso als Bürger für ihre Taten rechtlich verantwortlich. Allerdings verbinden insbesondere hervorgehobene Repräsentanten unserer Demokratie wie beispielsweise die Mitglieder der Bundesregierung ihre persönliche Existenz mit ihrer politischen Aufgabe, weshalb eine Trennung schwierig ist und gelegentlich die Verantwortlichkeiten ineinandergreifen. Deshalb kann eine genaue Rollenunterscheidung zwischen dem politischen Entscheidungsträger und dem Privatmenschen nur juristisch abstrakt erfolgen. Trotzdem muss den politischen Entscheidungsträgern neben der rechtlichen auch eine politische Verantwortlichkeit abverlangt werden, weshalb im Folgenden zwischen rechtlicher und politischer Verantwortlichkeit differenziert werden soll.

C. Rechtliche Verantwortlichkeit

Unter rechtlicher Verantwortung wird „eine gesetzliche bemessene Verantwortung" verstanden[61]. Ihre Grundlage ist einerseits die verfassungsrechtliche Bindung des Bundestages an die verfassungsmäßige Ordnung und die der vollziehenden Gewalt sowie der Rechtsprechung an Recht und Gesetz, die in Art. 20 III GG konstituiert ist. Andererseits ist Grundlage der rechtlichen Verantwortung das Recht auf freie Entfaltung der eigenen Persönlichkeit gemäß Art. 2 I GG, welches für jeden Bürger Deutschlands gilt, soweit er nicht Rechte anderer verletzt und nicht gegen die verfassungsmäßige Ordnung oder das Sittengesetz verstößt. Diese beiden Grundlagen haben zur Folge, dass nur derjenige rechtlich zur Verantwortung gezogen wird, der gegen eine bereits fixierte Rechtsnorm verstößt, wobei dieser Verstoß auf äußerlich nachweisbare Tatsachen beruhen muss. Im Zusammenhang mit der Unschuldsvermutung gemäß Art. 103 GG i. V. m. dem Rechtsstaatsgebot aus Art. 20 GG[62] hat dies zur Folge, dass er – in diesem Fall der Bürger – für seine Handlungen keine Rechenschaft abzulegen hat, sofern er sich innerhalb dieses Rechtsrahmens bewegt.

59 *Schmidt*, Die demokratische Legitimationsfunktion der parlamentarischen Kontrolle, S. 34 f.

60 *Tröndle/Fischer*, Strafgesetzbuch und Nebengesetze, § 11 Rn. 16.

61 *Masing*, Politische Verantwortlichkeit und rechtliche Verantwortlichkeit, in: ZRP 2001, S. 36.

62 BVerfG in st. Rspr.; vgl. zusammenfassend BVerfGE 74, 358 (370 f.).

Zu unterscheiden von einem möglichen Beschuldigten im Rahmen einer rechtlichen Verantwortung, welcher sich auf sein Schweigerecht berufen kann, ist der politisch Verantwortliche, da dieser eine Rechenschaftspflicht besitzt. Diese Rechenschaftspflicht ist zwar grundsätzlich auch rechtlicher Natur, jedoch kann sich der politische Entscheidungsträger im Sinne von Kapitel II.2 gerade nicht auf seine private Handlungsfreiheit zurückziehen, sondern hat über seine Aktivitäten Auskunft zu geben[63]. Das heißt, um einen politischen Entscheidungsträger möglichst eindeutig und kalkulierbar rechtlich in Verantwortung nehmen zu können, muss das betreffende Gesetz aus rechtsstaatlichen Gründen (etwa wegen des Gesetzesvorbehalts, des Bestimmheitsgebots oder der Rechtsschutzgarantie) die Voraussetzung und Folgen festlegen. Aus diesem Grunde ist wichtigstes Unterscheidungskriterium zwischen rechtlicher und politischer Verantwortlichkeit die Justitiabilität, mithin die Verhängung einer Sanktion wegen eines Verstoßes gegen ein Gesetz[64].

Innerhalb der rechtlichen Verantwortung wird im Folgenden zwischen einer staatsrechtlichen und einer strafrechtlichen Verantwortlichkeit von politischen Entscheidungsträgern unterschieden.

I. Staatsrechtliche Verantwortlichkeit

Neben den die Verantwortung der politischen Entscheidungsträger regelnden Grundgesetzbestimmungen ist grundlegendes Instrument der Überprüfung der staatsrechtlichen Verantwortlichkeit die Verfassungsgerichtsbarkeit, da diese den Vorrang der Verfassung sichert und alle drei Gewalten kontrollieren kann[65]. Gemäß Art. 93 GG ist das Bundesverfassungsgericht dabei *„oberste Hüterin der Verfassung"*[66], da es die Normen des Grundgesetzes verbindlich auszulegen und die staatsrechtliche Verantwortung zu überprüfen hat. Insoweit steht das Bundesverfassungsgericht über allen anderen Verfassungsgerichten. Aufgrund des § 31 BVerfGG ist die Bindungswirkung der verfassungsgerichtlichen Entscheidungen außerordentlich weit reichend: Die Entscheidungen können von keiner anderen Institution überprüft werden und binden in Folge dessen die Verfassungsorgane des Bundes und der Länder sowie alle Gerichte und Behörden.

63 *Masing*, Politische Verantwortlichkeit und rechtliche Verantwortlichkeit, in: ZRP 2001, S. 41, 42.

64 *Witte-Wegmann*, Recht und Kontrollfunktion der Großen, Kleinen und Mündlichen Anfragen im Deutschen Bundestag, S. 112.

65 *Scheuner*, Verantwortung und Kontrolle in der demokratischen Verfassungsordnung, S. 391.

66 So schon *Leibholz*, Das Bundesverfassungsgericht 1951-1971, S. 34 f.; *Steffani*, Parlamentarismus ohne Transparenz, S. 229.

Gemäß Art. 94 Abs. 2 S. 1 GG kann eine Entscheidung des BVerfG sogar Gesetzeskraft entfalten.

Aufgrund dieser weitreichenden Bindungswirkung der Entscheidungen des BVerfG wirken diese Entscheidungen auch in den Bereich des Politischen hinein. Deshalb spielt bereits die Drohung mit einer Klageeinreichung beim Bundesverfassungsgericht bei allen wesentlichen Konflikten im Bundestag eine entscheidende Rolle[67]. Denn jahrelange Beratungen in Ausschusssitzungen oder informellen Runden über ein Gesetzesvorhaben können mit einer Entscheidung des Bundesverfassungsgerichts zunichte gemacht werden. Genau genommen gilt es daher festzustellen, dass nicht nur das Parlament oder die Bundesregierung politische Entscheidungen treffen kann, sondern im Ergebnis auch das Bundesverfassungsgericht[68].

In der Weimarer Reichsverfassung war Sonderform der staatsrechtlichen Verantwortlichkeit die Ministeranklage, welche nach Hans-Peter Schneider[69]

> *„die förmliche Anklage von Regierungsmitgliedern oder Angehörigen oberster Staatsbehörden durch die Volksvertretung oder eine andere parlamentarische Körperschaft wegen schuldhafter, meist vorsätzlicher oder grob fahrlässiger Verletzung der Verfassung, verfassungsmäßiger Rechte oder einfacher Gesetze vor einem eigens hierfür zuständigen Gericht oder gerichtsähnlichen Organen in einem besonderen justizförmigen, in der Regel dem Strafprozess nachgebildetem Verfahren“ ist.*

Ein Anklageverfahren wurde jedoch gegen einen Minister in der Weimarer Republik – welche das Institut der Ministeranklage nach ersten Anregungen der Paulskirchenverfassung[70] verfestigte – nie durchgeführt[71], aufgrund der Wirksamkeit der anderen parlamentarischen Kontrollmechanismen, sowie der Schwerfälligkeit der Ingangsetzung und Durchführung des Verfahrens[72]. Aufgrund dessen wurde diese Kontrollmaßnahme nicht vom Herrenchiemseer Konvent in das Grundgesetz übernommen[73], so dass es bei den in Art. 93 GG aufgelisteten staatsrechtlichen

---

67 *Von Beyme,* Der Gesetzgeber, S. 300; *Hopfauf* in: Schmidt-Bleibtreu/Hofmann/Hopfauf, Kommentar zum Grundgesetz, Art. 93, Rn. 22.

68 *Von Beyme,* Der Gesetzgeber, S. 310.

69 *Schneider,* Die Ministeranklage im parlamentarischen Regierungssystem, in: ZParl. 1985, 496; *Wuttke,* Die Verantwortlichkeit von Regierungsmitgliedern in Deutschland und Frankreich, S. 245.

70 *Butzer,* in: Schmidt-Bleibtreu/Hofmann/Hopfauf, Kommentar zum Grundgesetz, Art. 61, Rn. 2 f.

71 *Schneider,* Die Ministeranklage im parlamentarischen Regierungssystem, in: ZParl. 1985, S. 502.

72 *Ellwein,* Über politische Verantwortung, S. 25.

73 *Wuttke,* Die Verantwortlichkeit von Regierungsmitgliedern in Deutschland und Frankreich, S. 221; Berichte des Unterausschusses III, Der parlamentarische Rat 1948-1949, Akten und Protokolle Bd. 2, S. 301; einige Landesverfassungen haben die Möglichkeit der Ministeranklage jedoch aufgenommen, vgl. beispielsweise Art. 40 NVerf.

Kontrollmöglichkeiten bleibt. Das sind für verfassungsrechtliche Kontrollen auf Bundesebene die Bundesorganstreitigkeit, die abstrakte Normenkontrolle und die verfassungsrechtliche Bund-Länder-Streitigkeit gemäß Art. 93 I Nr. 1-3 GG.

II. Strafrechtliche Verantwortlichkeit

Die strafrechtliche Kontrolle ermöglicht eine vom Tagesgeschehen und den Mehrheitsverhältnissen im Parlament unabhängige Kontrolle des Handelns der politischen Entscheidungsträger. Sie geschieht nur in engen Grenzen, da die Ausübung durch Rechtsvorschriften bestimmt und begrenzt wird. Dabei sind die Gerichte an materiell-rechtliche Bewertungsvorgaben gebunden. Gemäß Art. 103 II GG kann eine Tat nur bestraft werden, wenn die Strafbarkeit gesetzlich bestimmt war, bevor die Tat begangen wurde, und wenn ein Verstoß gegen diese Rechtsvorschrift vorliegt. Aus Art. 1, 2 I, 20 III GG ergibt sich darüber hinaus, dass eine strafrechtliche Verantwortung nur die persönliche Schuld umfasst[74].

Wie bereits im Kapitel II.2 festgestellt, üben die Regierungsmitglieder gemäß § 11 I Nr.2 lit. b StGB und Ministerialbeamte gemäß § 11 I Nr. 1 StGB – im Gegensatz zu den Mitgliedern des Bundestages – ein öffentlich-rechtliches Amtsverhältnis aus. Ihre strafrechtliche Verantwortlichkeit beurteilt sich jedoch wie die eines jeden Bürgers[75]. Der einzige Unterschied ist, dass sie sich auch so genannter Amtsdelikte strafbar machen können. Streitig ist aber die Frage, ob Regierungsmitglieder ebenso wie Abgeordnete gemäß Art. 46 GG Indemnität oder Immunität genießen und somit überhaupt strafrechtlich zur Verantwortung gezogen werden können. Eine ausdrückliche Regelung von Verfassungsrang ist nicht vorhanden[76]. Deshalb ist ausschlaggebend, ob ein Regierungsmitglied gleichzeitig sein Bundestagsmandat als Abgeordneter ausübt oder nicht[77]. Jedoch greift der Schutz des Art. 46 GG nur dann, wenn der Minister auch als Abgeordneter gehandelt hat. Beantwortet er beispielsweise parlamentarische Anfragen, kann er sich nicht auf Art. 46 GG berufen, da er als Vertreter der Regierung gehandelt hat[78]. Ob ein Regierungsmitglied mithin den Schutz der Indemnität oder Immunität genießen darf, hängt davon ab, in welcher Funktion er gehandelt hat.

---

74 Vgl. dazu auch: BVerfGE 25, 269 (285); 80, 244 (255); 91, 1 (27).

75 *Greve*, Die Ministerverantwortlichkeit im konstitutionellen Staat, S. 52.

76 *Wuttke*, Die Verantwortlichkeit von Regierungsmitgliedern in Deutschland und Frankreich, S. 203.

77 *Wuttke*, Die Verantwortlichkeit von Regierungsmitgliedern in Deutschland und Frankreich, S. 202 f.

78 *Kretschmer*, in: Schmidt-Bleibtreu/Hofmann/Hopfauf, Kommentar zum Grundgesetz, Art. 46, Rn. 9.

Gemäß § 45 I StGB ist die Folge einer strafrechtlichen Sanktionierung in Form einer Freiheitsstrafe von mindestens einem Jahr der Verlust der Fähigkeit, ein öffentliches Amt zu bekleiden oder Rechte aus öffentlichen Wahlen anzunehmen. Der Verlust nach § 45 I StGB tritt automatisch ein, sofern der Täter wegen eines Verbrechens, und zwar auch wegen Versuchs, Teilnahme oder strafbarer Vorbereitung zu einer Freiheitsstrafe von mindestens einem Jahre verurteilt wird[79]. Um jedoch die Mitgliedschaft im Deutschen Bundestag zu verlieren, ist darüber hinaus gemäß § 47 I Nr. 2 i. V. m. § 46 I Nr. 3 BWahlG erforderlich, dass der Ältestenrat dem Verlust der Wählbarkeit zustimmt. Doch erfahrungsgemäß kommen die Abgeordneten und Regierungsmitglieder einer solchen Zustimmung durch einen Rücktritt zuvor.

Die strafrechtliche Verantwortlichkeit von politischen Entscheidungsträgern kann die politische nicht ersetzen. Sie schafft es jedoch, ein mögliches Defizit der politischen Kontrolle zu schließen. Fraglich ist, was unter politischer Verantwortlichkeit zu verstehen ist, und ob es im Rahmen der politische Kontrolle Defizite gibt, welche es auszugleichen gilt.

D. Politische Verantwortlichkeit

Zu unterscheiden von der rechtlichen ist die politische Verantwortlichkeit, deren Grundlage die Betrauung mit einem politischen Amt bzw. Mandat ist. Verantwortung ist in diesem Sinne die Kehrseite von politischem Vertrauen. Ihr Bezugspunkt ist primär die Pflicht, im Sinne des Ganzen gut und richtig zu handeln[80]. Da jedoch „richtig" und „gut" keine objektivierbaren Größen sind, welche sich durch das Parlament oder die Öffentlichkeit kontrollieren lassen, sollte einerseits auch die politische Verantwortlichkeit rechtlich überprüfbar gestaltet werden und andererseits ein kommunikativer Austausch der politischen Entscheidungsträger mit der Öffentlichkeit vollzogen werden. Deshalb wird die politische Verantwortung auch als Pflicht bezeichnet, Rechenschaft für Tätigkeiten und Entscheidungen abzulegen und auf Entlastung zu warten, um einer möglichen Sanktionierung zu entgehen[81]. Hierbei handelt es sich um Sanktionen eigener Art.

Peter Badura[82] versteht unter politischer Verantwortlichkeit die parlamentarische Verantwortlichkeit eigenen Verhaltens seitens der Regierung und einzelner Regierungsmitglieder. Doch daneben haben sich innerhalb des parlamentarischen Regierungssystems auch die Mitglieder des Bundestages und die Minister für das

79 *Tröndle/Fischer,* Strafgesetzbuch und Nebengesetze, § 45 Rn. 6.

80 *Masing,* Politische Verantwortlichkeit und rechtliche Verantwortlichkeit, in: ZRP 2001, S. 37.

81 *Saladin,* Verantwortung als Staatsprinzip, S. 27.

82 *Badura,* Die parlamentarische Verantwortlichkeit der Minister, in: ZParl 1980, S. 573.

Verhalten der Mitarbeiter ihres jeweiligen Ressorts zu verantworten. Es lassen sich dabei für alle Organe diverse Merkmale der politischen Verantwortlichkeit feststellen: Da im Hinblick auf staatliche Machtausübung Kontrolle als Beschränkung aufgefasst wird, müssen sich im Verfassungsgefüge bei der Verantwortung zwei Instanzen getrennt gegenüber stehen[83]. Das setzt eine gegliederte Staatsordnung im Sinne eines Gewaltenteilungsprinzips voraus[84]. Erforderlich ist dabei, dass die kontrollierende Stelle gegenüber dem Handeln des Kontrollierten Abstand bewahrt und dass der Kontrollierte seine Entscheidung selbstständig getroffen hat[85]. Dies ist deshalb erforderlich, um die Funktionen der Kontrolle, wie beispielsweise Verbesserung der Transparenz, Verhütung von Missbrauch oder Schaffung von Korrekturmöglichkeiten des politischen Handelns, zu gewährleisten.

Die mögliche Sanktion als Folge einer politischen Verantwortung weicht von einer strafrechtlichen Verurteilung ab. Zwar sind allein im Grundgesetz diverse Möglichkeiten der Sanktionierung aufgelistet. Statuiert werden beispielsweise das Misstrauensvotum in Art. 67 GG, die Zitier- und Interpellationsrechte in Art. 42 GG oder das Recht auf Einsetzung eines Untersuchungsausschusses gemäß Art. 44 GG. Grundsätzlich beginnt die Heranziehung zur politischen Verantwortung aber mit einer öffentlichen Diskussion, bevor von den gesetzlich normierten Kontrollmöglichkeiten Gebrauch gemacht wird. Denn bereits über die Medien und die dadurch erreichte Öffentlichkeit lassen sich Fehler präsentieren und Konsequenzen ziehen durch möglicherweise „freiwilliges" Ändern der Vorgehensweise der beteiligten Entscheidungsträger oder in Form eines Rücktritts. Eine Geltendmachung politischer Verantwortung erfolgt nur dann, wenn ein Staatsorgan verpflichtet ist, einem anderen Staatsorgan oder der Wählerschaft Rechenschaft über durchgeführte Maßnahmen oder Funktionen abzulegen[86].

Ausgehend von der Tatsache, dass diejenige Instanz, die Verantwortung geltend macht, über eine erhöhte politische Autorität verfügt, kommen im demokratischen Staat als Rezipienten der Rechenschaft nur das Volk und das Parlament in Betracht, weshalb im Folgenden zwischen der Verantwortung im parlamentarischen Verfahren und der Kontrolle durch die Öffentlichkeit unterschieden werden soll.

---

83 *Nödl,* Parlamentarische Kontrolle, S. 19; *Stern,* Das Staatsrecht der Bundesrepublik Deutschland. Band I, S. 988.

84 *Wuttke,* Die Verantwortlichkeit von Regierungsmitgliedern in Deutschland und Frankreich, S. 36 f.

85 *Scheuner*, Verantwortung und Kontrolle in der demokratischen Verfassungsordnung, S. 391-393.

86 *Loewenstein,* Verfassungslehre, S. 48.

I. Verantwortung im parlamentarischen Verfahren

Das Verantwortlichkeitsverhältnis zwischen Regierung und Parlament ist durch die Gesetzgebung und die parlamentarische Kontrolle geprägt. Beide sind parlamentarische Einwirkungsmittel. Im Hinblick auf Art. 20 III GG trägt die Regierung gegenüber dem Parlament jedoch keine Verantwortung, soweit ihr Handeln durch Gesetz gebunden ist. Denn die Inhalte der Gesetze kommen durch eine parlamentarische Entscheidung zustande, so dass hierfür auch das Parlament die Verantwortung trägt. Deshalb konzentriert sich diese Untersuchung im Folgenden auf die Möglichkeiten der parlamentarischen Kontrolle und die daraus resultierende parlamentarische Verantwortlichkeit.

Im deutschen Grundgesetz findet sich das Prinzip der parlamentarischen Verantwortung nicht explizit wieder. Denn obwohl Kontrolle nach überwiegender Meinung zu den Grundfunktionen des Parlamentes gehört[87], ist diese außer in Art. 45 b im Grundgesetz nicht ausdrücklich genannt. Zu finden sind jedoch verschiedene Vorschriften, welche es dem Parlament ermöglichen, eine Verantwortlichkeit gegenüber den Mitgliedern der Bundesregierung geltend zu machen[88]. Denn das Parlament hat nicht nur den Willen des Volkes in Form von Gesetzen durchzusetzen, sondern ist auch verpflichtet, das Handeln der Regierung dahingehend zu überprüfen, ob der Wille eingehalten wird. Dabei orientiert sich die politische Verantwortlichkeit an Maßstäben, welche sich aus tagespolitischen Situationen ergeben. Denn die Bedeutung der öffentlichen Meinung in einem repräsentativ-parlamentarischen System ist gekennzeichnet durch den Anspruch, den Volkswillen über die Abstimmungszeitpunkte hinaus zu berücksichtigen. Und insbesondere die aktuellen Themen, welche die öffentliche Meinung beschäftigen und die über die Medien an die politischen Entscheidungsträger herangetragen werden, fordern maßgeblich die politische Verantwortlichkeit. Die Presse steht in diesem Zusammenhang als ständiges Verbindungs- und Kontrollorgan zwischen dem Volk und seinen gewählten Vertretern in Parlament und Regierung. Parlamentarische Kontrolle in diesem Sinne ist mithin eine Aufgabe des Bundestages in solchen staatlichen Entscheidungsprozessen, die zumindest teilweise dem Zuständigkeitsbereich des Parlaments unterliegen[89].

Grundlegende Voraussetzung für die parlamentarische Kontrolle ist wie bereits dargelegt die Gewaltenteilung. Es ist mithin erforderlich, dass Kontrollie-

---

87 So etwa: *Krebs,* Kontrolle in staatlichen Entscheidungsprozessen, S. 120; *Scheuner,* Verantwortung und Kontrolle in der demokratischen Verfassungsordnung, S. 379, *Schweitzer,* in: v. Birke/Kluxen, Deutscher und Britischer Parlamentarismus, S. 162.

88 *Wuttke,* Die Verantwortlichkeit von Regierungsmitgliedern in Deutschland und Frankreich, S. 41.

89 *Krebs,* Kontrolle in staatlichen Entscheidungsprozessen, S. 128.

render und Kontrollierter unabhängig voneinander existieren und agieren[90]. Das ist die Theorie. Festzustellen ist jedoch, dass in der parlamentarischen Praxis die Gewaltenteilung im klassischen Sinne aufgehoben ist. Denn der Bundesregierung steht nicht das Parlament als Ganzes entgegen, sondern häufig nur die Oppositionsfraktionen[91]. Die Bundesregierung, bestehend aus Kanzler und Ministern, wird gebildet aus den sie im Bundestag tragenden Mehrheitsfraktionen. Es ist davon auszugehen, dass diese Fraktionen ein großes Interesse am Erhalt der Bundesregierung haben und eine öffentliche Kontrolle, welche der Regierung schaden könnte, daher vermeiden werden[92]. Die objektive Aufklärung von Geschehensabläufen ist unter diesen Umständen schwierig.

Es soll aus diesem Grunde verdeutlicht werden, dass die Kontrollmittel des Grundgesetzes primär bezwecken, das Parlament und seine Abgeordneten zu informieren. Denn nur auf der Grundlage ausreichender Informiertheit lassen sich die Kontrollinstrumente des Parlamentes sinnvoll einsetzen. Darüber hinaus sind sie natürlich geeignet, Medienaufmerksamkeit zu schaffen und die eigene Ansicht bzw. das Fehlverhalten der Regierung in der Öffentlichkeit zu präsentieren[93]. Doch die Grundfunktion der Information ist die Basis des parlamentarischen Handelns – gerade für die Opposition. Es ist deshalb bemerkenswert, dass die wichtigsten Lenkungsorgane der Regierungskoalition gerade nicht die öffentliche Ausschusssitzung oder das Plenum sind, sondern die informellen Koalitionsgespräche und der Koalitionsausschuss[94]. Ferner handelt die Regierung selbstständig, ohne dass das Parlament an ihrem Handeln beteiligt wird. Die Kontrollbefugnisse sind deshalb oftmals als Minderheitenrechte ausgestattet[95].

Zusammenfassend ist mithin festzustellen, dass es sich bei der parlamentarischen Verantwortlichkeit um eine Form der politischen Verantwortung im Sinne einer Pflicht handelt, Rechenschaft für Tätigkeiten und Entscheidungen abzulegen und auf Entlastung zu warten, um einer möglichen Sanktionierung zu entgehen[96]. Dabei ist Rechenschaftsgeber die Bundesregierung zusammen mit der Ministerialverwaltung und Adressat dieser Auskunft der Bundestag. Insgesamt wird die

---

90 *Wuttke,* Die Verantwortlichkeit von Regierungsmitgliedern in Deutschland und Frankreich, S. 36.

91 *Holtmann/Patzelt/Trittel,* in: Holtmann/Patzelt, Kampf der Gewalten, S. 8.

92 *Schweitzer,* in: Birke/Kluxen, Deutscher und britischer Parlamentarismus, S. 164; a. A. *Schmidt,* Die Legitimationsfunktion der parlamentarischen Kontrolle, S.77.

93 *Memminger,* Parlamentarische Kontrolle der Regierung durch Untersuchungsausschüsse, in: DÖV 1986, S. 19.

94 *Saalfeld,* in: Strom/Müller/Bergmann, Delegation and Accountability in Parliamentary Democracies, S. 366.

95 *Stern,* Das Staatsrecht der Bundesrepublik Deutschland. Band I, S. 998.

96 *Badura,* in: Isensee/Kirchhof, Handbuch des Staatsrechts, § 25 Rn. 12.

parlamentarische Verantwortlichkeit auch als *„Gegenstück zu der selbstständigen Handlungsvollmacht"* der Bundesregierung bezeichnet[97].

Um aktiv eine Verantwortung der Bundesregierung und Ministerialverwaltung einfordern zu können, bedarf es spezieller Kontrollbefugnisse, welche im Folgenden näher dargestellt werden sollen. Dabei gilt es, die Eigen- und die Fremdkontrolle zu unterscheiden.

1. Eigenkontrolle durch Evaluation, Befristung von Gesetzen und sunset-legislation

Bevor Gesetze durch das Parlament verabschiedet werden, ist es erforderlich, die politischen Entscheidungen wissenschaftlich und rechtlich gut vorbereiten zu lassen. Doch das reicht nicht länger aus. Das Parlament hat zur Verbesserung seiner Steuerungsfähigkeit sowohl die Befristung als auch die Evaluation entdeckt[98], welche beide zu den Mitteln der Eigenkontrolle des Parlamentes gehören.

a) Evaluation

Die Evaluation von Gesetzen ist grundsätzlich auf deren Inhalt ausgerichtet und fragt, ob die Zielsetzung des Gesetzes eingehalten wurde. Hierdurch soll die Wirksamkeit der verabschiedeten Gesetze überprüft[99], und es sollen zwei Fragen geklärt werden, nämlich welche Ziele erreicht wurden und ob es unerwünschte Nebenwirkungen gab[100]. Erforderlich ist deshalb vor Inkrafttreten des Gesetzes, dass ein Evaluationszeitraum festgelegt wird. Dieser Zeitplan und eine wissenschaftliche Begleitung sollen die Voraussetzung dafür schaffen, dass den Parlamentariern verbesserte Informationen aus der Anwendung des Gesetzes zur Verfügung stehen und eine eventuelle Anpassung der Vorschriften möglich ist[101]. Organisatorisch sollten die Evaluierungen von dem jeweils zuständigen Ministerium durchgeführt werden, allerdings unter prozeduraler Begleitung der politisch Beteiligten[102].

Möglich sind unterschiedliche Formen der Evaluation wie zum Beispiel die Erstellung von Regierungsberichten, Kontrolle durch Rechnungshöfe und Gerichte oder auch die Anregung einer öffentlichen Debatte. Doch prinzipiell wird die Evaluation in Form von wissenschaftlichen Studien erfolgen, welche die Gesetzes-

---

97 *Badura,* Die parlamentarische Verantwortlichkeit der Minister, in: ZParl 1980, S. 574; *Dreier,* Verantwortung im demokratischen Verfassungsstaat, in: ARSP 74, S. 21.

98 *Von Beyme,* Der Gesetzgeber, S. 319.

99 *Von Beyme,* Der Gesetzgeber, S. 319.

100 *König,* Evaluation als Kontrolle der Gesetzgebung, S. 10 f.

101 *Langner,* Zero-Base Budgeting und Sunset-Legislation, S. 309.

102 *Hellstern/Wollmann,* Wirksamere Gesetzesevaluierung, in: ZParl 1980, S. 553.

vorhaben begleiten und auswerten[103]. Dabei wird das Hauptaugenmerk auf die Erfolgskontrolle der beschlossenen Gesetze gelegt. Denn Zweck der Evaluation ist nicht nur die Verpflichtung des Gesetzgebers, die Verantwortung für seine beschlossenen Gesetze zu tragen, sondern auch, die grundsätzliche Qualität der Gesetze zu verbessern[104]. Um diese Ziele erreichen zu können, sollte sich die Legislative von den evaluierenden Ministerien einbinden lassen, um beidseitig Informationen auszutauschen, die künftige Gesetzgebung des Bundestages zu verbessern und mögliche gewonnene Erkenntnisse in bereits beschlossene Gesetze einzuarbeiten[105]. Manko ist dabei, dass es mit Hilfe der Evaluation nur möglich sein wird, Ausschnitte des beschlossenen Regelungsgehaltes zu prüfen. Erforderlich in der Gesetzgebung ist aber ein allumfassender, die Zusammenhänge vermittelnder Prozess, so dass die Evaluation nur als ergänzende Hilfestellung bei der Gesetzgebung betrachtet werden kann[106].

b) *Befristung*

Um die gesetzgeberischen Aktivitäten des Bundestages besser kontrollieren zu können, wird im Rahmen vieler Diskussionen über Verwaltungsmodernisierung oder Bürokratieabbau neben der Evaluation auch das Mittel der Befristung immer häufiger in Betracht gezogen. Ziel einer Befristung eines Gesetzes ist es, die politischen Gestaltungsspielräume bei der Entscheidung über das Gesetzesvorhaben zu erweitern[107]. Denn das Gesetz wird bei Festlegung einer Befristung nicht nur vor Abschluss der parlamentarischen Beratungen ausgiebig diskutiert und rechtlich geprüft. Sondern ähnlich wie bei der Evaluation soll auch im Anschluss, also nach Ablaufen der Befristung, eine Erfolgskontrolle durchgeführt werden, um entscheiden zu können, ob das Gesetz außer Kraft treten oder verlängert werden soll[108]. Vorteil einer solchen Befristung ist, dass dem beschlossenen Gesetz zunächst eine Art Probephase voran gestellt wird, bevor über deren In-Kraft-Bleiben entschieden wird. Dies gewährleistet dem Gesetzgeber nicht nur die Chance, aus möglichen Fehlern zu lernen, sondern gestaltet die Gesetzgebung auch flexibler.

Eine solche Befristung ist nach Ansicht von Chanos jedoch grundsätzlich nur dann zulässig, wenn sie *„unter dem Vorbehalt gleichbleibender Mehrheiten*

---

103 *Wegrich/Shergold/van Stolk/Jann,* Wirksamkeit von Sunset Legislation und Evaluierungsklauseln, S. 11 f.

104 *Jessen,* Neuere Ansätze parlamentarischer Steuerung und Kontrolle, S. 100.

105 *Chanos,* Möglichkeiten und Grenzen der Befristung parlamentarischer Gesetzgebung, S. 60.

106 *König,* Evaluation als Kontrolle der Gesetzgebung, S. 24.

107 *Zimmermann,* Reform der Staatstätigkeit durch generelle Befristung von Gesetzen, in: DÖV 2003, S. 943.

108 *Chanos,* Möglichkeiten und Grenzen der Befristung parlamentarischer Gesetzgebung, S. 16.

gestellt oder auf die jeweilige Legislaturperiode begrenzt wird", um die Rechtssicherheit der Bürger zu sichern und möglicherweise wechselnde Mehrheiten nicht zu stark festzulegen[109]. Zusätzlich darf die Befristung nur bei ausgewählten Gesetzen als Mittel der Deregulierung und parlamentarischen Kontrolle genutzt werden. Denn eine generelle Befristung aller Vorschriften führt nicht nur in den Verlust der Fähigkeit zur Verabschiedung „guter" Gesetze, sondern auch zu einem Vertrauensverlust in das Recht insgesamt. Die Rechtsanwender werden eine Unsicherheit erleiden, ob das sie betreffende Gesetz noch gilt oder bereits außer Kraft getreten ist, so dass nicht länger von Stetigkeit des Rechts gesprochen werden kann. Darüber hinaus stellt sich die Frage, was passiert, wenn ein Gesetz, dessen Verfallsdatum erreicht wurde, nicht rechtzeitig verlängert wurde[110].

Deshalb wird eine generelle Befristung aller Gesetze auch nicht rechtmäßig sein, da sie nicht nur für Unübersichtlichkeit der Gesetzeslage, sondern auch für eine Vorfestlegung der nächsten Gesetzgeber sorgen würde[111]. Dabei verlangt das demokratische Prinzip aus Art. 20 I, II 2 GG, dass die gewählten Volksvertreter in regelmäßigen, im Voraus bestimmten Abständen abgelöst und neu legitimiert werden[112]. Mit der Neulegitimierung und einem eventuellem Wechsel der Machtverhältnisse verträgt es sich nicht, der neuen Volksvertretung Entscheidungen vorzugeben und diese mit einer Menge an Beratungsstoff zu überhäufen, welche es, wenn überhaupt, dann nur oberflächlich bewältigen könnte. Dies würde zum einen aller Voraussicht nach zu einem Verlängerungsautomatismus führen und zum anderen dem Grundsatz der Nichtbindung späterer Parlamente widersprechen, welcher verlangt, dass ein neu gewähltes Parlament Entscheidungsfreiheit sowohl in rechtlicher als auch in politischer Hinsicht haben muss[113].

Doch auch ohne durchgängige Befristung wird der Bundestag als Gesetzgeber in der Lage sein, notwendige Reformen durchzuführen und Änderungsgesetze zu verabschieden. Und eine in Maßen eingesetzte Befristung von Gesetzen ist grundsätzlich zulässig und wünschenswert, muss jedoch in der Gesetzesbegründung gemäß § 43 I Nr. 6 GGO der Bundesministerien dargestellt werden.

---

109 *Chanos,* Möglichkeiten und Grenzen der Befristung parlamentarischer Gesetzgebung, S. 70.

110 *Zimmermann,* Reform der Staatstätigkeit durch generelle Befristung von Gesetzen, in: DÖV 2003, S. 944 f.; a. A. *Chanos,* Möglichkeiten und Grenzen der Befristung parlamentarischer Gesetzgebung, S. 64 und S. 66, der meint, dass Gesetze generell änderungsanfällig seien. *„Der Gesetzgeber erlässt zwar grundsätzlich auf unbestimmte Dauer angelegte Regelungen, behält aber zugleich den unausgesprochen Vorbehalt einer jederzeitigen Aufhebung und Änderung bei."*

111 *Chanos,* Möglichkeiten und Grenzen der Befristung parlamentarischer Gesetzgebung, S. 113.

112 BVerfGE 18, 151 (154); *Sommermann,* in: v. Mangoldt/Klein/Starck, Kommentar zum Grundgesetz, Art. 20, Rn. 158.

113 *Hellstern/Wollmann,* Wirksamere Gesetzesevaluierung, in: ZParl 1980, S. 558; *Wegrich/Shergold/van Stolk/Jann,* Wirksamkeit von Sunset Legislation und Evaluationsklauseln, S. 10.

c) *Sunset-legislation*

Ein Vorschlag aus den USA verbindet die Idee der Befristung mit der Idee der Evaluation. Dieses Konzept nennt sich „sunset-legislation". Hierunter ist die Idee zu verstehen, dass ein Programm für den Fall, dass es den Nachweis der Berechtigung seines Fortbestehens innerhalb eines gesetzlich fixierten Termins nicht erbringt, zu beenden ist. Zweck des Verfahrens ist, die Entscheidungsgrundlage des Parlamentariers in der Gestalt zu verbessern, dass er über die gewünschte Effektivität und die Zielsetzung des Gesetzes informiert wird, bevor er seine Entscheidung über eine Verlängerung des In-Kraft-Bleibens beschließt. Vergleichbar wäre dieser Gedanke mit der Situation, dass sich auch jeder gewählte Volksvertreter im regelmäßigen Abstand vor dem Bürger verantworten und stets befürchten muss, dass ihm sein Mandat entzogen wird. Soll hingegen das Gesetz bestehen bleiben, so bedarf es einer ausdrücklichen Begründung, um zu gewährleisten, dass das Gesetz nicht nur wegen des Zeitablaufes verlängert wird, sondern weil seine Berechtigung in der Evaluation festgestellt wurde[114]. Bei der sunset–legislation soll dem Parlament mithin die Möglichkeit eröffnet werden, sämtliche von ihm behandelten Vorlagen in regelmäßigen Abständen dahingehend zu überprüfen, ob sie notwendig, zweckmäßig und zielwirksam sind[115].

Beachtenswert an dem Konzept der sunset-legislation ist die zwingend erforderliche Kooperation zwischen der Verwaltung und dem Gesetzgeber. Die Verwaltung hat das notwendige Fachwissen, um die zu evaluierenden Regelungen zu bewerten, bevor eine Prüfung und Beschlussfassung im Fachausschuss des Bundestages erfolgt. Das heißt, die Verwaltung hat die Aufgabe, die für eine sunset-legislation festgelegten Regelungen im vorgegebenen Zeitrahmen dahingehend zu prüfen, ob sie effektiv sind und ihren Zweck erfüllen. Grundlage dieser Prüfung ist der im Vorfeld festgelegte Informationsbedarf des Bundestages, welcher die Evaluationsprioritäten und zu klärenden Fragen umfasst. Nach Durchführung der Evaluation wird das getroffene Ergebnis dem zuständigen Fachausschuss des Bundestages vorgestellt, welcher entscheidet, ob die Regelung bestehen bleibt[116].

Dieses Konzept der sunset-legislation klingt überzeugend, doch man sollte dabei immer im Hinterkopf die Frage behalten: Würden die Abgeordneten des Bundestages, nachdem sie Programme und Gesetze zuvor selbst verabschiedet haben, diese tatsächlich nach einem fixierten Termin als unwirksam darstellen und zurücknehmen? In den USA hat sich herausgestellt, dass die Kontrollfähigkeit der beschlossenen Gesetze nicht so effektiv ist, wie es gewünscht war, was

---

114 *Wegrich/Shergold/van Stolk/Jann,* Wirksamkeit von Sunset Legislation und Evaluationsklauseln, S. 6 mit Verweis auf *Mayntz,* Gesetzgebung und Bürokratisierung, S. 114.

115 *Langner*, Zero-Base Budgeting und Sunset-Legislation, S.261.

116 *Langner*, Zero-Base Budgeting und Sunset-Legislation, S. 312 f.

nicht nur an einer mangelnden Umsetzung durch die Parlamentarier lag, sondern auch an der Nichtverwirklichung einer eindeutigen Zielbestimmung der Gesetze[117]. Darüber hinaus sieht es die Verwaltung als „Strafe“ an, Rechenschaft über die Anwendung der Gesetze geben zu müssen[118]. Jedoch geht es bei der sunset-legislation gerade nicht um die Erhöhung des Aufwandes für die Verwaltung, sondern um die verpflichtende Evaluierung der beschlossenen Gesetze, um den Parlamentariern eine Hilfe bei ihren Entscheidungen zu geben[119].

d) Resümee

Festzustellen ist deshalb, dass sowohl die sunset-legislation als auch die Evaluation gute Ansätze sind, um die Entscheidungsgrundlagen der Parlamentarier beim Gesetzgebungsverfahren zu verbessern. Doch sind beides Mittel der Eigenkontrolle, und sie versprechen deshalb keine unvoreingenommene Überprüfung der parlamentarischen Arbeit. Ergänzend erforderlich ist deshalb eine Fremdkontrolle der Gewalten untereinander. Als Instanzen der Fremdkontrolle wirken vor allem die Gerichte und das Parlament. Möglich ist aber auch eine Fremdkontrolle durch die Öffentlichkeit. Da die Kontrolle durch die Gerichte bereits dargestellt wurde, soll im Folgenden zunächst die Kontrolle durch das Parlament erläutert werden.

2. Fremdkontrolle der Regierung durch das Parlament

Gemäß Art. 62 GG besteht die Bundesregierung aus dem Bundeskanzler und den Bundesministern. Parlamentarische Verantwortung trifft jedes Mitglied im Sinne des Art. 62 GG, jedoch auch nur diese. Zwar dürfen Parlamentarische Staatssekretäre ihren Minister beispielsweise in Kabinettssitzungen vertreten, jedoch haben sie dabei kein Stimmrecht. Die Vertretung des Ministers begründet gemäß § 23 II GO BReg keine Zugehörigkeit zur Bundesregierung. Gemäß Art. 65 S. 2 GG trägt ausschließlich der Minister die Verantwortung für den Geschäftsbereich seines Ministeriums. Beamtete und Parlamentarische Staatssekretäre sind daher nicht gegenüber dem Parlament verantwortlich[120].

Gemäß Art. 65 S. 1 GG bestimmt der Bundeskanzler die Richtlinien der deutschen Politik und trägt dafür die Verantwortung. Neben der Bestimmung der Richtlinien der Politik hat der Bundeskanzler gemäß § 2 GO BReg auch auf die Einheitlichkeit der Geschäftsführung der Bundesregierung hinzuwirken. Inner-

117 *Chanos,* Möglichkeiten und Grenzen der Befristung parlamentarischer Gesetzgebung, S. 103.
118 *Langner,* Zero-Base Budgeting und Sunset-Legislation, S. 312.
119 *Wegrich/Shergold/van Stolk/Jann,* Wirksamkeit von Sunset Legislation und Evaluationsklauseln, S. 5.
120 *Herzog,* in: Maunz/Dürig, Grundgesetz Kommentar, Art. 62, Rn. 4 f. und Rn. 41.

halb dieser Richtlinien leitet gemäß Art. 65 S. 2 GG jeder Minister seinen Geschäftsbereich selbstständig und unter eigener Verantwortung. Aus diesen Regelungen ergibt sich, dass die Bundesregierung die „*Initiativgewalt des Staates*" ist[121]. Im Kabinett getroffene Entscheidungen werden in diesem Zusammenhang einheitlich nach außen vertreten. Obwohl dabei die Regierung grundsätzlich aus den Reihen des Parlaments bzw. den Reihen der Mehrheitsfraktionen gebildet wird, ist es erforderlich, dass sie ihre Entscheidungen selbstständig und unabhängig erfüllt. Denn diese Eigenständigkeit der Entscheidungen ermöglicht es erst, die Regierung gegenüber dem Parlament zur Verantwortung ziehen zu können[122].

Der Bundestag hat dabei gemäß den Art. 43, 44, 45a II, 45b, 67, 93 I, 109 IV und 114 GG weit reichende Möglichkeiten, die Regierung zu kontrollieren. Adressat der parlamentarischen Verantwortung ist zum einen nicht der einzelne Abgeordnete oder eine Fraktion, sondern das Parlament als Ganzes. Zum anderen ist im heutigen Medienzeitalter jedoch auch die Öffentlichkeit Empfänger bzw. Überwacher der Verantwortlichkeit der Regierung, doch dazu im späteren Verlauf mehr.

Die Regierung agiert zunächst einmal selbstständig, das heißt, ohne dass das Parlament an den Tätigkeiten und Entscheidungen mitwirkt. Dies ergibt sich aus dem Grundsatz der Gewaltenteilung, denn würde das Parlament an dem Handeln mitwirken, würde es die nötige Distanz zu der von ihr kontrollierten Regierung verlieren[123].

Erforderlich für die Ausübung der parlamentarischen Kontrolle ist eine ausreichende Informiertheit des Parlaments über die Vorgänge in der Regierung. Grundlage für die Einholung und den Austausch von Informationen zwischen Bundesregierung und Bundestag ist Art. 43 GG. Diese Regelung statuiert ein Informationsrecht, welches vom Bundesverfassungsgericht jedoch bisher nur für bestimmte, sachlich eingegrenzte Informationsverlangen anerkannt wurde. Es geht um die Beantwortung mündlicher und schriftlicher Anfragen[124], das Aktenvorlagerecht von Untersuchungsausschüssen[125] und die Einsichtnahme in die Begründung bestimmter Haushaltsansätze[126]. Dies hat zur Folge, dass die Mitglieder

121 *Stern,* Das Staatsrecht der Bundesrepublik Deutschland. Band I, S. 968 mit Verweis auf: *Scheuner,* Verantwortung und Kontrolle in der demokratischen Verfassungsordnung, S. 391 f.

122 *Stern,* Das Staatsrecht der Bundesrepublik Deutschland, Band I, S. 966.

123 *Kröger,* Die Ministerverantwortung in der Verfassungsordnung der Bundesrepublik Deutschland, S. 28.

124 BVerfGE 13, 123 (125); 57, 1 (5); 2 BvE 5/06 vom 1.07.2009 (Beantwortung Kleiner Anfragen durch die Bundesregierung); *Klein,* in: Maunz/Dürig, Grundgesetz-Kommentar, Art. 43, Rn. 36, 75.

125 BVerfGE 67, 100 (133 ff.); 2 BvE 3/07 vom 17.06.2009 (Aktenherausgabe im BND-Untersuchungsausschuss).

126 BVerfGE 70, 324 (356); 92, 130 (136). Es wird nach dieser Rechtsprechung jedoch zum Beispiel kein Anspruch eines einzelnen Abgeordneten gegen den Rechnungshof auf Vorlage der jährlichen Prüfungsberichte anerkannt; vgl. BVerfGE 92, 130 (136).

der Regierung verpflichtet sind, regelmäßig Rechenschaft abzulegen, das Parlament über ihre Tätigkeiten in Kenntnis zu setzen[127] und auf Anfrage des Bundestages diesem auch Akten vorzulegen, sofern die Kenntnis des Akteninhalts notwendig ist, um eine parlamentarische Entscheidung treffen zu können[128].

Da das Grundgesetz keine Verantwortlichkeit der Regierung als Kollektivorgan kennt, soll im Folgenden zwischen der Verantwortlichkeit des Bundeskanzlers und der Verantwortlichkeit der einzelnen Minister unterschieden werden.

a) Verantwortlichkeit des Bundeskanzlers

Der zentrale Bezugspunkt der parlamentarischen Verantwortlichkeit im Grundgesetz ist der Bundeskanzler. Das ergibt sich bereits aus der Tatsache, dass er das einzige Regierungsmitglied ist, welches vom Bundestag direkt gewählt wird[129]. Die Wahl des Bundeskanzlers durch den Bundestag ist der entscheidende Vorgang bei der Regierungsbildung (Art. 63 GG). Ein Misstrauensvotum kann sich nur gegen den Bundeskanzler richten (Art. 67 GG). Die Berufung und Abberufung der Bundesminister ist der politischen Entscheidung des Bundeskanzlers überlassen (Art. 64 I GG). Darüber hinaus kann das Amt eines Bundesministers auch mit der Erledigung des Amtes des Bundeskanzlers enden (Art. 69 II GG). Die spezielle Verantwortlichkeit des Bundeskanzlers ist darüber hinaus in Art. 65 S. 1, 2. HS GG geregelt, welcher die Angelegenheiten, die in die Richtlinienkompetenz des Bundeskanzlers fallen, die Organisationsgewalt sowie die Befugnis zur Leitung der laufenden Regierungsgeschäfte umfasst[130].

Eine Aufzählung der Gründe, die zur Beendigung der Amtszeit des Bundeskanzlers führen könnten, enthält das Grundgesetz nicht. Jedoch findet sich eine Zusammenstellung in § 9 Abs. 1 BMinG, welcher besagt, dass das Amtsverhältnis der Mitglieder der Bundesregierung und somit auch des Bundeskanzlers aus drei Gründen enden kann: entweder mit der Entlassung des Bundeskanzlers, wenn ihm nach Art. 67 GG das Misstrauen ausgesprochen wurde, oder mit dem Zusammentritt eines neuen Bundestages aufgrund einer vorhergehenden Auflösung gemäß Art. 68 GG oder mit jeder anderen Erledigung des Amtes des Bundeskanzlers.

---

127 *Wuttke*, Die Verantwortlichkeit von Regierungsmitgliedern in Deutschland und Frankreich, S. 72.

128 BVerfGE 67, 100 (129); *Brüning*, Der informierte Abgeordnete, in: Der Staat 43 (2003), S. 526 f.

129 *Mehde*, in: Verhey/Broeksteeg/van den Driessche, Political Accountability in Europe: Which Way Forward? S. 103.

130 *Wuttke*, Die Verantwortlichkeit von Regierungsmitgliedern in Deutschland und Frankreich, S. 46 f.

aa) Misstrauensvotum gemäß Art. 67 GG

Will der Bundestag die Bundesregierung rechtsverbindlich zur Verantwortung ziehen, so zieht er mit dem Misstrauensvotum die Konsequenz aus der Sachverantwortung, die er nicht länger zu übernehmen bereit ist. Dem geht meist ein Zeitraum voraus, in dem sich das Vertrauensverhältnis zwischen Regierung und Parlament mehr und mehr verringert. Sinn und Zweck der Vorschrift ist es also, *„dem Parlament die Flucht ins Destruktive zu verwehren und es zur Übernahme von Verantwortung zu nötigen"*[131].Dabei ist Art. 67 GG die einzige verfassungsrechtlich vorgesehene Sanktion des Bundestages gegenüber der Regierung.

Adressat des Misstrauensvotums nach Art. 67 GG ist allein der Bundeskanzler, obwohl mit seiner Abberufung gemäß Art. 69 Abs. 2 GG auch die Ämter der Bundesminister enden. Eine gesonderte Abberufung einzelner Minister ist auf diesem Wege nicht möglich. Auf diese Art und Weise wird der Einsetzung der Bundesregierung entsprochen, bei welcher auch nur der Bundeskanzler gemäß Art. 63 GG vom Parlament gewählt wird, die Minister hingegen auf Vorschlag des Bundeskanzlers gemäß Art. 64 GG vom Bundespräsidenten ernannt werden[132]. Darüber hinaus entspricht die Fokussierung des Art. 67 GG auf den Bundeskanzler seiner herausragenden Stellung und verhindert ein Unterlaufen seines Kabinettsbildungsrechtes[133].

Erforderlich für die Durchführung eines Misstrauensvotums ist Konstruktivität, das bedeutet, dass ein Nachfolger gewählt werden muss, um dem Bundeskanzler das Vertrauen entziehen zu können[134]. Mit Nachfolger ist in diesem Zusammenhang eine andere Person als der bisherige Bundeskanzler gemeint[135]. Dieses Erfordernis der vorgezogenen Festlegung auf einen Nachfolger hat nicht nur die verfassungsrechtliche Legitimität zur Grundlage[136], sondern auch hohe politische Auswirkungen. Denn grundsätzlich müssen sich Abgeordnete der bisherigen Mehrheitsfraktionen von ihrem eigenen Bundeskanzler ab- und einem Kandidaten der Minderheitsfraktion zuwenden. Beispiel hierfür ist der Regierungswechsel im Jahre 1983, als FDP und CDU in einem konstruktiven Misstrauensvotum die Regierung von Helmut Schmidt stürzten und Helmut Kohl zum Bundeskanzler wählten. Möglich und zulässig ist jedoch auch, dass eine Regierungspartei sich

---

131 *Epping*, in: v. Mangoldt/Klein/Starck, Kommentar zum Grundgesetz, Art. 67, Rn.3.

132 *Wuttke*, Die Verantwortlichkeit von Regierungsmitgliedern in Deutschland und Frankreich, S. 150.

133 *Epping;* in: v. Mangold/Klein/Starck, Kommentar zum Grundgesetz, Art. 67, Rn. 6.

134 *Brandt*, Vertrauenserfordernis, Misstrauensvotum und parlamentarisches Regierungssystem, S. 229.

135 *Epping*, in: v. Mangoldt/Klein/Starck, Kommentar zum Grundgesetz, Art. 67, Rn. 9.

136 BVerfGE 62, 1 (43).

vom bisherigen Bundeskanzler abwendet und innerhalb der eigenen Partei einen neuen Kandidaten auserwählt. Dies kam jedoch erst einmal im Jahre 1966 vor, als ein Vertrauensfrageersuchen gegen Bundeskanzler Erhard gestellt wurde und sich in der Folge die Große Koalition unter Kiesinger und Brandt bildete.

Zweck der Regelung der Konstruktivität ist, dass eine Mehrheit innerhalb des Parlamentes gesichert ist, die auch über die Durchführung des Misstrauensvotums hinaus gewillt ist, zusammen zu arbeiten[137]. Das Misstrauensvotum bedarf keiner Rechtfertigung oder Begründung und gilt als ultima ratio der parlamentarischen Kontrolle. Denn nur in Fällen außerordentlicher Differenzen zwischen dem Bundeskanzler und dem Bundestag innerhalb einer Wahlperiode, welche nicht durch Konfliktschlichtung oder Abwarten bis zur nächsten Wahl gelöst werden kann, wird von dem Kontrollmittel des Art. 67 GG Gebrauch gemacht[138]. Als Beispiel kann der Bruch der sozialliberalen Koalition aus dem Jahre 1983 genannt werden. Bundeskanzler Willy Brandt und die FDP hatten außerordentliche Differenzen, als Wirtschaftsminister Lambsdorff ein Konzept zur Überwindung der Wirtschaftsschwäche und Bekämpfung der Arbeitslosigkeit erstellte, welches mit den Positionen der SPD unvereinbar war. Im Rahmen des konstruktiven Misstrauensvotums wurde Helmut Kohl als neuer Bundeskanzler gewählt.

Das Verfahren wird gemäß § 97 GO BT durchgeführt. Danach ist der Antrag auf Aussprechung des Misstrauens gegenüber dem Bundeskanzler von einem Viertel der Mitglieder des Bundestages oder einer Fraktion, die mindestens ein Viertel der Mitglieder des Bundestages umfasst, zu unterzeichnen und in der Weise zu stellen, dass dem Bundestag ein namentlich benannter Nachfolger zur Wahl vorgeschlagen wird. Dieser ist nur gewählt, wenn er die Stimmen der Mehrheit der Mitglieder des Bundestages im Sinne von Art. 121 GG auf sich vereinigt. Über den eigentlichen Misstrauensantrag findet keine Abstimmung statt, da das Misstrauen durch die Wahl des Nachfolgers ausgesprochen wird.

Eine Begründung des Antrages oder ein gesondertes Ersuchen an den Bundespräsidenten, den amtierenden Bundeskanzler zu entlassen, ist nicht erforderlich[139]. Zwischen dem Antrag und der Behandlung des Misstrauensvotums im Plenum müssen gemäß Art. 67 II GG 48 Stunden liegen, um Überraschungsentscheidungen zu vermeiden und es dem Bundeskanzler zu ermöglichen, weitere Verhandlungen mit dem Bundestag zu führen[140]. Ist das Misstrauensvotum vom

137 *Wuttke,* Die Verantwortlichkeit von Regierungsmitgliedern in Deutschland und Frankreich, S. 152.

138 *Stern,* Das Staatsrecht der Bundesrepublik Deutschland. Band I, S. 991 mit Verweis auf: BVerfG EuGRZ 1983, 57 (69).

139 *Epping,* in: v. Mangold/Klein/Starck, Kommentar zum Grundgesetz, Art. 67, Rn. 10.

140 *Herzog,* in Maunz/Dürig, Grundgesetz-Kommentar, Art. 67, Rn. 26; *Schröder,* in: Isensee/Kirchhof, Handbuch des Staatsrechts Bd. II, § 51 Rn. 37.

Bundestag angenommen, hat der Bundespräsident den bisherigen Bundeskanzler gemäß Art. 67 I 2 GG zu entlassen und den zum Nachfolger Gewählten zu ernennen.

bb) Auflösung des Bundestages gemäß Art. 68 GG

In enger Verbindung zum konstruktiven Misstrauensvotum des Art. 67 GG steht das Vertrauensfrageersuchen des Bundeskanzlers nach Art. 68 GG. Während Art. 67 GG dem Parlament die Möglichkeit zur Offensive gegen die Regierung gibt, ist Art. 68 GG eine Waffe des Bundeskanzlers. Nur er kann die Vertrauensfrage stellen, nicht die Bundesregierung insgesamt und nicht ein einzelner Bundesminister. In der bisherigen Geschichte des Bundestages gab es bisher fünf Vertrauensfragen gemäß Art. 68 GG[141]. Aktuellstes Beispiel für die Durchführung einer solchen Vertrauensfrage ist der Antrag des Bundeskanzlers Schröder aus dem Jahre 2005. Der Verlust der Landtagswahl in Nordrhein-Westphalen und SPD-interne Auseinandersetzungen zur so genannten Agenda 2010 bestätigten Kanzler Schröder in der Annahme, dass er nicht länger eine stabile Mehrheit hinter sich habe. Die bezweckte Versagung des Vertrauens führte zum Erfolg und es kam zu Neuwahlen. Interessant bei der Abstimmung über die Vertrauensfrage des Bundeskanzlers gemäß Art. 68 GG ist, dass die Abgeordneten zu bedenken haben, dass für den Fall der Verweigerung des Ausspruchs des Vertrauens Neuwahlen stattfinden werden, durch die auch der Verlust des eigenen Mandates drohen kann[142]. Aus dieser Motivation heraus leiteten beispielsweise zwei Abgeordnete gegen die Vertrauensfrage von Bundeskanzler Schröder ein Organstreitverfahren vor dem Bundesverfassungsgericht ein, in welchem sie jedoch unterlagen[143].

Der Bundeskanzler kann nicht durch einen Parlamentsbeschluss zum Antrag gezwungen werden. Die Vertrauensfrage kann mit einer Sachfrage verknüpft oder isoliert gestellt werden. Der Bundeskanzler ist bei einer Vertrauensverweigerung keineswegs automatisch gestürzt, er muss nicht einmal zurücktreten. Er kann weiterregieren, insbesondere die Möglichkeiten des Art. 81 GG (Gesetzgebungsnotstand) nutzen.

Sollte der Bundeskanzler sich jedoch zur Parlamentsauflösung entschließen, ist zu beachten, dass dieser Schritt über Art. 68 GG kein Selbstauflösungsrecht des Bundestages bedeutet, sondern nur unter Einhaltung bestimmter verfahrens- und materiell-rechtlicher Voraussetzungen möglich ist. Diese ergeben sich aus § 98 GO BT in Verbindung mit Art. 68 GG. Danach müssen zwischen der Abstimmung durch

---

141 Siehe Auflistung bei *Feldkamp*, Chronik der Vertrauensfrage und der Bundestagsauflösung in 2005, in: ZParl 2006, S. 20.

142 *Epping*, in: v. Mangold/Klein/Starck, Kommentar zum Grundgesetz, Art. 68, Rn. 1.

143 BVerfGE 114, 121 ff. (Auflösung des Bundestages).

den Bundestag und der Antragstellung des Bundeskanzlers auf Aussprechen des Vertrauens mindestens 48 Stunden vergangen sein. Erforderlich ist dabei ein Verfehlen der Mehrheit der Mitglieder des Bundestages für das Vertrauen in den Bundeskanzler, bevor der Auflösungsvorschlag des Bundeskanzlers an den Bundespräsidenten gerichtet wird. Die Auflösungsanordnung des Bundespräsidenten mit Gegenzeichnung des Bundeskanzlers gemäß Art. 58 GG hat innerhalb von 21 Tagen zu erfolgen, es sei denn, der Bundestag wählt mit der Mehrheit seiner Mitglieder einen anderen Bundeskanzler[144].

Diese Kriterien ergänzt das Bundesverfassungsgericht[145] mit folgender Aussage:

> *„Der Bundeskanzler, der die Auflösung des Bundestages auf dem Wege des Art. 68 GG anstrebt, soll dieses Verfahren nur anstrengen dürfen, wenn es politisch für ihn nicht mehr gewährleistet ist, mit den im Bundestag bestehenden Kräfteverhältnissen weiter zu regieren. Die politischen Kräfteverhältnisse im Bundestag müssen seine Handlungsfähigkeit so beeinträchtigen oder lähmen, dass er eine vom stetigen Vertrauen der Mehrheit getragene Politik nicht sinnvoll zu verfolgen mag (...) besondere Schwierigkeiten der in der laufenden Wahlperiode sich stellenden Aufgaben rechtfertigen die Auflösung nicht."*

Aus dieser Aussage lässt sich entnehmen, dass die Vertrauensfrage nach Art. 68 GG nur als letzte Möglichkeit und somit als ultima ratio anzusehen ist, wenn es ansonsten keine Gelegenheit mehr gibt, die politische Situation wieder zu stabilisieren. Aus Art. 68 GG ergibt sich jedoch kein Selbstauflösungsrecht des Bundestages[146], auch wenn das Bundesverfassungsgericht mit seiner Entscheidung aus dem Jahre 2005[147] einem solchen sehr nahe kommt, indem es dem Bundeskanzler eine Befugnis zur subjektiven Beurteilung der politischen Kräfteverhältnisse und eines möglichen Vertrauensverlustes zuspricht[148].

b) Die Ministerverantwortlichkeit

Die Verantwortlichkeit eines Bundesministers ergibt sich nicht aus einer einzelnen Norm des Grundgesetzes, sondern aus dem Gesamtzusammenhang verschie-

---

144 *Stern,* Das Staatsrecht der Bundesrepublik Deutschland. Band I, S. 994.

145 BVerfGE 62, 1 (44).

146 *Epping,* in: v. Mangold/Klein/Starck, Kommentar zum Grundgesetz, Art. 68, Rn. 15; *Edinger,* Wer misstraut wem? Die Entscheidung des Bundesverfassungsgerichts über die Vertrauensfrage des Bundeskanzlers und die Bundestagsauflösung 2005, in: ZParl 2006, S. 39.

147 BVerfGE 114, 121 (170 ff.) mit dem Sondervotum des Richter Jentsch; einzelne Stimmen schlagen hingegen die Einführung eines Selbstauflösungsrechtes als Konsequenz der Entscheidung des Bundesverfassungsgerichts vor: vgl. *Schenke/Baumeister,* Vorgezogene Bundestagswahlen – der Überraschungscoup ohne Verfassungsbruch? In: NJW 2005, S. 1846.

148 BVerfGE 114, 121 (155).

dener Vorschriften und Verfassungsprinzipien[149]. Zentraler Ansatzpunkt für die Ministerverantwortlichkeit ist Art. 65 S. 2 GG, welcher bestimmt, dass jeder Bundesminister seinen Geschäftsbereich innerhalb der Richtlinien des Bundeskanzlers „selbstständig und unter eigener Verantwortung" regelt. Was der Maßstab für diese parlamentarische Verantwortung ist, ergibt sich nicht aus dem Grundgesetz. Es ist davon auszugehen, dass sich die Minister bei ihrer Aufgabenerfüllung stets an Recht und Gesetz halten und eine sachgemäße Amtsführung gewährleisten[150]. Bei dieser Amtsführung ist zu berücksichtigen, dass die Minister eine Doppelstellung inne haben. Zum einen sind sie gemäß Art. 62 GG Mitglied der Bundesregierung und zum anderen Leiter ihres Ministeriums[151]. Die Kompetenz zur Leitung des Ministeriums umfasst die inhaltliche Gestaltung der Politik, die Personal- und die Organisationsgewalt.

aa) Verantwortlichkeit gegenüber dem Parlament

Fraglich ist, ob die Bundesminister ausschließlich gegenüber dem Bundeskanzler verantwortlich sind, da sie auf dessen Vorschlag gemäß Art. 63 GG vom Bundespräsidenten ernannt und entlassen werden[152], oder ob auch eine Verantwortlichkeit gegenüber dem Parlament besteht.

(1) Enge Verantwortlichkeitstheorie

Es wird im Schrifttum teilweise die Meinung vertreten, dass nur eine Verantwortlichkeit gegenüber dem Bundeskanzler bestehe, da das Misstrauensvotum im Grundgesetz nur auf diesen anwendbar sei[153]. Das bedeute, dass ein Bundesminister nur durch den Bundeskanzler sein Amt verlieren könne, und zwar entweder im Wege einer Entlassung gemäß Art. 64 I GG oder durch eigenen Amtsverlust gemäß Art. 69 II GG, welcher das Amtsende aller Regierungsmitglieder nach sich zieht. Eine Amtsenthebung durch das Parlament könne jedoch nicht stattfinden, weshalb die Vertreter dieser Ansicht darlegen, dass die in Art. 65 S.2 GG erwähnte Verantwortlichkeit nur die regierungsinternen Geschäfte betreffen und deshalb keine Verantwortung nach außen bestehe[154]. Ebenso argumentiert Brandt[155], der darlegt,

149 *Mehde,* Die Ministerverantwortlichkeit nach dem Grundgesetz, in: DVBl. 2001, S. 13.

150 *Badura,* Die parlamentarische Verantwortlichkeit der Minister, in: ZParl 1980, S. 579.

151 BVerwGE 63, 37 (40).

152 Vgl. hierzu *Butzer,* in: Schmidt-Bleibtreu/Hofmann/Hopfauf, Kommentar zum Grundgesetz, Art. 60, Rn. 14 ff.

153 *Meyn,* in: v. Münch/Kunig, Grundgesetz-Kommentar, Art. 65, Rn. 15; *Püttner/Kretschmer,* Die Staatsorganisation, S. 176.

154 *Meyn,* in: v. Münch/Kunig, Grundgesetz-Kommentar, Art. 65, Rn. 15; *Brockmeyer,* in: Schmidt-Bleibtreu/Hofmann/Hopfauf, Kommentar zum Grundgesetz, Art. 65, Rn. 8.

dass sich aus Art. 63, 64 Abs. 1, 65 und 69 GG ergibt, dass ein Bundesminister, obwohl er gegenüber dem Bundestag verantwortlich ist, im Ergebnis nur vom Vertrauen des Bundeskanzlers abhängig ist.

(2) Weite Verantwortlichkeitstheorie

Dabei wird jedoch verkannt, dass die Amtsenthebung nicht die einzige Möglichkeit ist, die Verantwortlichkeit eines Bundesministers geltend zu machen. Das Parlament kann darüber hinaus einige andere Kontrollmaßnahmen – beispielsweise die Zitier- und Interpellationsrechte oder die Einsetzung eines Untersuchungsausschusses – gegenüber einem Bundesminister wahrnehmen[156]. Maßgeblich ist deshalb vielmehr, dass der Bundeskanzler und die Bundesminister gemäß Art. 62 GG als Regierung zusammengefasst werden. Ausweislich ihrer verfassungsrechtlichen Stellung kommt ihr besonderes Gewicht zu. Nicht die Frage der Wahl, sondern die Zugehörigkeit zu diesem Organ ist darum entscheidend. Um die Beziehung zwischen Parlament und Minister zu verstärken, wurde der Posten des Parlamentarischen Staatssekretärs eingeführt, welcher einerseits Abgeordneter des Bundestages und andererseits Mitglied „seines" Ministeriums ist.

bb) Inhalte der Verantwortlichkeit

Parlamentarische Verantwortlichkeit betrifft somit jedes Mitglied der Bundesregierung im Sinne des Art. 62 GG, also Bundeskanzler und Bundesminister[157]. Die Mitglieder der Bundesregierung sind aus dieser Verantwortlichkeit heraus verpflichtet, vor dem Parlament über ihre Amtstätigkeit Rechenschaft abzulegen. Diese Verantwortlichkeit besteht individuell, das heißt, es besteht keine kollektive Verantwortlichkeit des Kabinetts[158]. Bekannt ist jedoch das Prinzip der Kabinettssolidarität: Die Rechenschaftslegung der Minister gegenüber dem Parlament erfordert eine Koordinierung der Regierungspolitik, aus welcher eine solidarische Vertretung der gemeinsamen Politik aller Regierungsmitglieder folgt. Gemäß § 2 GO BReg ist es deshalb Aufgabe des Bundeskanzlers, auf die Einheitlichkeit der Geschäftsführung der Bundesregierung hinzuwirken. Adressat bzw. Überwacher der parlamentarischen Ministerverantwortlichkeit ist die Volksvertretung, also

---

155 *Brandt,* Vertrauenserfordernis, Misstrauensvotum und parlamentarisches Regierungssystem, S. 237.

156 *Wengst,* Ministerverantwortlichkeit in der parlamentarischen Praxis der Bundesrepublik Deutschland, in: ZParl 1984, S. 539 f.

157 *Mehde,* in: Verhey/Broeksteeg/van den Driessche, Political Accountability in Europe: Which Way Forward? S. 104.

158 *Kröger,* Die Ministerverantwortung in der Verfassungsordnung der Bundesrepublik Deutschland, S. 7.

der Bundestag, nicht auch der Bundesrat, dem der Rechtscharakter des Parlaments im Sinne einer Volksvertretung gemäß Art. 38 ff. GG fehlt.

cc) Sanktionsmöglichkeiten

Sollte das Parlament – oder rein praktisch gesehen die Opposition innerhalb des Parlaments – nun der Ansicht sein, einen der Minister zur Verantwortung ziehen zu wollen, so gibt es keine rechtlich verbindliche Möglichkeit, für eine Entfernung des Ministers zu sorgen. Stattdessen ist es erforderlich, dass im Parlament ein Antrag an den Bundeskanzler auf Entlassung des betreffenden Ministers gestellt wird, welcher jedoch durch die Mehrheit der Koalitionsfraktionen verhindert werden kann[159].

Alternativ ist es deshalb möglich, eine Misstrauenskundgabe abzugeben oder die Missbilligung einzelner Vorgänge innerhalb eines Ministeriums oder der konkreten Amtsführung eines Ministers zu erklären. Anders als das Misstrauensvotum nach Art. 67 GG ist der Missbilligungsantrag nicht im Grundgesetz oder in der Geschäftsordnung des Deutschen Bundestages erwähnt. Diese Möglichkeit der Missbilligung ist deshalb nicht unbestritten[160]. Jedoch werden in der Praxis regelmäßig Missbilligungsanträge auf die Tagesordnung des Bundestages gesetzt. Ein solcher Antrag entfaltet nämlich politische Wirkung: Für die Opposition ist es ein Mittel, die Regierung öffentlichkeitswirksam zu kritisieren. Meist wird verlangt, die Äußerung oder Haltung eines Kabinettmitglieds zu missbilligen. Direkte Rechtsfolgen sind hieran nicht geknüpft[161].

dd) Umfang der Ministerverantwortlichkeit

Der Umfang der Ministerverantwortlichkeit beschränkt sich auf das eigene Ressort und im Rahmen dessen auf die Zweckmäßigkeit und auf die Rechtmäßigkeit der Aufgabenerfüllung in diesem Ministerium, dessen Leitung der Minister inne hat. Fraglich ist bei der Geltendmachung einer parlamentarischen Verantwortlichkeit eines Ministers, ob hierfür ein persönliches Fehlverhalten Voraussetzung ist. Dies ist umstritten. Einerseits wird dargelegt, dass es für die Verantwortlichkeit genüge, wenn dem beteiligten Minister für den betroffenen Geschäftsbereich eine Kom-

---

159 *Mehde,* in: Verhey/Broeksteeg/van den Driessche, Political Accountability in Europe: Which Way Forward? S. 114.

160 *Brockmeyer,* in: Schmidt-Bleibtreu/Hofmann/Hopfauf, Kommentar zum Grundgesetz, Art. 65 Rn. 8

161 *Mehde,* Die Ministerverantwortlichkeit nach dem Grundgesetz, in: DVBl. 2001, S. 14.

petenz zukommt. Andererseits wird dargelegt, dass Maßstab für die Verantwortlichkeit regelmäßig ein ordnungsgemäßes Verhalten des Ministers sei[162].

Es wird durch diese beiden Positionen deutlich, dass die Kenntnis des Ministers über die Vorgänge in seinem Ressort grundsätzlich unverzichtbar ist. Zwar ist die praktische Umsetzbarkeit der Kenntnis aller Vorgänge zu bezweifeln, da viele Entscheidungen in einem Ministerium von den Fachbeamten und gerade nicht vom Minister getroffen werden, so dass eine mehr als pflichtgemäße Amtsführung von einem Minister nicht verlangt werden kann[163]. Allerdings befreit diese nur begrenzte Kenntnis der Vorgänge gerade nicht von der Verantwortlichkeit, denn grundsätzlich hätte der Minister die Möglichkeit, sich über alle Vorgänge zu informieren[164]. Mithin umfasst seine Verantwortlichkeit neben einem individuellen Fehlverhalten auch ein Organisationsverschulden[165].

Dies schließt aber jedenfalls aus, Konsequenzen mit dem Charakter personenbezogener Sanktionen an ein solches Verhalten zu knüpfen. Das bedeutet, dass Verantwortlichkeit dort enden muss, wo die Kontrollspanne eines geeigneten Vorgesetzten auch bei einwandfreier Organisation überschritten ist. Konkret heißt das nichts anderes, als dass aus rechtlicher Sicht eine persönliche Einstandspflicht des Ministers nur für die Vorgänge innerhalb seines Geschäftsbereichs besteht, für die ihn auch ein persönlicher Vorwurf trifft.[166]

Es geht bei der Ministerverantwortlichkeit nicht nur um die Frage von Rücktritt bzw. Entlassung, sondern vor allem auch um die Befriedigung der Informationsbedürfnisse des Parlaments. Diese sind erforderlich für eine ordnungsgemäße Ausführung ihrer Tätigkeiten sowohl im Gesetzgebungs- als auch im Kontrollprozess[167], weshalb im Folgenden die parlamentarischen Kontrollrechte dargestellt werden sollen.

---

162 *Mehde,* Die Ministerverantwortlichkeit nach dem Grundgesetz, in: DVBl. 2001, S. 16 mit Verweis auf *Kröger*, Die Ministerverantwortung in der Verfassungsordnung der Bundesrepublik Deutschland, S. 22 und *Krüger*, Die Risikoübernahme und die Verantwortlichkeit als rechtliche Legitimation zur Ausübung der Leitungsmacht, in: BayVBl. 1996, S. 742.

163 *Wuttke,* Die Verantwortlichkeit von Regierungsmitgliedern in Deutschland und Frankreich, S. 52.

164 *Schröder,* in: v. Mangoldt/Klein/Starck, Kommentar zum Grundgesetz, Art. 65, Rn. 51.

165 *Kröger*, Die Ministerverantwortung in der Verfassungsordnung der Bundesrepublik Deutschland, S. 23.

166 *Mehde,* Die Ministerverantwortlichkeit nach dem Grundgesetz, in: DVBl. 2001, S. 17 mit Verweis auf *Scheuner,* Verantwortung und Kontrolle in der demokratischen Verfassungsordnung, S. 391 und *Rittstieg,* Die Weisungsgebundenheit des Beamten, in: ZBR 1970, 73; *Mehde,* in: Verhey/Broeksteeg/van den Driessche, Political Accountability in Europe: Which Way Forward? S. 107.

167 BVerfGE 44, 308 (320).

3. *Parlamentarische Kontrollrechte*

Obwohl Kontrolle nach überwiegender Meinung zu den Grundfunktionen des Parlamentes gehört[168], ist diese außer in Art. 45 b im Grundgesetz nicht ausdrücklich genannt. Zu finden sind jedoch verschiedene Vorschriften, welche es dem Parlament ermöglichen, eine Kontrolle der Entscheidungen der Regierung und der Ministerialverwaltung durchzuführen. Hauptansatzpunkt der Kontrollmittel des Grundgesetzes ist es, dass das Parlament und seine Abgeordneten ausreichend informiert sind. Denn nur auf der Grundlage ausreichender Informiertheit lassen sich die Kontrollinstrumente des Parlamentes sinnvoll einsetzen. Eine Möglichkeit der Informationsbeschaffung der Parlamentarier bieten die Zitier- und Interpellationsrechte gemäß Art. 43 I GG i. V. m. § 42 GO BT.

a) *Zitier- und Interpellationsrechte*

Die Abgeordneten sind darauf angewiesen, mit den Mitteln der Aktuellen Stunde, der Fragestunde und der Großen und Kleinen Anfragen ihren Informationsstand zu ergänzen, um sowohl in der Öffentlichkeit kompetent Stellung nehmen zu können als auch ihre von der Verfassung vorgegebenen Aufgaben ordnungsgemäß erfüllen zu können. Diese Verbesserung des Informationsstandes wird durch die Befragung der Bundesregierung ergänzt.

aa) *Zitier- und Fragerechte*

Gemäß Art. 43 I GG können der Bundestag und seine Ausschüsse die Anwesenheit jedes Mitgliedes der Bundesregierung verlangen. Dieses Zitierrecht beinhaltet die Pflicht des jeweils zuständigen Regierungsmitgliedes zu erscheinen, während der Dauer der Beratungen über den thematisierten Gegenstand im Ausschuss oder Plenum zu verbleiben und, am wichtigsten, dem Parlament Rede und Antwort zu stehen[169]. Der Antrag auf Zitierung kann gemäß § 42 GO BT von einer Fraktion oder von 5% der Mitglieder des Bundestages, soweit diese anwesend sind, gestellt werden, muss jedoch die Mehrheit der abgegebenen Stimmen entsprechend Art. 42 II GG auf sich vereinen.

Das Zitierrecht dient dazu, den Parlamentariern die Gelegenheit zu eröffnen, den Regierungsmitgliedern ihre Stellungnahmen zu politischen Aktivitäten und

168 So etwas: *Krebs,* Kontrolle in staatlichen Entscheidungsprozessen, S. 120; *Scheuner,* Verantwortung und Kontrolle in der demokratischen Verfassungsordnung, S. 379, *Schweitzer,* in: v. Birke/Kluxen, Deutscher und Britischer Parlamentarismus, S. 162.

169 *Pieroth* in Jarass/Pieroth, Grundgesetz für die Bundesrepublik Deutschland, Art. 43, Rn. 3; *Kröger,* Die Ministerverantwortung in der Verfassungsordnung der Bundesrepublik Deutschland, S. 142; a. A. *Achterberg,* Parlamentsrecht, S. 462.

eine mögliche Kritik an diesen Tätigkeiten persönlich zu übermitteln. Festzustellen ist allerdings, dass das Recht auf Zitierung nicht häufig genutzt wird. Dies liegt nicht nur an dem Erfordernis eines Mehrheitsbeschlusses, sondern auch an der Tatsache, dass die Regierungsfraktionen „ihre" Minister nicht tadeln wollen und die Opposition die öffentlichkeitswirksameren Fragerechte vorzieht[170].

(1) Umfang der Fragerechte

Aus Art. 38 I 2 GG i. V. m. Art. 20 II 2 GG ergibt sich ein Frage- und Informationsrecht des Bundestages gegenüber der Bundesregierung. Dieses Fragerecht kann nach Maßgabe der Geschäftsordnung des Bundestages im Rahmen der Kompetenzen des Bundestages ausgeübt werden und beinhaltet eine grundsätzliche Antwortpflicht der Regierungsmitglieder. Das Fragerecht und die Antwortpflicht können sich nur auf den Bereich beziehen, für den die Bundesregierung unmittelbar oder mittelbar verantwortlich ist. Auf den jeweiligen Ressortminister ist das Zitierrecht nicht beschränkt, da der Bundestag auch Interesse daran haben kann, Informationen zu einem Thema von einem grundsätzlich nicht für diese Frage zuständigen Minister zu erhalten. Der jeweils angefragte Minister hat die Pflicht zu erscheinen. Es ist nicht möglich, sich auf Nichtzuständigkeit zu berufen oder den Staatssekretär zu schicken[171]. Allerdings kann ein entsprechender Verantwortungsbereich der Bundesregierung für grundsätzliche Zuständigkeiten der Länder oder juristischer Personen nicht dadurch konstruiert werden, dass gefragt wird, ob die Bundesregierung Kenntnis von den Vorgängen hat[172].

(2) Grenzen der Antwortpflicht

Eine Grenze für die Antwortpflicht ergibt sich aus dem Geheimschutz[173]. Die mit der Drucklegung von Fragen und Antworten notwendigerweise verbundene Offenlegung kann bei geheimhaltungsbedürftigen Vorgängen von der Bundesregierung nicht verlangt werden. Allerdings rechtfertigt sich aus Geheimhaltungsinteressen keine absolute Verweigerung der Preisgabe der gewünschten Informationen[174].

---

170 *Wuttke,* Die Verantwortlichkeit von Regierungsmitgliedern in Deutschland und Frankreich, S. 75 f.

171 *Kretschmer,* in: Schmidt-Bleibtreu/Hofmann/Hopfauf, Kommentar zum Grundgesetz, Art. 43, Rn. 15 und 17.

172 *Roll,* Geschäftsordnung des Deutschen Bundestages. Kommentar. Vor §§ 100 -105 Rn. 5.

173 *Lennartz/Kiefer,* Parlamentarische Anfragen im Spannungsfeld von Regierungskontrolle und Geheimhaltungsinteressen, in: DÖV 2006, S. 186.

174 Vgl. insbesondere 2 BvE 5/06 vom 1. Juli 2009, welche die Ablehnung der Beantwortung einer parlamentarischen Anfrage mit Berufung auf die Geheimhaltungsbedürftigkeit der Informationen als verfassungswidrig erkannt hat.

Gewährleistet der Bundestag die Geheimhaltung, beispielsweise durch nicht öffentliche Sitzungen, dem Verzicht auf eine Drucklegung oder der Befragung in besonderen Kontrollgremien, so ist die Regierung verpflichtet, die Fragen der Abgeordneten zu beantworten[175]. Darüber hinaus stellen auch die Rechte der Bürger eine Schranke der Antwortpflicht der Bundesregierung dar. Denn die Beantwortung der parlamentarischen Anfragen durch die Bundesregierung ist eine Form der Ausübung öffentlicher Gewalt. Zu beachten ist aus diesem Grunde nicht nur der Grundrechtsschutz, sondern auch das allgemeine Persönlichkeitsrecht und das Steuergeheimnis, da jeder Bürger ein Recht auf informationelle Selbstbestimmung hat, welche auch die Weitergabe von persönlichen Informationen beinhaltet[176]. Bei der Beantwortung von Fragen, welche Rechte von Bürgern tangieren, ist deshalb der Verhältnismäßigkeitsgrundsatz zu beachten, der in der Regel die Weitergabe von Informationen streng persönlichen Charakters verhindern dürfte[177].

Problematisch sind Fragen, welche zwar den Verantwortungsbereich der Bundesregierung betreffen, jedoch aus dem Kernbereich exekutiver Eigenverantwortung kommen. Dazu gehört die Willensbildung der Bundesregierung sowohl hinsichtlich der Erörterungen im Kabinett als auch bei der Vorbereitung von Kabinetts- und Ressortentscheidungen, die sich in regierungsinternen Abstimmungsprozessen vollzieht[178]. Für diesen Bereich wird sich grundsätzlich keine Antwortpflicht ergeben[179].

Aus dem Prinzip der Verfassungsorgantreue folgt schließlich eine Pflicht zur Rücksichtnahme auf die Funktions- und Arbeitsfähigkeit der Bundesregierung[180]. Dieser erwächst daraus eine verfassungsrechtlich umgrenzte Einschätzungsprärogative, die die Art und Weise und den Zeitpunkt der Antwort betrifft. Die Bundesregierung ist also nicht verpflichtet, stets Fristverlängerung zu beantragen, sondern sie kann bei extrem umfangreichen Fragen innerhalb der Frist pauschal antworten oder die Antwort sogar wegen Unmöglichkeit ablehnen. Grundsätzlich erforderlich ist jedoch eine Begründung der Ablehnung, um dem Parlament die Möglichkeit zu geben, die Verweigerung einer Antwort nachzuvollziehen.

---

175 *Klein,* in: Maunz/Dürig, Grundgesetz-Kommentar, Art. 43, Rn. 103 f.

176 BVerfGE 65, 1 (43); vgl. beispielsweise die Große Anfrage der CDU/CSU-Fraktion zur Öffentlichkeitsarbeit der Bundesregierung, Drs. 15/2912, Fragen 45-47, S. 34.

177 *Roll,* Geschäftsordnung des Deutschen Bundestages. Kommentar. Vor §§ 100 -105, Rn. 8.

178 *Klein,* in: Maunz/Dürig, Grundgesetz-Kommentar, Art. 43, Rn. 106 mit Verweis auf BVerfGE 67, 100 (139).

179 *Roll,* Geschäftsordnung des Deutschen Bundestages. Kommentar. Vor §§ 100 -105, Rn. 9.

180 NW VerfGH in: NVwZ 1994, 678; *Lennartz/Kiefer,* Parlamentarische Anfragen im Spannungsverhältnis von Regierungskontrolle und Geheimhaltungsinteressen, in: DÖV 2006, S. 192.

bb) Interpellationsrechte

Das Zitierrecht schließt das Interpellationsrecht mit ein. Dieses Interpellationsrecht beinhaltet das Recht, Fragen an die Regierung zu stellen und von ihr Rechenschaft über einen gewünschten Sachverhalt zu erlangen. Es hat rein informatorischen Charakter und daher keine rechtlichen Sanktionen zur Folge. Es setzt aber ein bestimmtes und sachlich eingegrenztes Informationsverlangen voraus[181].

Berechtigt zur Interpellation sind alle Abgeordneten des Bundestages, außer sie sind gleichzeitig Mitglied der Bundesregierung oder Parlamentarischer Staatssekretär und vom jeweiligen Minister angewiesen, zu antworten. Denn es ist weder mit dem Sinn und Zweck des Interpellationsrechts noch mit dem Gewaltenteilungsprinzip vereinbar, wenn auch Minister, welche dem Bundestag angehören, Fragen an ihre Kollegen stellen, da es hier um die parlamentarische Kontrolle der Regierung durch das Parlament geht. Parlament und Regierung stehen sich insoweit gegenüber.[182] Auch das Bundesverfassungsgericht urteilte diesbezüglich, dass trotz harmonischer Auffassungsübereinstimmung zwischen der Regierung und der Parlamentsmehrheit stets ein Spannungsverhältnis zwischen dem Parlament als Gesetzgebungs- und obersten Kontrollorgan und der Regierung als Spitze der Exekutive bestehen bleibt[183]. Somit gehört es ausschließlich zu den Statusrechten der Abgeordneten, sich an der Ausübung des Frage- und Informationsrechts des Parlaments zu beteiligen[184].

Das Recht, der Regierung Fragen zu stellen, ist Ausfluss des Art. 38 I 2 GG, da der Abgeordnete zur Wahrnehmung seiner Gesetzgebungs- und Kontrollaufgaben auf Informationen angewiesen ist, über die er häufig nicht verfügt[185]. Adressat der Interpellation ist ein bestimmtes Regierungsmitglied, das für die genannte Thematik zuständig ist. Eine Vertretung ist jedoch möglich, eine Interpellation der gesamten Regierung allerdings nicht[186]. Dieses Beteiligungsrecht wird in der GO BT in unterschiedlicher Form konkretisiert. Zweck der verschiedenen Fragerechte ist es, den Abgeordneten die für die Ausübung des Mandats erforderlichen Informa-

181 BVerfGE 13, 123 (125); 70, 324, (355).

182 *Kröger*, Die Ministerverantwortung in der Verfassungsordnung der Bundesrepublik Deutschland, S. 145 f.

183 BVerfGE 10, 4 (17).

184 BVerfGE 80, 188 (218).

185 *Klein*, in: Maunz/Dürig, Grundgesetz-Kommentar, Art. 43, Rn.82; *Lennartz/Kiefer*, Parlamentarische Anfragen im Spannungsverhältnis von Regierungskontrolle und Geheimhaltungsinteresse, in: DÖV 2006, S. 190.

186 *Wuttke*, Die Verantwortlichkeit von Regierungsmitgliedern in Deutschland und Frankreich, S. 76 f.

tionen zu verschaffen[187] oder auf politisch relevante Sachverhalte aufmerksam zu machen[188].

cc) Spezielle Interpellationsrechte

In der Geschäftsordnung des Bundestages sind über Art. 43 I GG hinaus in den §§ 100 ff. einige spezielle Interpellationsrechte niedergelegt.

(1) Große Anfragen

Die Große Anfrage gemäß §§ 100-103 i. V. m. §§ 75 I lit. f, 76 I GO BT ist eine der mächtigsten Kontrollinstrumente der Abgeordneten im Allgemeinen und der Opposition im Speziellen. Sie dient dabei nicht nur der Erlangung von Informationen durch die Bundesregierung, sondern auch der Absicht, über das Thema der Großen Anfrage öffentliche Debatten zu führen[189].

Jede Fraktion oder fünf vom Hundert der Mitglieder des Bundestages können die Beantwortung einer Großen Anfrage verlangen. Die Bundesregierung hat innerhalb von drei Wochen diese Große Anfrage schriftlich zu beantworten.[190] Die Fragen werden zuvor schriftlich beim Präsidenten des Bundestages eingereicht und müssen kurz und bestimmt gefasst sein. Sie können kurz begründet werden, wobei „kurz" in Anbetracht der Komplexität mancher Fragen einen weiten Beurteilungsspielraum zulässt[191].

Die Beantwortung der Großen Anfrage erfolgt grundsätzlich in der Art und Weise, dass sie als Drucksache an die Abgeordneten verteilt wird. Im Anschluss findet in aller Regel eine Aussprache im Plenum über die Antwort statt, § 101 GO BT. Darüber hinaus kann das in § 102 GO BT vorgesehene Minderheitenrecht, die Beratung einer Großen Anfrage im Plenum zu verlangen, auch ausgeübt werden, wenn die Bundesregierung drei Wochen nach Eingang der Großen Anfrage noch nicht geantwortet hat. In diesem Fall wird allein die Große Anfrage auf die Tagesordnung gesetzt. Mit der Aussprache entfällt die Verpflichtung der Bundesregierung, auf die Große Anfrage zu antworten[192]. Die Große Anfrage wird insbesondere von der Opposition dazu genutzt, sich mit einem Thema öffentlichkeitswirksam auseinanderzusetzen[193].

---

187 BVerfGE 57, 1 (5).

188 *Roll,* Geschäftsordnung des Deutschen Bundestages, Vor § 100-105, Rn. 1 f.

189 *Witte-Wegmann,* Recht und Kontrollfunktion der Großen, Kleinen und Mündlichen Anfragen im Deutschen Bundestag, S. 125 f.

190 *Saalfeld,* in: Strom/Müller/Bergmann, Delegation and Accountability in Parliamentary Democracies, S. 361 f.

191 *Teuber,* Parlamentarische Informationsrechte, S. 267.

192 *Roll,* Geschäftsordnung des Deutschen Bundestages, § 102, Rn. 1-2.

193 *Klein,* in: Maunz/Dürig, Grundgesetz Kommentar, Art. 43, Rn. 90.

Die Kontrollwirkung von Großen Anfragen ist in der Praxis gering. Negativ bei den Debatten der Großen Anfragen im Parlament zu beobachten ist insbesondere, dass es sich grundsätzlich nicht um spontane Diskussionen zwecks Aufklärung der Fragen handelt, sondern um vorabgesprochenes Handeln der Regierungsfraktionen gegen die Argumente der Opposition[194]. Die Folge sind langwierige Debatten und mangelnde Anwesenheit der Abgeordneten im Plenum, da die Parlamentarier der Ansicht sind, dass weder eine Überzeugung des politischen Gegners noch eine Aufklärung der politischen Unklarheiten möglich sein wird[195]. Die Regierung weicht deshalb grundsätzlich in rhetorische Unverbindlichkeit aus und die Opposition wird versuchen, ihr Handeln gegenüber den Wählern zu rechtfertigen, um bei der nächsten Wahl die Mehrheit der Stimmen zu erlangen[196]. Die eigentliche Diskussion über die zu klärenden Fragen findet fraktionsintern beziehungsweise in den Ausschusssitzungen statt, so dass eine öffentliche Kontrolle schwer möglich sein wird und die Große Anfrage damit eine eher deklaratorische Funktion hat.

(2) Kleine Anfragen

Kleine Anfragen gemäß § 104 GO BT sind schriftliche Fragen, welche von der Bundesregierung innerhalb von 14 Tagen schriftlich beantwortet werden. Sie dienen der Informationsbeschaffung über bestimmt bezeichnete Bereiche und bezwecken anders als die Großen Anfragen gerade nicht, Debatten anzuregen. Kleine Anfragen können daher nicht auf die Tagesordnung gesetzt werden. Sie gehen jedoch in der parlamentarischen Praxis häufig über ein bloßes Auskunftsverlangen hinaus, indem sie zu einer außerhalb des Plenums angelegten Debatte anregen, weil sie beispielsweise Missstände aufdecken[197].

Insgesamt ist aber festzustellen, dass es bei den Kleinen Anfragen fast ausschließlich um Einzelfragen und nicht um Grundsatzdebatten geht. Dabei steht nicht die Richtungs-, sondern die Leistungskontrolle der Bundesregierung im Vordergrund. Außerdem wird oftmals das zu langsame Arbeiten der Exekutive gerügt.

---

194 *Wuttke,* Die Verantwortlichkeit von Regierungsmitgliedern in Deutschland und Frankreich, S. 83 f.

195 *Witte-Wegmann,* Recht und Kontrollfunktion der Großen, Kleinen und Mündlichen Anfragen im Deutschen Bundestag, S. 146.

196 *Schweitzer,* in: von Birke/Kluxen, Deutscher und britischer Parlamentarismus, S. 169. Zu beobachten ist übrigens im deutschen parlamentarischen System die Tatsache, dass grundsätzlich die Regierung ab- und dass gerade nicht die Opposition für ihre bessere Politik in das Parlament rein gewählt wird. Vgl. *Mehde,* in: Verhey/Broeksteeg/van den Driessche, Political Accountability in Europe: Which Way Forward? S. 102.

197 *Witte-Wegmann,* Recht und Kontrollfunktion der Großen, Kleinen und Mündlichen Anfragen im Deutschen Bundestag, S. 157.

Nach § 104 I 1 GO BT darf sich die Anfrage lediglich auf einen bestimmten Sachverhalt beziehen und nicht mehr als fünf kurze Unterfragen enthalten. Darüber hinaus regelt § 104 I 2 GO BT, dass sich die Fragen an dem Gebot der Sachlichkeit zu orientieren haben und somit keine wertenden Unterstellungen enthalten dürfen. Nur Fraktionen des Bundestages oder eine gleich starke Anzahl an Mitgliedern des Bundestages sind berechtigt, Kleine Anfragen zu stellen. Die Bundesregierung hat das Recht, eine Antwort zu verweigern oder diese vertraulich zu übermitteln[198]. In diesem Falle hat das zuständige Ministerium dem Parlament jedoch eine zeitnahe Benachrichtigung über den Verfahrensstand zu erbringen[199].

Zusammenfassend ist festzustellen, dass die Kleine Anfrage zwar einzelfallbezogen und ohne Debatte im Bundestag eingereicht und beantwortet wird, sie jedoch für die einzelnen Abgeordneten eine hilfreiche Informationsquelle darstellt und deshalb regelmäßig zur Anwendung kommt. Allerdings gewährleistet sie keine umfassende Regierungskontrolle und erreicht nur schwierig eine Öffentlichkeitswirksamkeit, meist durch die Pressearbeit der anfragenden Fraktionen[200].

(3) Fragen einzelner Mitglieder des Bundestages

Auch die allgemeinen Einzelfragen sollen dazu dienen, dem einzelnen Abgeordneten die für seine Tätigkeit nötigen Informationen zu verschaffen. § 105 GO BT in Verbindung mit der Anlage 4 der GO BT, welche die Richtlinien für die Fragestunde statuiert, unterscheidet dabei – je nach Antrag – zwischen Fragen zur mündlichen und zur schriftlichen Beantwortung. Der Unterschied zur Kleinen Anfrage liegt in einer thematischen Begrenzung des Fragegegenstandes.

(a) Schriftliche Fragen

Zur schriftlichen Beantwortung sind in jedem Monat bis zu vier Fragen zulässig, wobei die Bundesregierung gehalten ist, innerhalb von einer Woche zu antworten. Die Abgeordneten können ihre Anfragen beim Bundestagspräsidenten einreichen[201]. Antwortet die Bundesregierung nicht oder nicht rechtzeitig, kann der Fragesteller verlangen, dass seine Frage in der ersten Fragestunde nach Fristablauf zur mündlichen Beantwortung im Plenum aufgerufen wird.

---

198 *Saalfeld,* in: Strom/Müller/Bergmann, Delegation and Accountability in Parliamentary Democracies, S. 362.

199 *Teuber,* Parlamentarische Informationsrechte, S. 271.

200 *Wuttke,* Die Verantwortlichkeit von Regierungsmitgliedern in Deutschland und Frankreich, S. 84 f.

201 *Wuttke,* Die Verantwortlichkeit von Regierungsmitgliedern in Deutschland und Frankreich, S. 86.

(b) *Mündliche Fragen*

Mitglieder des Bundestages können eine mündliche Frage pro Tag oder zwei pro Woche stellen. Anders als bei einer Großen oder einer Kleinen Anfrage, wo sich stets ein bestimmtes Quorum finden und abstimmen muss, ist es hier grundsätzlich der Initiative des einzelnen Abgeordneten überlassen, ob und worin er die Bundesregierung kontrollieren möchte[202]. Im Gegensatz zur verpflichtenden Anwesenheit des Abgeordneten bei der Erörterung seiner Frage, ist der angefragte Minister nicht verpflichtet, zu erscheinen. Er hat die Möglichkeit, zur Beantwortung einen Vertreter zu senden[203].

Die Anfragen einzelner Abgeordneter gemäß § 105 GO BT haben im Vergleich zu den Großen und Kleinen Anfragen eine höhere Kontrollwirkung. Vorteil einer mündlichen Frage ist neben der Öffentlichkeitswirksamkeit die kurze Beantwortungsfrist, welche bei drei Tagen liegt. Fragen können sehr überraschend kommen und die Bundesregierung, sollte sie nicht richtig oder nicht zweckmäßig gehandelt haben, in Bedrängnis bringen. Darüber hinaus können die während der Erörterung gestellten Zusatzfragen durch ihre Unmittelbarkeit den antwortenden Minister derart in Widersprüche verwickeln, dass Nachlässigkeiten und Fehler aufgedeckt werden[204].

Unzulässig sind Fragen, die während einer Sitzungswoche bereits als Punkt auf der Tagesordnung stehen, sei es im Rahmen eines Entschließungsantrages oder in einer Aktuellen Stunde, um Doppelungen zu vermeiden. Ausnahmen dieses Frageverbots sind Themen, die bereits ein Untersuchungsausschuss inhaltlich zu klären versucht, auch wenn die Bundesregierung bei der Antwort auf ihre Stellungnahme im Rahmen des parlamentarischen Untersuchungsverfahrens verweisen darf[205].

(4) *Dringliche Anfragen*

Besonderheiten gelten für so genannte Dringlichkeitsfragen, welche gemäß § 105 GO BT zulässig sind, sofern ein dringendes öffentliches Interesse an der sofortigen Behandlung vorliegt. Ein solches dringendes Interesse liegt vor, wenn unmittelbar bevorstehende Termine oder aktuelle Ereignisse eine Antwort erfordern, welche nicht bis zur nächsten Sitzungswoche warten kann. Die Fragen müssen bis 12:00 Uhr des Vortages eingereicht werden[206].

---

202 *Witte-Wegmann,* Recht und Kontrollfunktion der Großen, Kleinen und Mündlichen Anfragen im Deutschen Bundestag, S. 184 f.

203 *Fauser,* Die Stellung der Regierungsmitglieder und ihrer Vertreter im Parlament, S. 124 f.

204 *Witte-Wegmann,* Recht und Kontrollfunktion der Großen, Kleinen und Mündlichen Anfragen im Deutschen Bundestag, S. 199.

205 *Roll,* Geschäftsordnung des Deutschen Bundestages, § 105, Rn. 11.

206 *Klein,* in: Maunz/Dürig, Grundgesetz Kommentar, Art. 43, Rn. 92.

Wie bei den andern Fragemöglichkeiten besteht auch hier eine grundsätzliche Antwortpflicht der Bundesregierung. Jedoch ergeben sich Grenzen aus rechtlichen oder aus tatsächlichen Gründen, beispielsweise wenn keine Zuständigkeit der Bundesregierung für das Thema der Frage besteht, das Fragerecht missbräuchlich ausgeübt wird oder nachweislich die Funktions- und Arbeitsfähigkeit der Bundesregierung gefährdet würde. Grundsätzlich erstreckt sich die Auskunftspflicht auch auf geheimhaltungsbedürftige Vorgänge[207].

Zu unterscheiden von der Dringlichen Anfrage sind so genannte Spontanfragen, welche beinhalten, dass Abgeordnete dem Redner Zwischenfragen zu seinem Beitrag stellen können. Der Redner muss der Fragestellung allerdings zustimmen. Bei der Zwischenfrage darf ein Abgeordneter eine gezielte Frage zur Rede stellen. Eine weiterführende Diskussion mit dem Redner ist hingegen nicht möglich.

(5) Aktuelle Stunde

Wenn die Abgeordneten mit den Auskünften der Regierung in der Fragestunde nicht zufrieden sind, können fünf Prozent der Mitglieder des Bundestages oder eine Fraktion eine Aktuelle Stunde gemäß § 106 GO BT in Verbindung mit Anlage 5 Nr. 1 b der GO BT beantragen. Diese findet direkt im Anschluss an die Beantwortung der eben dargestellten Fragemöglichkeiten statt.

Aktuelle Stunden können aber auch ohne vorangegangene Fragestunde als Aussprache zu Themen von allgemeinem aktuellem Interesse stattfinden. Gemäß § 106 GO BT i. V. m. Anlage 5 der GO BT müssen die Aktuellen Stunden dafür vom Ältestenrat vereinbart oder von fünf Prozent der Abgeordneten beantragt worden sein. Wesentlich ist dabei, dass die Redebeiträge von Abgeordneten in der Aktuellen Stunde insgesamt auf 60 Minuten beschränkt sind und der einzelne Abgeordnete nicht länger als fünf Minuten reden darf. Grundsätzlich findet an einem Sitzungstag des Bundestages nur eine Aktuelle Stunde statt[208]. Das Thema der Aktuellen Stunden muss sich im Rahmen der Zuständigkeit des Bundestages bewegen und von allgemeinem Interesse sein. Anträge zur Sache können nicht gestellt werden.

Ebenso wie bei der Großen Anfrage liegt das Ziel einer Aktuellen Stunde in der öffentlichen Debatte durch das Plenum und der Möglichkeit der Opposition, Kritik am Handeln der Regierung zu üben. Überschneidet sich das Thema mit einem ohnehin angesetzten Tagesordnungspunkt der laufenden Sitzungswoche, kann der Bundestagspräsident die Antragsteller um Begründung bitten, wieso

---

207 *Kretschmer,* in: Schmidt-Bleibtreu/Hofmann/Hopfauf, Kommentar zum Grundgesetz, Art. 43, Rn. 20.

208 *Teuber,* Parlamentarische Informationsrechte, S. 277.

trotzdem eine Aktuelle Stunde hierzu abgehalten werden soll. Eine Ablehnung der Durchführung der beantragten Aktuellen Stunde darf allerdings nicht erfolgen[209].

(6) Befragung der Bundesregierung

Durch Entscheidungen der Bundesregierung wird die Arbeit des Bundestages vorstrukturiert. Beschlossene Gesetzesinitiativen, Modellprojekte, haushaltswirksame Maßnahmen oder sonstige Vorhaben sind nicht nur für die Öffentlichkeit von großem Interesse, sondern prägen auch die tagtägliche Arbeit der Parlamentarier. Es entspricht daher dem Grundverständnis einer guten Zusammenarbeit von Bundestag und Bundesregierung, wenn letztere aus ihren Kabinettssitzungen berichtet und für Fragen zur Verfügung steht. Ergänzend zu der Aktuellen Stunde ist es deshalb möglich, eine Befragung der Bundesregierung gemäß § 106 GO BT i. V. m. Anlage 7 der GO BT, welche ausschließlich die Befragung der Bundesregierung regelt, stattfinden zu lassen. Mitgliedern des Bundestages ist es bei einer solchen Befragung möglich, an die Bundesregierung im Rahmen von deren Verantwortung Fragen von aktuellem Interesse oder zur vorangegangenen Sitzung des Kabinetts zu stellen. Hat keine Kabinettssitzung stattgefunden, entfällt auch die Maßgabe zur Durchführung einer Befragung[210].

In der Regierungsbefragung gemäß § 106 II GO BT, welche stets mittwochs um 13:00 Uhr stattfindet, wird zunächst von einem Mitglied der Bundesregierung ein bis zu fünfminütiger Bericht zu einem zentralen Punkt der vorangegangenen Kabinettsitzung gegeben[211]. Die anschließenden Fragen müssen kurz gefasst sein und kurze Antworten ermöglichen, da die Befragung in der Regel nur 30 Minuten dauert. Die Befragung der Bundesregierung gemäß § 106 II GO BT stellt die einzige Möglichkeit dar, die Bundesregierung unmittelbar und ohne vorgehende Antwortfrist mit bestimmten Themen zu konfrontieren. Die Bundesregierung hat somit keine Gelegenheit, eine Antwort vorzubereiten, was dem Parlament ein wirksames Mittel verschafft, sich über aktuelle Vorhaben Kenntnisse zu verschaffen und eine unmittelbare Reaktion des antwortenden Regierungsmitgliedes zu erhalten. Darüber hinaus unterscheidet sie sich von der Kleinen Anfrage dadurch, dass sie nicht auf ein bestimmtes, vorher anzugebendes Thema angelegt ist. Trotzdem kommt der Befragung in der parlamentarischen Praxis überraschenderweise eine eher untergeordnete Rolle zu, da es zumeist von der Redegewandtheit des jeweiligen Regierungsmitgliedes abhängt, ob Fehler aufgedeckt werden und die Begrenzung auf 30 Minuten nicht allzu viele Nachfragen ermöglichen[212].

---

209 *Roll,* Geschäftsordnung des Deutschen Bundestages, § 106, Rn. 5.

210 *Klein,* in: Maunz/Dürig, Grundgesetz Kommentar, Art. 43, Rn. 94.

211 *Roll,* Geschäftsordnung des Deutschen Bundestages, § 106, Rn. 13-14.

212 *Teuber,* Parlamentarische Informationsrechte, S. 279.

b) Parlamentarische Kontrolle durch einen Untersuchungsausschuss

Neben den Zitier- und Interpellationsrechten des Art. 43 GG verfügt der Bundestag über das Recht zur Einsetzung eines Untersuchungsausschusses gemäß Art. 44 GG i. V. m. dem Gesetz zur Regelung des Rechts der Untersuchungsausschüsse des Deutschen Bundestages (PUAG). Das Untersuchungsrecht ist ein dem Bundestag eingeräumtes qualifiziertes Informationsrecht, um sich unabhängig von den anderen Staatsorganen die zur Wahrung seiner Funktionen notwendigen Informationen selbst zu verschaffen. Ein Untersuchungsausschuss ist ein nichtständiger Ausschuss und hat die Aufgabe, Sachverhalte zu untersuchen, deren Aufklärung im öffentlichen Interesse liegt, und hierüber dem Plenum zu berichten. Untersuchungsausschüsse dienen damit neben der Informationsbeschaffung der Vorbereitung einer politischen Entscheidung des Parlaments[213]. Hinzuweisen ist auf die Tatsache, dass es sich bei den Untersuchungsgegenständen um Einzelfälle handeln muss, an deren Aufklärung ein öffentliches Interesse besteht. Die Untersuchungsausschüsse dürfen mithin keine allgemeinen Kontrollausschüsse sein.

aa) Arbeitsweise des Untersuchungsausschusses

Das grundsätzlich intendierte Ziel eines Untersuchungsausschusses ist die Herbeiführung eines öffentlichkeitswirksamen Ansehensverlusts des politischen Gegners. Denn insbesondere die politischen Konsequenzen für einzelne Mitglieder der Bundesregierung sind häufig einschneidend und münden nicht selten in einen Rücktritt des betroffenen Ministers. Der Vorteil eines Untersuchungsausschusses gegenüber den Fragerechten ist, dass das Parlament nicht auf die Auskünfte der Bundesregierung angewiesen ist, sondern sich selbstständig mit hoheitlichen Mitteln die gewünschten Informationen beschaffen kann[214]. Dies geschieht im Wesentlichen durch Geltendmachung eines Aktenvorlagerechts oder die Vernehmung von Zeugen[215]. Aus diesem Grunde ist der Untersuchungsausschuss mit besonderen Befugnissen ausgestattet, die dem Plenum selbst nicht zustehen. Gemäß Art. 44 I 2, II 1 GG i. V. m. §§ 17, 18, 20 PUAG ist der Untersuchungsausschuss beispielsweise berechtigt, in öffentlicher Verhandlung Beweise zu erheben und sich dabei an die Regeln des Strafverfahrens anzulehnen[216]. Die Bestimmungen der Strafprozessordnung geben einem Untersuchungsausschuss Zwangsmittel zur Beschaffung von Beweismitteln an die Hand, stellen den Informationsverschaf-

213 BVerfGE 49, 70 (85).

214 BVerfGE 49, 70 (85); BVerfGE 77, 1 (43).

215 *Glauben/Brocker*, Das Recht der parlamentarischen Untersuchungsausschüsse in Bund und Ländern, § 1 Rn. 2.

216 *Wiefelspütz*, Das Untersuchungsausschussgesetz, S. 29.

fungsanspruch aber auch unter rechtsstaatliche Vorgaben. In sinngemäßer Anwendung der Vorschriften über den Strafprozess stehen dem Untersuchungsausschuss Zeugen (§§ 48 ff. StPO), Urkunden und andere Schriftstücke (§§ 249 ff. StPO) sowie Sachverständige und Augenschein (§§ 72 ff. StPO) als Beweismittel zur Verfügung. Zum Kern des Untersuchungsrechts gehört insbesondere das Recht auf Aktenvorlage. Die Bundesregierung ist gemäß § 18 I PUAG verpflichtet, die angeforderten Akten vorzulegen, sofern diese mit dem Untersuchungsgegenstand in Zusammenhang stehen. Die Einsetzung eines Untersuchungsausschusses wird deshalb auch als schärfste Waffe des Parlaments zur Kontrolle der Bundesregierung bezeichnet[217].

Doch unterscheidet sich die Rechtslage des parlamentarischen Untersuchungsrechts von den anderen qualifizierten Informationsrechten wie dem Petitionsbehandlungsrecht oder dem Recht des Wehrbeauftragten. Für diese beiden Rechte sind einfachgesetzliche Regelungen vorhanden, welche für den Untersuchungsausschuss – wie beispielsweise die Strafprozessordnung – nur sinngemäße Anwendungen finden[218]. Aus diesem Grund ergeben sich beispielsweise trotz der Regelungen im PUAG Schwierigkeiten hinsichtlich der Beweiserhebung und der Frage, wie weit die StPO sinngemäße Anwendung findet.

bb) Kompetenzen des Untersuchungsausschusses

Die Kompetenz eines Untersuchungsausschusses hat sich an der Zuständigkeit des ermächtigenden Parlamentes zu orientieren, da er ein so genanntes Hilfsorgan des Parlamentes ist und keinen selbstständigen Wirkungskreis besitzt[219]. Gemäß § 1 III PUAG ist ein Untersuchungsverfahren somit zulässig im Rahmen der verfassungsmäßigen Zuständigkeit des Bundestages, also im Rahmen seiner Gesetzgebungs-, Wahl-, Kontroll- und Öffentlichkeitsfunktion sowie zur Regelung der Parlamentsinterna[220]. Eine Ausnahme besteht gemäß Art. 45a GG für Verteidigungsangelegenheiten, welche vom (ständigen) Verteidigungsausschuss zu untersuchen sind.

---

217 *Stern,* Das Staatsrecht der Bundesrepublik Deutschland. Band I, S. 1000 f.

218 Gesetz über die Befugnisse des Petitionsausschusses des Deutschen Bundestages vom 19.7.1975 (BGBl. I, S. 1921) und Gesetz über den Wehrbeauftragten des Deutschen Bundestages vom 26.6.1956 (BGBl. I, S. 652).

219 *Memminger,* Parlamentarische Kontrolle der Regierung durch Untersuchungsausschüsse, in: DÖV 1986, S. 15.

220 *Klein,* in: Maunz/Dürig, Grundgesetz Kommentar, Art. 44, Rn. 11.

cc) *Untersuchungsinhalte*

Bei den Untersuchungsausschüssen handelt es sich um ein verschärftes Frage- und Kontrollrecht, welches durch besondere Ausschüsse mit der Zielsetzung ausgeübt wird, Sachverhalte aufzuklären, die im öffentlichen Interesse notwendig erscheinen[221]. Bei der Überprüfung hat es sich stets um abgeschlossene Sachverhalte zu handeln, das heißt, es findet eine nachträgliche und keine begleitende Kontrolle statt. Überprüfbar sind mit Hilfe eines Untersuchungsausschusses mögliche Gesetzesverstöße und Pflichtverletzungen der Bundesregierung oder der Verwaltung. Der Untersuchungsausschuss ist in erster Linie ein kontrollpolitisches Instrument der Opposition und daher in besonderem Maße sowohl hinsichtlich der Einsetzung als auch des Verfahrens von Minderheitenrechten geprägt[222]. Abgeschlossen wird der Untersuchungsausschuss mit der Erstellung eines Berichts und der Übermittlung desselben an den Bundestag. Dieser Abschlussbericht wird mit absoluter Mehrheit beschlossen, lässt jedoch ein abweichendes Sondervotum zu, § 33 PUAG.

Grenzen der Aufklärungsrechte ergeben sich aus dem Kernbereich der exekutiven Eigenverantwortung[223], aus dem Gewaltenteilungsprinzip[224] und aus der Tatsache, dass Entscheidungen innerhalb eines Ressorts und des Kabinetts nicht ausgeforscht werden dürfen[225]. Grundlage dieses unausforschbaren Bereichs ist die Tatsache, dass Regierungsmitglieder ihre Entscheidungen frei treffen sollen, so dass die Beratungen im Vorfeld der Entscheidung innerhalb des Kabinetts oder des Ministeriums nicht zum Inhalt des Untersuchungsgegenstandes zählen. Außerdem verhindert das Prinzip der Gewaltenteilung, dass die Abgeordneten Entscheidungen, welche durch die Regierung zu treffen sind, an sich ziehen. Zulässig sind im Rahmen der Untersuchung deshalb nur abgeschlossene Vorgänge. Beachtenswert ist hierbei die Tatsache, dass der pauschale Verweis darauf, dass der Bereich der Willensbildung der Regierung betroffen sei, für ein Verweigern der angeforderten Informationen nicht ausreicht[226]. Erforderlich ist stattdessen eine Abwägung gegenläufiger Belange.

---

221 *Schröder*, in: Schneider/Zeh, Parlamentsrecht und Parlamentspraxis, § 46 Rn. 1f.

222 *Glauben/Brocker*, Das Recht der parlamentarischen Untersuchungsausschüsse in Bund und Ländern, § 1 Rn. 4.

223 *Memminger*, Parlamentarische Kontrolle der Regierung durch Untersuchungsausschüsse, in: DÖV 1986, S. 18.

224 BayVerfGHE 38, 165 (177).

225 *Wuttke*, Die Verantwortlichkeit von Regierungsmitgliedern in Deutschland und Frankreich, S. 106.

226 BVerfGE 67, 100 (139); BVerfGE 77, 1 (59); BVerfGE 110, 199 (219).

Das Bundesverfassungsgericht[227] führt hierzu aus, dass stets eine fallbezogene Abwägung zwischen dem parlamentarischen Informationsrecht und der Sicherstellung der Funktionsfähigkeit der Arbeit der Bundesregierung zu erfolgen hat, um eine mögliche Berührung des Kernbereichs exekutiver Eigenverantwortung feststellen zu können. Im Rahmen der Abwägung ist zu bedenken, dass dem Informationsinteresse des Bundestages stets ein besonderes Gewicht zukommt, sofern es um die Untersuchung von Missständen im Verantwortungsbereich der Regierung geht. Dabei dürfen nicht von vorneherein kontrollfreie Räume ausgenommen werden.

Mithin dienen die Grenzen der Aufklärung dem Erhalt der Arbeits- und Funktionsfähigkeit der Bundesregierung[228], allerdings unter der Prämisse, dass bei einem gewünschten Vorenthalten von Informationen seitens der Bundesregierung unter Berufung auf Art. 44 II 2 GG eine umfassende Begründung erforderlich ist, wieso die Informationen einem Verbot der Verwertung unterliegen sollen.

Nachteil des Rechts der Untersuchungsausschüsse gemäß Art. 44 GG ist, dass es sich zwar um ein Minderheitenrecht handelt, welches sich aus der Antragsberechtigung eines Quorums von einem Viertel der Mitglieder des Bundestages ergibt und welches den speziellen Frage- und Kontrollrechten der Parlamentarier dienen soll, dieses Recht jedoch nur unzureichend zur Geltung kommt. Denn die Minderheit – genau genommen meist die Opposition – hat zwar die Möglichkeit, einen Untersuchungsausschuss einzusetzen. Allerdings kann es seinen Ablauf und die Ergebnisse nicht beeinflussen, da diese Entscheidungen der Mehrheit vorbehalten sind[229].

c) *Antrag auf Entlassung eines Ministers*

Anders als die bisherigen Kontrollmittel ist der Antrag auf Entlassung eines Ministers nicht im Grundgesetz oder in der Geschäftsordnung des Deutschen Bundestages erwähnt. Trotzdem gehört er zu den parlamentarischen Kontrollinstrumenten.

Gemäß Art. 64 I GG i. V. m. § 9 II BMinG kann der Bundeskanzler dem Bundespräsidenten einen Minister zur Entlassung vorschlagen. Der Bundespräsident ist grundsätzlich dazu verpflichtet, die Entlassung vorzunehmen, da die Berechtigung, einen Minister zur Entlassung vorzuschlagen, aus dem Kabinettsbildungsrecht des Bundeskanzlers folgt. Der Bundespräsident darf eine Entlassung jedoch aus

227 2 BvE 3/07 vom 17. Juni 2009 (Verweigerung der Herausgabe von Akten im BND-Untersuchungsausschuss).

228 *Wuttke*, Die Verantwortlichkeit von Regierungsmitgliedern in Deutschland und Frankreich, S. 107.

229 *Schröder*, in: Schneider/Zeh, Parlamentsrecht und Parlamentspraxis, § 46 Rn. 5 und 47.

Rechtsgründen verweigern[230]. Ein schuldhaftes Verhalten des betroffenen Ministers muss für eine Entlassung nicht vorliegen.

Um einer Entlassung zuvor zu kommen, hat der Minister die Möglichkeit, den Bundeskanzler um seine Entlassung zu ersuchen. Ein solcher „Rücktritt" dient meistens nicht einer Sanktionierung durch den Bundeskanzler, sondern einem Vorbeugen eines politischen Ansehensverlustes und Stimmenverlusten bei der nächsten Wahl[231]. Der Minister wird bei Annahme des Rücktritts durch den Bundeskanzler vom Bundespräsidenten ebenfalls gemäß Art. 64 I GG i. V. m. § 9 II BMinG entlassen.

Tritt der Minister nicht freiwillig zurück, hat das Parlament die Möglichkeit, einen Antrag auf Entlassung des Ministers zu stellen. Es ist allerdings auf die rechtliche Unverbindlichkeit eines solchen Parlamentsbeschlusses hinzuweisen, der dem Bundeskanzler hinsichtlich der Zusammensetzung seines Kabinetts weiterhin freie Hand lässt[232]. Dieses materielle Kabinettsbildungsrecht des Bundeskanzlers ergibt sich aus Art. 64 GG und weist ihm eine wichtige Grundlage seiner Arbeit zu, welche weder der Bundestag noch der Bundespräsident beeinträchtigen darf[233]. Im Grundgesetz ist deshalb keine Vorschrift niedergelegt, welche dem Parlament die Möglichkeit einräumt, einen Minister rechtlich verbindlich aus seinem Amt zu entfernen.

Jedoch ist es möglich, dass das Parlament durch die Wahl eines neuen Bundeskanzlers nach Art. 67 GG auch den Minister aus seinem Amt entfernen kann, da gemäß Art. 69 Abs.2 GG die Amtszeit eines Ministers mit der Erledigung der Amtszeit des Bundeskanzlers endet[234].

Insgesamt ist aber festzustellen, dass der Antrag auf Entlassung eines Ministers bzw. die vom Bundeskanzler vorgeschlagene und später vom Bundespräsidenten durchgeführte Entlassung keine Maßnahmen der parlamentarischen Kontrolle im eigentlichen Sinne sind, da sie nicht vom Willen des Bundestages abhängig sind. Der mittelbare Einfluss des Bundestages auf die vom Bundeskanzler zu treffende Entscheidung darf allerdings aufgrund der engen Verbindung von Regierungsmehrheit und Regierung nicht unterschätzt werden.

---

230 *Butzer,* in: Schmidt-Bleibtreu/Hofmann/Hopfauf, Kommentar zum Grundgesetz, Art. 60, Rn. 23; *Pieroth,* in: Jarass/Pieroth, Grundgesetz für die Bundesrepublik Deutschland, Art. 58, Rn. 1; a. A. *Schröder,* in: v. Mangoldt/Klein/Starck, Kommentar zum Grundgesetz, Art. 64, Rn. 31.

231 *Wuttke,* Die Verantwortlichkeit von Regierungsmitgliedern in Deutschland und Frankreich, S. 172.

232 *Brandt,* Vertrauenserfordernis, Misstrauensvotum und parlamentarisches Regierungssystem, S. 241.

233 *Brockmeyer,* in: Schmidt-Bleibtreu/Hofmann/Hopfauf, Kommentar zum Grundgesetz, Art. 64 Rn. 3.

234 *Mehde,* Die Ministerverantwortlichkeit nach dem Grundgesetz, in: DVBl. 2001, S.14.

d) Sonstige Kontrollmittel

Die Kontrolle der Regierung ist eine zentrale Aufgabe des Bundestages. Neben den bisher vorgestellten, grundsätzlich sanktionierenden Kontrollmitteln des Parlaments gegenüber der Regierung, stehen diesem deshalb auch eine Anzahl sanktionsloser Kontrollmöglichkeiten zu.

aa) Überwachung des Haushalts

Traditionell am effektivsten ist eine Überwachung der Exekutive im Bereich des Haushalts nach Art. 110 GG, wo zwischen der Haushaltsbewilligung und der Ausgabenkontrolle unterschieden werden kann[235]. Nach Ansicht des Bundesverfassungsgerichts ist das Budgetrecht ein qualifiziertes parlamentarisches Kontrollinstrument, da die weitgehende Abhängigkeit der politischen Organisationen von ihrer finanziellen Ausstattung den Haushalt zu einem zentralen Steuerungsmittel im Staat macht[236]. Ohne die ausdrückliche Zustimmung des Parlaments kann das Haushaltsgesetz, in dem alle Einnahmen und Ausgaben geregelt sind, nicht in Kraft treten, wodurch ein Wirken der Regierung nicht möglich wäre[237]. Die alljährliche Debatte über den Staatshaushalt zwischen der Regierung und ihren Fraktionen und der Opposition zieht sich aufgrund dessen meist über mehrere Tage hin.

bb) Kontrolle durch den Bundesrechnungshof gemäß Art. 114 II GG

Art. 114 II GG statuiert, dass der Bundesrechnungshof die Rechnung sowie die Wirtschaftlichkeit und Ordnungsmäßigkeit der Haushalts- und Wirtschaftsführung des Bundes prüft. Dabei ist es grundsätzlich anerkannt, dass der Bundesrechnungshof im Rahmen dieser Prüfung als Hilfsorgan des Bundestages tätig wird, obwohl er grundsätzlich unabhängig und weisungsungebunden arbeitet. Als Aufgabe definiert das Grundgesetz dabei die Rechnungsprüfung, welche als Überwachung der gesamten Haushaltsführung durch Rechnungs-, Verwaltungs- und Verfassungskontrolle zu begreifen ist[238]. Über seine Ergebnisse hat der Bundesrechnungshof nicht nur der Bundesregierung, sondern auch dem Bundestag und dem Bundesrat zu berichten. Dieser Bericht ist in der Folge Grundlage des Beschlusses der gesetzgebenden Körperschaften über die Entlastung der Bundesregierung, Art. 114 I GG.

---

235 BVerfGE 55, 274 (303).

236 BVerfGE 70, 324 (356).

237 *Schweitzer,* in: Birke/Kluxen, Deutscher und britischer Parlamentarismus, S. 172.

238 *Brockmeyer,* in: Schmidt-Bleibtreu/Hofmann/Hopfauf, Kommentar zum Grundgesetz, Art. 114, Rn. 10.

Maßstäbe der Kontrolle sind die Ordnungsmäßigkeit, also die rechnerische Richtigkeit der Rechnungsführung, und die Wirtschaftlichkeit, welche die Relation zwischen Nutzen und Aufwand überprüft[239]. Obwohl die Mitglieder des Bundesrechnungshofes gemäß § 3 II 4 BRHG Beamte sind, üben sie dabei ihre Tätigkeiten mit richterlicher Unabhängigkeit und politischer Neutralität aus. Beachtenswert ist bei der Prüfung des Bundesrechnungshofes insbesondere, dass sie öffentlich geschieht, das heißt, der Bericht in den Medien dargestellt wird und zu einer Diskussion über die Ausgaben der Bundesregierung anregt[240]. Ziel dieser Öffentlichkeitsarbeit des Bundesrechnungshofes ist es, neben der Sensibilisierung der Bürger und Medien für das Thema der Rechnungsprüfung, auch den Bundestag oder zumindest die Opposition zu animieren, die Bundesregierung zu kontrollieren[241].

cc) Misstrauenskundgabe

Schließlich kann das Parlament seine Missbilligung gegenüber einem Minister, einzelnen Vorgängen im Ministerium des Ministers, gegenüber dem Bundeskanzler oder auch gegenüber der Regierung insgesamt äußern[242]. Anders als das Misstrauensvotum nach Art. 67 GG ist der Missbilligungsantrag nicht im Grundgesetz oder in der Geschäftsordnung des Deutschen Bundestages erwähnt. Diese Möglichkeit der Missbilligung ist deshalb nicht unbestritten, wird jedoch regelmäßig in der parlamentarischen Praxis verwendet[243].

Für die Misstrauenskundgabe wird der Gesamtzusammenhang des parlamentarischen Regierungssystems gemäß Art. 63, 64, 65, 67 und 68 GG heran gezogen. Dessen allgemeine Grundsätze legen dar, dass die Regierung des Vertrauens des Parlaments bedarf und für ihre Tätigkeit verantwortlich ist. Die Missbilligungsäußerungen beispielsweise gegenüber einem der Minister stellen einen nicht rechtsverbindlichen Parlamentsbeschluss[244] dar, so dass sie zwar zu einem Rücktritt oder einer Entlassung führen können, jedoch nicht müssen. Die Relevanz dieser Erklärungen liegt in der Tatsache, dass die Opposition politischen Druck auf die Regierung ausübt[245].

239 *Jarass,* in: Jarass/Pieroth, Grundgesetz für die Bundesrepublik Deutschland, Art. 114, Rn. 6.

240 *Wieland,* Rechnungshofkontrolle im demokratischen Rechtsstaat, in: DVBl. 1995, S. 895.

241 *Wieland,* Rechnungshofkontrolle im demokratischen Rechtsstaat, in: DVBl. 1995, S. 902.

242 *Mehde,* Die Ministerverantwortlichkeit nach dem Grundgesetz, in: DVBl. 2001, S. 14; *Epping,* in: v. Mangold/Klein/Starck, Kommentar zum Grundgesetz, Art. 67, Rn. 31.

243 *Brockmeyer,* in: Schmidt-Bleibtreu/Hofmann/Hopfauf, Kommentar zum Grundgesetz, Art. 65 Rn. 8

244 *Butzer,* Der Bereich des schlichten Parlamentsbeschlusses, in: AöR 119 (1994), S. 69, 71.

245 *Stern,* Das Staatsrecht der Bundesrepublik Deutschland. Band I, S. 997; ebenso *Brandt,* Vertrauenserfordernis, Misstrauensvotum und parlamentarisches Regierungssystem, S. 231-236.

Rechtlich unzulässig ist ein Antrag auf Streichung des Gehalts eines Regierungsmitglieds, da die Mitglieder der Bundesregierung in einem öffentlich-rechtlichen Amtsverhältnis stehen, § 1 BMinG. Inhalt dieses Amtsverhältnisses ist unter anderem der Anspruch auf Amtsgehalt, § 11 BMinG, so dass ein Abbedingen des Anspruches auf das Gehalt durch den Haushaltsplan nicht möglich ist[246].

4. Kontrolle der Ministerialverwaltung durch das Parlament

Gemäß Art. 65 S. 2 GG leitet jeder Bundesminister seinen Geschäftsbereich selbstständig und unter eigener Verantwortung. In diesem Zusammenhang haben die Minister eine doppelte Funktion: sie sind zum einen gemäß Art. 62 GG Mitglied der Bundesregierung und zum anderen Leiter „ihres“ Ministeriums[247]. Die Summe aller Ministerien stellt die Ministerialverwaltung des Bundes dar, welche sowohl Hilfseinrichtung der Regierung als auch oberste Verwaltungsbehörde ist[248]. Fraglich ist, ob das Parlament neben dem Minister auch die Ministerialverwaltung kontrollieren darf.

a) Grundsätze der Kontrolle

Das Erfordernis einer Kontrolle ergibt sich aus Art. 20 II 1 GG, wonach alle Gewalt vom Volke auszugehen hat. Sofern also die Ministerialverwaltung Staatsgewalt ausübt, hat eine Kontrolle durch das Parlament als Vertretung des Volkes zu erfolgen. Das Grundgesetz gestaltet die parlamentarische Kontrolle grundsätzlich als Regierungskontrolle. Das hat zur Folge, dass die Kontrolle aller staatlichen Instanzen über die Regierung zu erfolgen hat. *„Daher müssen alle Teile der Staatsgewalt, welche parlamentarisch kontrolliert werden sollen, der Regierung unterstehen“*[249]. Nur auf diese mittelbare Art und Weise ist eine Kontrolle der Ministerialverwaltung durch das Parlament möglich, ein direkter Durchgriff des Parlamentes auf die Verwaltung ist nicht zulässig[250].

Genau wie bei der Kontrolle der Regierung, ist es dem Parlament auch hier mittels diverser Instrumente wie der Einsetzung eines Untersuchungsausschusses

---

246 *Stern,* Das Staatsrecht der Bundesrepublik Deutschland. Band I, S. 997; ebenso *Brandt,* Vertrauenserfordernis, Misstrauensvotum und parlamentarisches Regierungssystem, S. 240; a. A. *Kröger,* Die Ministerverantwortung in der Verfassungsordnung der Bundesrepublik Deutschland, S. 158.

247 BVerwGE 63, 37 (40).

248 *Bischoff/Bischoff,* in: Schneider/Zeh, Parlamentsrecht und Parlamentspraxis in der Bundesrepublik Deutschland, S. 1459.

249 *Gusy,* Parlamentarische Kontrolle, in: JA 2005, S. 395.

250 *Bischoff/Bischoff,* in: Schneider/Zeh, Parlamentsrecht und Parlamentspraxis in der Bundesrepublik Deutschland, S. 1460.

gemäß Art. 44 GG oder durch das Zitierungsrecht gemäß Art. 43 GG möglich, politische Verantwortung von einem Minister und somit mittelbar von „seiner“ Ministerialverwaltung einzufordern. Hingegen greift das Interpellationsrecht des Art. 43 GG nicht, da es nur gegen die Regierung gerichtet und das Parlament nicht befugt ist, unmittelbar auf die Ministerialverwaltung durchzugreifen. Das bedeutet, dass der parlamentarische Durchgriff auf die Verwaltung über den Minister zu erfolgen hat, da dieser mit Hilfe der hierarchischen Strukturen innerhalb der Ministerien die Weisungsbefugnis gegenüber allen Abteilungen inne hat. Anders gesagt: nur dort, wo der Minister befugt ist, Weisungen zu erteilen, ist es dem Parlament erlaubt, eine Verantwortlichkeit im Wege der parlamentarischen Kontrolle geltend zu machen[251].

Festzustellen ist also, dass die Verantwortlichkeit des Ministers neben der Mitwirkung als Teil der Bundesregierung auch die Tätigkeiten innerhalb seines Ressorts umfasst[252]. Grundlage der Verantwortlichkeit des Ministers sind Versäumnisse oder Fehler, da diese ein politisches Fehlverhalten „seiner“ Mitarbeiter anzeigen, welchen er im Vorfeld zumindest theoretisch die Weisungen für ihr Verhalten gegeben hat, und eine mangelnde Überwachung eben dieser Mitarbeiter[253]. Seine Einstandspflicht bezieht sich deshalb ausschließlich auf die Aufklärung der entdeckten Fehler, da er für die Organisation innerhalb seines Ministeriums verantwortlich ist. Dabei ist es ihm selbst auch möglich, die betroffenen Beamten zur Rechenschaft zu ziehen[254].

b) Grenzen der Kontrollmöglichkeit

Zu beobachten ist in der Praxis, dass eine vollständige Überprüfung der Vorgänge innerhalb der Ministerialverwaltung vom Parlament nicht durchführbar ist, da die Exekutive zu komplex ist. Die Zahl der Parlamentarier und deren Zeit- und Personalmenge reichen nicht zur vollständigen Kontrolle. Die Folge dessen ist, dass nur selten Kritik an Vorgängen innerhalb eines Ministeriums geäußert wird[255]. Darüber hinaus haben die Mitarbeiter der Ministerialverwaltung einen großen Vorsprung an Informationen gegenüber den Parlamentariern[256], so dass

251 *Mehde,* Die Ministerverantwortlichkeit nach dem Grundgesetz, in: DVBl. 2001, S. 15.

252 *Mehde,* Die Ministerverantwortlichkeit nach dem Grundgesetz, in: DVBl. 2001, S. 15.

253 *Wuttke,* Die Verantwortlichkeit von Regierungsmitgliedern in Deutschland und Frankreich, S. 51.

254 *Saalfeld,* in: Strom/Müller/Bergmann, Delegation and Accountability in Parliamentary Democracies, S. 368.

255 *Witte-Wegmann,* Recht und Kontrollfunktion der Großen, Kleinen und Mündlichen Anfragen im Deutschen Bundestag, S. 158.

256 *Saalfeld,* in: Strom/Müller/Bergmann, Delegation and Accountability in Parliamentary Democracies, S. 365.

sich auch die gewollte Kontrolle als schwierig erweisen wird. Erforderlich wäre mithin, dass dem Parlament hinreichende Informationen über die Arbeitsabläufe und Entscheidungen innerhalb der Verwaltung zur Verfügung gestellt werden[257]. Zweck der Berufung auf die Ministerverantwortlichkeit ist nicht die Entlassung desselben, sondern dass dieser dem Parlament ausreichend Informationen übermittelt, um den Abgeordneten ihre gesetzlich vorgeschriebene Aufgabe der parlamentarischen Kontrolle zu ermöglichen.

Zu beachten ist jedoch, dass in der Praxis nur die Opposition eine parlamentarische Kontrolle der Ministerialverwaltung verfolgt, da die Regierungsfraktionen sich regelmäßig mit öffentlicher Kritik zurückhalten, um die eigenen Minister in ihrem Ansehen nicht zu beschädigen[258].

5. *Kontrolle durch den Wehrbeauftragten und durch den Beauftragten für Datenschutz und Informationsfreiheit*

Im Jahre 1956 wurde Artikel 45b in das Grundgesetz eingefügt, welcher den Auftrag und die Stellung des Wehrbeauftragten umschreibt. Das Amt des Beauftragten für Datenschutz und Informationsfreiheit ist hingegen nicht im Grundgesetz geregelt.

a) Der Wehrbeauftragte

Das Grundgesetz und ihm folgend das Wehrbeauftragtengesetz statuieren die Aufgaben des Grundrechtsschutzes der Soldaten und der parlamentarischen Kontrolle und legen dar, dass der Wehrbeauftragte hierbei ein Hilfsorgan des Bundestages sei. Er ist damit staatsrechtlich im parlamentarischen Bereich angesiedelt, wenn ihm auch wegen seiner Nichtmitgliedschaft im Bundestag nach § 14 III WBeauftrG eine direkte Organstellung zur Volksvertretung nicht zukommt. Als Hilfsorgan des Bundestages steht der Wehrbeauftragte gemäß § 15 I WBeauftrG in einem öffentlich-rechtlichen Amtsverhältnis, dessen Konturen im WBeauftrG geregelt sind.

Gemäß § 1 WBeauftrG kann der Wehrbeauftragte sowohl auf Weisung des Bundestages oder Verteidigungsausschusses oder nach pflichtgemäßen Ermessen aufgrund eigener Entscheidung tätig werden. Sofern er nach eigenem Ermessen tätig wird, bezieht sich dieses Ermessen auf das „Ob“ und „Wie“ seines Handelns. Dabei ist er auf Kontrollmaßnahmen beschränkt und darf selber keine Weisungen geben oder Exekutivbefugnisse ausüben[259]. Trotz seiner parlamentarischen Wei-

---

257 *Mehde,* Die Ministerverantwortlichkeit nach dem Grundgesetz, in: DVBl. 2001, S. 18.

258 *Bischoff/Bischoff,* in: Schneider/Zeh, Parlamentsrecht und Parlamentspraxis in der Bundesrepublik Deutschland, S. 1472; a. A. *Teuber,* Parlamentarische Informationsrechte, S. 49.

259 *Busch,* Der Wehrbeauftragte – Organ der parlamentarischen Kontrolle, S. 75.

sungsfreiheit ist der Wehrbeauftragte beim Tätigwerden nach pflichtgemäßem Ermessen an die Rechtsordnung und an die Rechtsprechung gebunden.

§ 3 WBeauftrG legt im Einzelnen die Amtsbefugnisse des Wehrbeauftragten dar, wobei insbesondere die Informationsrechte des Beauftragten hervorzuheben sind. Der Wehrbeauftragte hat danach nicht nur ein Auskunfts- und Akteneinsichtsrecht, sondern darf auch Zeugen und Sachverständige persönlich anhören. Im Ergebnis führen die Informations- und Anhörungsrechte des Wehrbeauftragten dazu, dass die Arbeit des Wehrbeauftragten der Arbeit des Petitionsausschusses des Bundestages gleichgestellt wird[260].

Hervorzuheben ist schließlich, dass der Wehrbeauftragte gemäß § 2 WBeauftrG verpflichtet ist, jedes Jahr dem Bundestag einen Tätigkeitsbericht vorzulegen. Dieser Jahresbericht ist das wichtigste Dokument des Wehrbeauftragten, da er eine wesentliche Grundlage für die parlamentarische Kontrolle des Wehrbereichs darstellt[261]. Der Jahresbericht listet in der Hauptsache Mängel auf, welche der Wehrbeauftragte bearbeitet hat. Doch zweckgemäß werden dem Bundestag im Rahmen der parlamentarischen Kontrolle auch Anregungen gegeben, welche als Frühwarnsystem zu verstehen sein sollen[262]. Dieser Jahresbericht kann gemäß § 115 I GO BT mit dem Wehrbeauftragten diskutiert werden, sofern die Mitte des Bundestages dies verlangt.

b) *Der Beauftragte für Datenschutz und Informationsfreiheit*

Anders als beim Wehrbeauftragten findet sich im Grundgesetz keine ausdrückliche Regelung über den Datenschutzbeauftragten. Auf Bundesebene beruht die Bestellung eines solchen Beauftragten auf §§ 22 ff. BDSG und § 12 IFG. Darüber hinaus findet sich im so genannten Volkszählungsurteil des Bundesverfassungsgerichts jedoch ein Anhaltspunkt für eine verfassungsrechtliche Bedeutung des Datenschutzbeauftragten, indem der Gesetzgeber verpflichtet wird, organisatorische Vorkehrungen zu treffen, um die Gefahr einer Verletzung des Persönlichkeitsrecht zu vermeiden[263].

Genau wie der Wehrbeauftragte steht der Datenschutzbeauftragte in einem öffentlich-rechtlichen Amtsverhältnis. Auch er darf nicht Mitglied des Bundestages sein, §§ 22 IV, 23 II BDSG. Der Beauftragte für Datenschutz und Informationsfreiheit wird vom Bundestag gewählt und ist verpflichtet, diesem gemäß § 26 I BDSG alle zwei Jahre Bericht über seine grundsätzlich unabhängigen Tätigkeiten zu erstatten.

---

260 *Busch,* Der Wehrbeauftragte – Organ der parlamentarischen Kontrolle, S. 128.

261 *Busch,* Der Wehrbeauftragte – Organ der parlamentarischen Kontrolle, S. 171.

262 *Gleumes,* Der Wehrbeauftragte – Hilfsorgan des Bundestages bei der Ausübung der parlamentarischen Kontrolle, S. 20.

263 BVerfGE 65, 1 ff.

Jeder Bürger hat das Recht, sich an den Datenschutzbeauftragten zu wenden für den Fall, dass er der Ansicht ist, ein staatliches Organ hätte seine Verpflichtung zum Datenschutz oder sein Recht auf Informationsfreiheit verletzt. Bei der Aufklärung dieser Verletzung stehen dem Datenschutzbeauftragten weitreichende Befugnisse zu: alle Behörden sind verpflichtet, ihm Zugang zu ihren Unterlagen zu gewähren und ihn mit Informationen auszustatten[264]. Die Einzelheiten der Kontrolle durch den Datenschutzbeauftragten sind in § 24 BDSG geregelt. Neben der Rechtskontrolle darf der Datenschutzbeauftragte gemäß § 26 III BDSG auch Empfehlungen zur Verbesserung des Datenschutzes geben.

II. Kontrolle durch die Öffentlichkeit

Die bisherige Darstellung der Kontrolle politischer Entscheidungen bezog sich auf das parlamentarische Verfahren. Eine Kontrolle an den politischen Entscheidungen wird auch durch die Öffentlichkeit geübt. Zu der Öffentlichkeit gehören zuallererst die Bürger. Doch auch die Presse, die Parteien oder Interessenvertreter nehmen durch ihr Recht der freien Meinungsäußerung gemäß Art. 5 I GG die Chance war, die politischen Entscheidungsträger zu kontrollieren.

1. Kontrolle durch die Medien

Insbesondere die Berichterstattung in den Medien bietet eine Plattform für gegenseitige Einflussnahme und Darstellung von eigenen Positionen[265]. Gegenseitig deswegen, weil nicht nur die Bürger oder die Oppositionsparteien durch Stellungnahmen in den Medien Einfluss auf die Politik im Allgemeinen oder die Regierungsmehrheit im Speziellen nehmen, sondern auch, weil die Politik versucht, die Interessen der Bürger umzusetzen, und sodann diese Umsetzung in der Öffentlichkeit darstellt, um für das eigene Handeln zu werben[266]. Das heißt, die Aufgabe der Medien ist es nicht nur, eine Fülle an Meinungen wiederzugeben bzw. eine umfangreiche Darstellung an Informationen zu ermöglichen, sondern auch, selbst Meinungen zu bilden und diese zu vertreten[267]. Im Zusammenspiel des politischen Systems wird deshalb gelegentlich von den Medien als so genannte vierte Gewalt gesprochen[268].

---

264 *Schmidt-Aßmann/Möllers,* in: Craig/Tomkins, The executive and public law, S. 287 f.

265 *Wuttke,* Die Verantwortlichkeit von Regierungsmitgliedern in Deutschland und Frankreich, S. 61.

266 *Von Arnim,* Vom schönen Sein der Demokratie, S. 26.

267 BVerfGE 52, 283 (296); 20, 162 (174 f.).

268 Bsp: *Hamann,* Kommt die vierte Gewalt unter den Hammer? In: Die Zeit Nr. 17, 19. April 2007, S. 29

Unter Medien werden in dem hier gemeinten Wortsinn Fernsehen, Rundfunk und Printmedien im Sinne des Art. 5 I 2 GG zusammengefasst, welcher die Pressefreiheit und die Freiheit der Berichterstattung durch Rundfunk und Film garantiert. Als Presse oder Printmedien „*sind alle zur Verbreitung an die Allgemeinheit bestimmten Druckerzeugnisse einzustufen*"[269]. Als Rundfunk ist die Veranstaltung und Verbreitung von Darbietungen aller Art für die Allgemeinheit mit Hilfe elektronischer Schwingungen zu verstehen[270]. Film im Sinne des Art. 5 I 2 GG „*ist herkömmlich ein Massenmedium, bei dem ein chemisch-optischer Bildträger (...) in der Öffentlichkeit vorgeführt wird*"[271]. Zwar sind Medien keine verfassungsrechtlich mit öffentlichen oder staatlichen Aufgaben versehene Aufgabenträger, auch wenn der Begriff der Vierten Gewalt oft ausgesprochen und debattiert wird. Sie verfügen über keine Legitimation durch den Souverän, um kontrollierend und mit Rechten versehen in politische Abläufe einzugreifen. Trotzdem haben die Medien nicht nur die Aufgabe, die Stellungnahmen der Bürger oder politischen Entscheidungsträger zu verbreiten, sondern auch das Handeln der Politiker zu überwachen und Schwerpunkte durch Auswahl bestimmter Themen zu setzen[272]. In diesem Sinne hat sich auch das Bundesverfassungsgericht geäußert: „*Eine freie, nicht von der öffentlichen Gewalt gelenkte, keiner Zensur unterworfene Presse ist Wesens- element des freiheitlich demokratischen Rechtsstaates und für die moderne Demokratie unentbehrlich*"[273].

Lex specialis zu Art. 5 I 2 GG ist Art. 42 III GG, welcher statuiert, dass wahrheitsgetreue Berichte über die öffentlichen Sitzungen des Bundestages und seiner Ausschüsse von jeder Verantwortlichkeit frei bleiben.

2. *Öffentliche Sitzungen*

Ein weiteres Hauptaugenmerk bei der Kontrolle der politischen Entscheidungen liegt in der Öffentlichkeit der Parlamentsverhandlungen, welche den interessierten Bürgern gemäß Art. 42 I GG die Möglichkeit eröffnet, sich über die Entscheidungen der Parlamentarier und Minister eine Meinung zu bilden. Die Öffentlichkeit der Verhandlungen ist ein wesentliches Element des demokratischen Parlamentarismus[274] und gleichzeitig Grundlage der für die politische Willensbildung erforderlichen Informationen des Wahlvolkes. Öffentlich bedeutet in diesem Zusammenhang den freien und gleichen Zugang für jedermann. Sie gilt nur für die

269 *Jarass,* in Jarass/Pieroth, Grundgesetz für die Bundesrepublik Deutschland, Art. 5, Rn. 23.
270 OVG NW in: DÖV 1978, S. 519 f.
271 *Jarass,* in Jarass/Pieroth, Grundgesetz für die Bundesrepublik Deutschland, Art. 5, Rn. 50.
272 *Gallus/Lühe,* Öffentliche Meinung und Demoskopie, S. 28.
273 BVerfGE 20, 162 (174); 52, 283 (296); 66, 116 (133).
274 BVerfGE 70, 324 (355).

Sitzungen des Bundestages im Plenum[275]. Die Sitzungen der Ausschüsse sind gemäß § 69 I 1 GO BT grundsätzlich nicht öffentlich, wobei Ausnahmen zugelassen werden können.

Sowohl die Abgeordneten des Bundestages als auch die Minister müssen gegenüber der Öffentlichkeit ihre Entscheidungen begründen und können für unliebsame Beschlüsse zur Rechenschaft gezogen werden. Eine solche Rechenschaft verwirklicht sich nicht rechtsverbindlich, sondern wird in Form von öffentlicher Einflussnahme und eventueller negativer Berichterstattung in den Medien in der gerade unter 1. vorgestellten Art und Weise geschehen.

Die einzige Möglichkeit, die Parlamentarier *rechtlich verbindlich* zur Rechenschaft zu ziehen, ist, sie nach Ablauf der Legislaturperiode nicht wieder zu wählen[276]. Diese Art von „Kontrolle" wird jedoch regelmäßig als nicht ausreichend betrachtet, da die Wahl des Bundestages primär als ein zukunftsorientierter Vertrauensbeweis für die nächste Legislaturperiode gedacht ist[277].

3. *Informationsfreiheitsgesetz*

Am 1. Januar 2006 trat das Gesetz zur Regelung des Zugangs zu Informationen des Bundes – kurz IFG – in Kraft. Schon bisher hatte der Einzelne gemäß Art. 5 I 1 GG das Recht, sich aus allgemein zugänglichen Quellen zu informieren oder gemäß § 29 VwVfG einen Anspruch auf ermessensfehlerfreie Entscheidung über die Gewährung von Akteneinsicht, sofern er ein berechtigtes Interesse geltend macht. Diese eingeschränkte Herausgabe von Informationen entsprach dem Grundsatz des Amtsgeheimnisses. Einen allgemeinen voraussetzungslosen Informationszugang – unabhängig vom eigenen Interesse – hat ein Antragsteller bisher nur gemäß § 3 I UIG im Umweltbereich gehabt. Dies hat sich mit dem IFG geändert, welches nun jedem Bürger die Möglichkeit gibt, bei der Bundesverwaltung Akteneinsicht auch ohne Vorweisen einer subjektiven Rechtsverletzung zu beantragen. Es muss nicht länger der Antrag auf Akteneinsicht begründet werden, sondern dessen Ablehnung. Dieses Akteneinsichtsrecht soll der demokratischen Teilhabe und einem Mehr an Transparenz hinsichtlich des Verwaltungshandelns dienen[278], um insbesondere der Korruption vorzubeugen. Auch soll die Verwaltung stärker

---

275 *Pieroth,* in Jarass/Pieroth, Grundgesetz für die Bundesrepublik Deutschland, Art. 42, Rn. 1.

276 *Meyn,* Kontrolle als Verfassungsprinzip, S. 284.

277 Vgl. dazu BVerfGE 24, 299 (348): Wahlen erfüllen in einer parteistaatlichen Demokratie nicht nur allgemein-registrierend statistische Funktionen, sondern *„mit ihrer Hilfe soll vielmehr zugleich auch soweit wie möglich eine eindeutige politische Entscheidung von grundsätzlicher Bedeutung über die bisherige und künftige Politik von Regierung und Opposition herbeigeführt werden".*

278 *Kloepfer/von Lewinski,* Das Informationsfreiheitsgesetz des Bundes, in: DVBl. 2005, S. 1277; *Kugelmann,* Das Informationsfreiheitsgesetz des Bundes, in: NJW 2005, S. 3609.

darauf achten, dass ihre Entscheidungen nachvollziehbar sind[279]. Mit Hilfe des IFG ist es also jedem einzelnen Bürger möglich, sich Hintergrundinformationen zu verschaffen und politische Entscheidungen nachzuvollziehen, um sich im Anschluss eine eigene Meinung über die nachgelesenen Vorgänge zu machen.

a) Anspruchsgegenstand

Anspruchsverpflichtet kann gemäß § 1 I 1 IFG nur eine Behörde des Bundes im Sinne des § 1 IV VwVfG sein. Diese ist dabei nicht verpflichtet, sich die vom Bürger begehrten Informationen erst zu beschaffen. Auch muss die Behörde gemäß § 7 III 2 IFG nicht die Richtigkeit der gewünschten Informationen überprüfen. Gemäß § 2 I IFG sind Gegenstand des Anspruchs alle Formen festgehaltener und gespeicherter Information, wobei Notizen und Entwürfe hiervon ausgenommen sind, sofern sie nicht Bestandteil des Vorgangs werden. Dem Antragsteller steht dabei gemäß § 1 II 2 IFG ein Wahlrecht zwischen Auskunftserteilung und Akteneinsicht zu. Dem Antrag ist möglichst weitgehend zu entsprechen, etwa auch durch teilweisen Zugang, indem die geschützten Informationen unkenntlich gemacht werden. Von der gewünschten Art des Informationszugangs kann die Behörde nur aus wichtigem Grund absehen oder dann, wenn sich der Antragsteller die Informationen in zumutbarer Weise selber verschaffen kann, § 9 III IFG.

b) Ausnahmen

Der Antrag auf Informationszugang ist zwar voraussetzungslos, die Gewährung aber nicht ausnahmslos. §§ 3 – 6 IFG statuieren die Ausnahmen des Anspruchs und dienen dem Schutz dreier Rechtskreise, nämlich dem Schutz personenbezogener Daten, dem Schutz von Betriebs- und Geschäftsgeheimnissen und dem Schutz öffentlicher Interessen, insbesondere der Funktionsfähigkeit der Verwaltung[280].

§ 3 IFG listet eine Anzahl an Ausnahmetatbeständen aus Gründen des Schutzes des öffentlichen Interesses auf. Dabei ist es Aufgabe der Verwaltung darzulegen, wieso der Antrag auf Informationszugang abgelehnt wird[281]. § 4 IFG garantiert sowohl die Sicherstellung der ungestörten Entscheidungsfindung des Bearbeiters als auch die Gewährleistung einer vollständigen und unbefangenen Aktenführung[282]. Greift einer der Gründe des § 3 oder § 4, ist der Antrag auf Zugang zu Informationen ohne Abwägung unbegründet.

---

279 *Kugelmann,* Informationsfreiheit als Element moderner Staatlichkeit, in: DÖV 2005, S. 857.

280 *Kloepfer/von Lewinski,* Das Informationsfreiheitsgesetz des Bundes, in: DVBl. 2005, S. 1281.

281 *Rossi,* Informationsfreiheitsgesetz. Handkommentar, § 3 Rn. 2.

282 BT-Drs. 15/4493, S. 12.

§§ 5 und 6 IFG dienen dem Schutz privater Interessen und stellen somit einen Ausgleich zwischen kollidierenden subjektiven Rechten dar[283]. § 5 IFG widmet sich dem Datenschutz und erfordert eine Abwägung der privaten Interessen und des Rechts auf Zugang zu den gewünschten Informationen. Alternativ ist es möglich, eine Zustimmung desjenigen einzuholen, dessen personenbezogene Daten herausgegeben werden sollen. § 6 IFG schützt Berufs- und Geschäftsgeheimnisse sowie das geistige Eigentum. Die Unternehmensgeheimnisse genießen einen Vorrang gegenüber dem Wunsch auf Informationszugang und dürfen nur mit Einwilligung der Betroffenen gewährt werden[284].

Als ungeschriebene Ausnahme wird der exekutive Kernbereich angenommen. Denn was die Exekutive weder dem Gesetzgeber noch einem parlamentarischen Untersuchungsausschuss mitteilen darf, muss auch gegenüber den Bürgern geheim bleiben[285]. Sofern der Antrag auf Informationsfreigabe abgelehnt wird, ist es Aufgabe der Verwaltung darzulegen, aus welchen Gründen dies geschieht[286].

c) *Verfahren*

Das Informationszugangsverfahren richtet sich grundsätzlich nach den Vorschriften des VwVfG. Einige Aspekte sind jedoch in §§ 7-10 IFG gesondert geregelt. § 7 I 1 IFG bestimmt die Zuständigkeit der Behörde. Wendet sich der Antragsteller an eine unzuständige Behörde, ist diese gemäß § 25 VwVfG verpflichtet, den Antragsteller darauf hinzuweisen. Der Antrag unterliegt keinen förmlichen Voraussetzungen. Gemäß § 7 V IFG hat die Behörde den Antrag auf Informationszugang unverzüglich zu bescheiden, wobei der Behörde eine Sollfrist von einem Monat zusteht. Diese Frist von einem Monat gilt nicht, sofern Belange Dritter betroffen sind. Die betroffenen Dritten haben dann gemäß § 8 IFG zunächst die Möglichkeit, eine Stellungnahme abzugeben. Der Antrag auf Informationszugang ist gebührenpflichtig, braucht jedoch nicht kostendeckend zu sein. Wird der Zugang zu den gewünschten Informationen abgelehnt, hat der Bürger gemäß § 9 IV IFG die Möglichkeit, Widerspruch einzulegen bzw. Verpflichtungsklage zu erheben.

d) *Resümee*

Festzustellen ist, dass das Ziel der Herstellung einer erhöhten Transparenz gewährleistet wird. Jedem Bearbeiter wird klar sein, dass er seine Akte ordnungsgemäß zu führen hat. Es besteht in Folge dessen aber die Gefahr einer beschränkten Aktenführung, das heißt, dass nur noch aktenkundig gemacht wird, was akten-

283 *Kugelmann,* Das Informationsfreiheitsgesetz des Bundes, in: NJW 2005, 3612.

284 *Kugelmann,* Informationsfreiheit als Element moderner Staatlichkeit, in: DÖV 2005, S. 858.

285 *Schmitz/Jastrow,* Das Informationsfreiheitsgesetz des Bundes, in: NVwZ 2005, S. 993.

286 *Rossi,* Informationsfreiheitsgesetz. Handkommentar, § 3 Rn. 2.

kundig gemacht werden muss. Darüber ist hinaus ist nachteilig, dass das Informationsfreiheitsgesetz nur auf die Kontrolle der Verwaltung abzielt[287].

Der von einigen Kritikern im Vorfeld erwartete „Verwaltungskollaps" durch unzählige Anträge auf Informationszugang ist bisher ausgeblieben[288]. Doch ob das Ziel der Stärkung der Nachvollziehbarkeit politischer Entscheidungen mit dem IFG erreicht wird, bleibt fraglich, da die Wahrnehmung parlamentarischer Tätigkeiten wie etwa die Gesetzgebung, die Wahlprüfung oder die Kontrolle der Bundesregierung vom Zugang zu Informationen für die Öffentlichkeit weiter ausgeschlossen bleiben[289]. Auch der Ansatz der Verbesserung der demokratischen Teilhabe wird durch das IFG nur mittelbar und eingeschränkt gestärkt. Denn zum einen hat der Bund mit dem IFG nur begrenzt unmittelbaren Bürgerkontakt. Und zum anderen sind Hauptnutzer des Gesetzes Presse und Lobbyisten[290].

4. Öffentlichkeitsarbeit der politischen Entscheidungsträger

Ein weiteres Instrument bezüglich der Überprüfung der parlamentarischen Arbeit ist die Öffentlichkeitsarbeit aller Staatsorgane, also der Bundesregierung, der Ministerialverwaltung und der Volksvertretung. Mit dem Begriff der Öffentlichkeitsarbeit ist die Verpflichtung zu verstehen, die eigene Politik, ihre Maßnahmen und Vorhaben sowie die künftig zu lösenden Fragen darzulegen und zu erläutern[291]. Für die Fraktionen des Bundestages ist die Öffentlichkeitsarbeit ausdrücklich in § 47 III AbgG geregelt, für den Bundestag als Ganzes ist das Recht auf Öffentlichkeitsarbeit als Bestandteil des demokratischen Prinzips anerkannt[292]. Doch auch die Regierung und die Ministerialverwaltung sind verpflichtet, ihre Absichten und Handlungen der Öffentlichkeit darzulegen und zu erläutern[293]. Konkrete Publizitätspflichten ergeben sich jedoch nicht aus dem Demokratieprinzip[294].

a) Zweck der Öffentlichkeitsarbeit

Zweck der Öffentlichkeitsarbeit ist die Informationsvermittlung über aktuelle politische Geschehnisse unter dem Blickwinkel der Transparenz und der Zustimmung durch die Bürger[295]. Im Sinne einer solchen Öffentlichkeitsarbeit er-

---

287 *Rossi,* Informationsfreiheitsgesetz. Handkommentar. S. 27.

288 *http://www.zeit.de/online/2006/02/informationsfreiheit* (Stand 11.08.2009).

289 *Schmitz/Jastrow,* Das Informationsfreiheitsgesetz des Bundes, in: NVwZ 2005, S. 988.

290 *Schmitz/Jastrow,* Das Informationsfreiheitsgesetz des Bundes, in: NVwZ 2005, S. 995.

291 BVerfGE 20, 56 (100).

292 BVerfGE 70, 324 (358); BVerfGE 102, 224 (241).

293 BVerfGE 44, 125 (147); BVerfGE 63, 230 (242f.).

294 *Pieroth,* in: Jarass/Pieroth, Grundgesetz für die Bundesrepublik Deutschland, Art. 20, Rn. 13.

295 *Czerwick,* in: Sarcinelli, Politikvermittlung und Demokratie in der Mediengesellschaft, S. 254.

folgt die Berichterstattung entweder in sachlich neutraler Form beispielsweise durch die Bundestagsverwaltung oder mit dem Ziel, die Meinungsbildung der Wählerschaft zu beeinflussen[296]. Dabei ist zu beachten, dass die Medien diese Beeinflussung noch wesentlich erhöhen, indem sie eine ausgewählte Berichterstattung über Teilaspekte und über wenige Personen durchführen[297].

b) Öffentlichkeitsarbeit des Parlaments

Von allen Verfassungsorganen am stärksten auf die Öffentlichkeit ausgerichtet ist das Parlament. Das Ziel der parlamentarischen Öffentlichkeitsarbeit ist es, nicht nur die Beratungen und Abläufe innerhalb des Parlaments transparent zu machen, sondern auch über parlamentarische Aktivitäten zu berichten und politische Entscheidungen zu legitimieren[298]. Hierbei sind sowohl das Neutralitätsgebot, welches die Erwähnung sowohl der Mehrheitsmeinung als auch der Minderheitenansichten voraussetzt, als auch das Sachlichkeitsgebot, welches eine Herabsetzung des politischen Gegners verbietet, zu beachten[299].

Jedoch hat es der Bundestag schwer, mit der Berichterstattung über seine Arbeit die Öffentlichkeit zu erreichen. Denn in den Plenarreden wird meist nur eine abgesprochene Position der Fraktion vorgetragen, welche hinter verschlossenen Türen diskutiert wurde[300]. Daneben findet die Hauptarbeit der Parlamentarier nicht im Plenum, sondern in den Ausschüssen statt, und diese tagen grundsätzlich nicht-öffentlich, § 69 I 1 GO BT. Darüber hinaus gibt es auch diverse informelle Runden, in denen politische Entscheidungen getroffen werden. Von Beyme[301] geht sogar soweit zu sagen, dass „*je wichtiger ein Gremium für die Entscheidung, um so weniger steht das der Öffentlichkeit offen*“. Eine Meinungsbildung der Öffentlichkeit durch Teilhabe am parlamentarischen Geschehen ist daher schwierig.

c) Grenzen des Potentials der Öffentlichkeitsarbeit des Parlaments

Es wird deshalb deutlich, dass die Vermittlung der politischen Geschehnisse von oben nach unten verläuft, also von den politischen Akteuren zu den Bürgern. Ziel dieser Vorgehensweise ist eine Responsivität, also eine Beeinflussung der

---

296 *Sarcinelli,* Öffentlichkeitsarbeit der Parlamente, in: ZParl 1993, S. 469; *Pfetsch,* in: Sarcinelli: Politikvermittlung und Demokratie in der Mediengesellschaft, S. 238 f.

297 *Von Beyme,* Der Gesetzgeber, S. 82.

298 *Czerwick,* in: Sarcinelli, Politikvermittlung und Demokratie in der Mediengesellschaft, S. 254.

299 *Kretschmer,* in: Schmidt-Bleibtreu/Hofmann/Hopfauf, Kommentar zum Grundgesetz, Art. 42, Rn. 22-23.

300 *Witte-Wegmann,* Recht und Kontrollfunktion der Großen, Kleinen und Mündlichen Anfragen im Deutschen Bundestag, S. 148; *Meyn,* Kontrolle als Verfassungsprinzip, S. 283.

301 *Von Beyme,* Der Gesetzgeber, S. 87.

öffentlichen Meinung, um zum einen größtmögliche Zustimmung zum eigenen Handeln zu erhalten[302] und zum anderen, um die Vorgaben der Herstellung von politischer Transparenz und der Rechtfertigung des eigenen Handelns zu erfüllen[303]. Allerdings könnte auch hier eine Optimierung erfolgen, da Umfragen zeigen, dass Bürger die Funktionsweise der Parlamente wenig kennen und sich daraus eine Unzufriedenheit mit deren Arbeit ergibt[304]. Wer das Handeln der politischen Akteure nicht versteht, kann es auch nicht kontrollieren, so dass hier der erhoffte Zweck der Öffentlichkeitsarbeit nicht erfüllt wird.

d) Öffentlichkeitsarbeit der Bundesregierung und der Ministerialverwaltung

Im Rahmen des vom Grundgesetz zugewiesenen Aufgaben- und Zuständigkeitsbereichs dürfen auch die Bundesregierung inklusive des Bundeskanzlers und ihre Ministerialverwaltung Öffentlichkeitsarbeit betreiben, um die Willensbildung des Volkes sicherzustellen und ihrer staatlichen Informationstätigkeit nachzugehen[305]. Geregelt ist die Öffentlichkeitsarbeit beider Organe in § 25 GGO. Zu beachten ist, dass es diesen beiden Staatsorganen im Rahmen ihrer Öffentlichkeitsarbeit verwehrt ist zu versuchen, durch eine besondere Berichterstattung auf die Willensbildung der Öffentlichkeit Einfluss zu nehmen[306].

Das heißt, die Öffentlichkeitsarbeit der Bundesregierung und der Ministerialverwaltung darf nicht aus dem Grunde durchgeführt werden, dass sie einen Wettbewerbsvorteil gegenüber den oppositionellen Parteien herstellt, indem sie unter Einsatz staatlicher Mittel eine Partei im Wahlkampf unterstützt. Stattdessen muss sie sich im Rahmen der ihnen übertragenden Verantwortung für die Allgemeinheit halten[307]. Anzuerkennen ist im Übrigen eine notwendige Wechselwirkung zwischen der Willensbildung im Volk, in den Parteien und in den Staatsorganen[308], mit der Folge, dass sich in der Praxis eine gut funktionierende Öffentlichkeitsarbeit aller Organe herausgebildet hat.

---

302 *Czerwick*, in: Sarcinelli, Politikvermittlung und Demokratie in der Mediengesellschaft, S. 254 mit Verweis auf *Jarren*, Kann man mit Öffentlichkeitsarbeit die Politik retten? In: ZParl 1994, 253 ff.

303 *Pfetsch*, in: Sarcinelli, Politikvermittlung und Demokratie in der Mediengesellschaft, S. 238.

304 *Patzelt*, Unverstandenes Parlament – unaufgeklärte Journalisten, S. 6.

305 *März*, in: v. Mangoldt/Klein/Starck, Kommentar zum Grundgesetz, Art. 30, Rn. 46.

306 BVerfGE 44, 125 (140 f.).

307 BVerfGE 44, 125 (150).

308 Streitig, doch vgl. *Engelbert/Kutschka*, Staatliche Öffentlichkeitsarbeit und Demokratieprinzip, in: NJW 1993, S. 1235 f. und BVerfGE 44, 125 (139 f.).

5. *Volksgesetzgebung*

Art. 20 II 1 GG statuiert die Souveränität des Volkes in der bundesdeutschen Demokratie. Gemäß Art. 20 II 2, 1. HS GG wird die Staatsgewalt vom Volk in Wahlen und Abstimmungen ausgeübt. Das bedeutet, dass Volksvertretungen vorhanden und regelmäßig stattfindende Wahlen zu ihnen erfolgen müssen. Die bundesdeutsche Demokratie ist mithin repräsentativ, das heißt, die Wahl des Parlamentes ist der Hauptakt des Handelns der Bürger. Unter Abstimmungen sind keine Volksentscheide zu verstehen[309].

Aus diesem Grund kennt das Grundgesetz – anders als viele Landesverfassungen – mit Ausnahme des Art. 29 und Art. 118 GG, welche eine mögliche Neugliederung des Bundesgebietes regeln, keine direktdemokratischen Elemente[310]. Diese Begrenzung der Tätigkeiten des Volkes auf diese eine Handlung erscheint den Befürwortern der direkten Demokratie zu wenig. Nicht nur bleibt bei dieser einen Handlung der Einfluss auf einen einmaligen Wahlakt alle vier Jahre beschränkt und kann somit keine einzelfallbezogene Kontrolle der parlamentarischen Arbeit darstellen. Er bewirkt stattdessen nur eine eventuelle Richtungsänderung[311]. Auch wird der eigentliche Wahlakt in seinen Einflussmöglichkeiten noch verringert, indem nur die Gelegenheit besteht, über starre Listen abzustimmen[312]. Gefordert wird deshalb eine Stärkung der direkten Demokratie.

a) *Formen der direkten Demokratie*

Zu unterscheiden ist bei der direkten Demokratie das Referendum von der Volksgesetzgebung. Ein Referendum liegt vor, wenn das Parlament einen Gesetzentwurf erarbeitet, welcher dem Volk zur Abstimmung vorgelegt wird. Handelt es sich hingegen um eine Ausarbeitung der Bürger, so spricht man von Volksgesetzgebung[313]. Zentrale Funktion der Volksgesetzgebung ist nicht das In-Kraft-Treten des gewünschten Gesetzes, dieses ist sekundär. Entscheidend ist die Meinungsbildung in der Öffentlichkeit, welche in Form von Diskussionen zwischen den Bürgern untereinander, den Bürgern und den Politikern oder mit Hilfe einer Informationsvermittlung durch die Medien geschehen kann. Eine „Kontrolle" der

309 *Hofmann,* in: Schmidt-Bleibtreu/Hofmann/Hopfauf, Kommentar zum Grundgesetz, Art. 20, Rn. 50.

310 Anders ist es auf Landesebene, da in allen 16 Bundesländern die Volksgesetzgebung durch die jeweiligen Verfassungen ermöglicht wird. Vgl. *Kloepfer/Schärdel,* Die Perspektiven der Volksgesetzgebung, in: DVBl. 2008, S. 1333.

311 *Scheuner,* Verantwortung und Kontrolle in der demokratischen Verfassungsordnung, S. 395.

312 *Von Arnim,* Vom schönen Schein der Demokratie, S. 30; *Obst,* Chancen direkter Demokratie in der Bundesrepublik Deutschland, S. 188.

313 *Von Arnim,* Vom schönen Schein der Demokratie, S. 204.

Parlamentarier durch die Bürger kann dabei durch die Aufforderung geschehen, sich für oder gegen den Entwurf der Volksgesetzgebung zu entscheiden und diese Entscheidung ausführlich zu begründen[314].

b) Abgrenzung der direkten zur repräsentativen Demokratie

Gegner der direkten Demokratie tragen vor, dass durch die Volksgesetzgebung der Repräsentationswille des Grundgesetzes verletzt wird. Jedoch gilt es zu beachten, dass die direkte Demokratie das repräsentative System nicht ersetzen, sondern nur ergänzen möchte mit einzelnen Ideen, welche aktuell und den Bürgern ein besonders Anliegen sind. Ziel der Volksgesetzgebung ist mithin eine Verbesserung des Vertrauens in das demokratische System[315]. Die Gesetzgebung durch das Parlament wird grundsätzlich die Regel bleiben[316], wobei die Rechtsprechung der Länder klargestellt hat, dass beide Formen der Demokratie gleichrangig sind[317].

c) Verbindlichkeit der Volksgesetzgebung

Umstritten ist indes, ob die Volksgesetzgebung rechtlich verbindlich ist und daher das Parlament verpflichtet, diese umzusetzen. Die Befürworter einer Bindung des Parlaments argumentieren sowohl mit dem Demokratieprinzip gemäß Art. 20 II, 28 I GG als auch mit der Gewaltenteilung als Bestandteil des Rechtsstaatsprinzips gemäß Art. 20 II 2 GG[318]. Gegen eine Bindungswirkung der Volksgesetzgebung spricht aber zunächst, dass die repräsentative Demokratie – wie eben festgestellt – die Regel ist. Wenn die Volksgesetzgebung folglich nur die Ausnahme darstellt, darf sie die Parlamentarier nicht durch ihre gefühlte Zweitrangigkeit binden[319]. Daneben muss ein Volksentscheid mit Ja oder Nein zu beantworten sein. Es ist aber in der Regel nicht möglich, die Komplexität politischer Fragen mit Ja oder nein zu behandeln, so dass – zumindest ergänzendes – parlamentarisches Handeln erforderlich ist[320]. Und schließlich ist es Aufgabe des

---

314 *Kloepfer/Schärdel,* Die Perspektiven der Volksgesetzgebung, in: DVBl. 2008, S. 1336; *von Arnim,* Vom schönen Schein der Demokratie, S. 192 f.

315 *Kloepfer/Schärdel,* Die Perspektiven der Volksgesetzgebung, in: DVBl. 2008, S. 1335.

316 *Obst,* Chancen direkter Demokratie in der Bundesrepublik Deutschland, S. 279.

317 HVerfGH in: NordÖR 2007, S. 301 (304); StGH Bremen in: DÖV 2000, 915 (916), BayVerfGH in: NVwZ-RR 2000, 401 (402).

318 *Jacobsen,* Zur Verbindlichkeit der Volksgesetzgebung, in: DÖV 2007, S. 960; *Kloepfer/Schärdel,* Die Perspektiven der Volksgesetzgebung, S. 1337 f.

319 *Herzog,* in: Maunz/Dürig, Kommentar zum Grundgesetz, Art. 20, Rn. 38.

320 *Herzog,* in: Maunz/Dürig, Kommentar zum Grundgesetz, Art. 20, Rn. 40; a.A. *Heußner/Jung,* Mehr direkte Demokratie wagen, S. 336.

Volkes, die Legislative zu kontrollieren. Wenn das Volk nun selber aktiv wird in Form der Volksgesetzgebung, kann es dafür nicht zur Verantwortung gezogen werden, weil es keine Instanz gibt, die das Volk zur Verantwortung ziehen könnte[321]. Eine Bindung des Parlaments durch Volksgesetzgebung ist somit nicht gegeben, so dass das Parlament die Möglichkeit hat, einmal erwirkte Volksgesetzgebung nach eigenen Vorstellungen zu ändern – auch wenn der ein oder andere Parlamentarier hiervor zurückschrecken mag, um seine Wiederwahl nicht zu gefährden[322].

Als zusätzliche Gefahr der direkten Demokratie wird der Einwand vorgetragen, dass Interessengruppen durch groß angelegte Werbung oder einer versteckten Finanzierung der Initiative eine Beeinflussung der Bürger versuchen könnten, um eigene politische und wirtschaftliche Vorteile erwirken zu können[323]. Diese Gefahr ist nicht zu unterschätzen, lässt sich jedoch bekämpfen, indem zum einen gemäß § 7 VII Rundfunkstaatsvertrag kommerzielle Werbung für politische Werbung verboten wird und zum anderen nur an Amtsstellen eine Unterschrift für die Volksgesetzgebung geleistet werden kann, um den Kauf von Stimmen zu verhindern[324]. Darüber hinaus wird eine verstärkte Transparenz erforderlich sein, welche voraussetzt, dass beispielsweise die Träger eines Volksbegehrens oder erhöhte Einzelspenden zur Unterstützung des Begehrens veröffentlicht werden müssen. Vergleichbar ist dieser Ansatz mit Art. 21 I 4 GG, welcher Parteien eine Pflicht zur öffentlichen Rechenschaftslegung auferlegt, um politische und wirtschaftliche Interessen auseinanderhalten zu können[325].

d) Resümee

Festzustellen ist dessen ungeachtet, dass der Ruf nach einer Stärkung der direkten Demokratie immer dann kommt, wenn sich die repräsentative Demokratie in einer Krise befindet. Dabei stellt die Volksgesetzgebung eine bloße Ergänzung der repräsentativen Demokratie dar[326]. Es steht deshalb außerhalb der Macht staatlicher Organe zu entscheiden, ob eine Volksabstimmung stattfindet. Parlament und Regierung können lediglich im Abstimmungskampf für ihre Positionen werben. Damit wird der gesamte politische Willensbildungs- und Entscheidungsprozess

321 *Engelken,* Kann ein Volksbegehren Sperrwirkung für Gesetzgebung und Regierung haben? In: DVBl. 2005, S. 420.

322 So auch HVerfGH in: DVBl. 2005, S. 438 ff. und *Obst,* Chancen direkter Demokratie in der Bundesrepublik Deutschland, S. 184.

323 *Kloepfer/Schärdel,* Die Perspektiven der Volksgesetzgebung, S. 1337.

324 *Von Arnim,* Vom schönen Schein der Demokratie, S. 185 f.

325 *Kloepfer/Schärdel,* Die Perspektiven der Volksgesetzgebung, S. 1337.

326 *Kühling,* Erosion demokratischer Öffentlichkeit? In: DVBl. 2008, 1102.

deutlich modifiziert. Je nachdem, wie hoch die Hürden direktdemokratischer Verfahren sind, erscheinen eine ganze Reihe „referendumsfähiger" Organisationen auf der politischen Bühne, die das Geschehen mitunter entscheidend mitgestalten oder die im parlamentarischen Verfahren getroffenen Entscheidungen regelmäßig kritisieren. Es hilft einer nachhaltigen Willensbildung deshalb nicht, wenn die gewählten Parlamentarier sich regelmäßig für ihre Entscheidungen gegenüber den Rufen fordernder Minderheiten rechtfertigen müssen, obwohl ihre Entscheidungen demokratisch einwandfrei zustande gekommen sind[327]. Das heißt, direktdemokratische Elemente können vielleicht einige Probleme des politischen Prozesses lösen. Doch gleichzeitig werden mit der Einführung einer Volksgesetzgebung neue Schwierigkeiten geschaffen.

E. Ergebnis

Art. 20 II GG statuiert, dass alle Staatsgewalt vom Volke ausgeht. Sie wird vom Volke in Wahlen und Abstimmungen und durch besondere Organe der Gesetzgebung, der vollziehenden Gewalt und der Rechtsprechung ausgeübt. Das Parlament ist dabei das direkt vom Volk gewählte Legislativorgan. Als solches hat es nicht nur den Willen des Volkes in Form von Gesetzen durchzusetzen, sondern ist auch verpflichtet, das Handeln der Regierung dahingehend zu überprüfen, ob der Wille eingehalten wird. Die Möglichkeiten der Überprüfung des Handelns sowohl der Regierung als auch der dieser unterstellten Ministerialverwaltung sind vielfältig und in Formen der Eigenkontrolle und der Fremdkontrolle zu unterscheiden. Neben einer rechtlichen Kontrolle durch Anrufen der Gerichte kann das Parlament verschiedene Anfragen oder (Misstrauens-) Anträge stellen, die Regierungsmitglieder herbeizitieren lassen, einen Untersuchungsausschuss einsetzen oder Aktuelle Stunden durchführen. Daneben hat aber auch das Volk selbst einige Möglichkeiten, die politischen Entscheidungsträger in Form von Regierung, Parlament und Ministerialverwaltung zu kontrollieren, indem es mit Hilfe der Medien öffentliche Diskussionen anregt, Volksgesetzgebung initiiert oder Zugang zu Informationen verlangt. Doch reichen diese Mittel der Kontrolle aus, um die drei Funktionen der parlamentarischen Kontrolle, nämlich die Überprüfung der Rechtmäßigkeit, der Zweckmäßigkeit und die Sicherstellung der Transparenz zu gewährleisten?

In der Praxis ist festzustellen, dass die in diesem Kapitel aufgeführten Instrumente der Kontrolle der politischen Entscheidungen zwar grundsätzlich geeignet sind, von der Bundesregierung Informationen zu erhalten. Hinsichtlich der Kontrolle

---

327 *Stern,* Das Staatsrecht der Bundesrepublik Deutschland. Band I, S. 969.

besteht jedoch ein großes Defizit. Denn die Kontrollwirkung hängt vorrangig von der Tatsache ab, ob die Bundesregierung gewillt ist, die von den Abgeordneten oder der Öffentlichkeit gewünschten Informationen bereit zu stellen[328].

Somit sind rein formal gesehen die gegebenen Möglichkeiten ausreichend. Doch die zentralen Funktionen der Eröffnung einer parlamentarischen Kontrolle, nämlich Information, Nachvollziehbarkeit und Öffentlichkeit, sind dem politischen System verloren gegangen, so dass sowohl das Parlament als auch die Öffentlichkeit Probleme haben, ihren Kontrollauftrag zu erfüllen. Auch schaffen es die Kontrolleure nicht, eine vollständige Verantwortungspflicht der politischen Amtsträger zu gewährleisten. Ein Grund hierfür ist beispielsweise der Umstand, dass sich die Bundesregierung auf die Mehrzahl der parlamentarischen Anfragen oder die Themen der Aktuellen Stunde vorbereiten kann, so dass die Kontrollwirkung nicht besonders tief greift[329]. Ein zweites Beispiel ist die Rechenschaftspflicht der Parteien gemäß Art. 21 I 4 GG, welche nicht ausreichend ist, um Parteispendenskandale zu verhindern. Dabei bezweckt Art. 21 I 4 GG, dass die Öffentlichkeit nachvollziehen kann, welchen Verbände oder Privatpersonen den Parteien Geld zuwenden. Denn eine Geldzuwendung kann angedacht sein, im Interesse des Spenders auf die Parteien einzuwirken[330].

Ferner bleibt die Beobachtung der Wahrnehmung parlamentarischer Aufgaben – wie die Teilnahme an Ausschusssitzungen oder teilweise auch die Debatte im Bundestag – für die Öffentlichkeit ausgeschlossen. Denn die Ausschusssitzungen finden gemäß § 69 I 1 GO BT grundsätzlich nichtöffentlich statt, und die Abgeordneten verzichten darüber hinaus vermehrt auf die Debatte im Bundestag, indem sie ihre Redebeiträge zu Protokoll geben[331]. Von der Öffentlichkeit der Verhandlungen im Sinne des Art. 42 I GG kann sofern nicht länger gesprochen werden.

Darüber hinaus mündet die parlamentarische Kontrolle nicht in Beschlüssen, sondern dient primär der Informationsgewinnung, so dass keine Konsequenzen daraus gezogen werden. Und schließlich darf auch bezweifelt werden, dass das Stellen von Anfragen in der parlamentarischen Fragestunde tatsächlich zur Aufklärung von Ungereimtheiten führt. Denn Grundlage beispielsweise der parlamentarischen Anfragen im Bundestag ist, dass der Fragesteller – grundsätzlich die Opposition[332] –

---

328 *Wuttke,* Die Verantwortlichkeit von Regierungsmitgliedern in Deutschland und Frankreich, S. 98.

329 Vgl. beispielsweise die Große Anfrage der CDU/CSU-Fraktion Drs. 15/2912, Frage 15, S. 27 zur Öffentlichkeitsarbeit der Bundesregierung.

330 BVerfGE 20, 56 (106); 85, 264 (319).

331 Aktuelles Beispiel unter *www.sueddeutsche.de/politik/655/479149/text/* (Stand: 16.08.2009)

332 In der 16. Wahlperiode kam beispielsweise von den 63 Großen Anfragen eine aus den Reihen der Großen Koalition und 62 aus den Reihen der Opposition. Kleine und Dringliche Anfragen wurden ausschließlich von oppositionellen Abgeordneten gestellt. Vergleiche die Statistik des

informiert ist über die Thematik und im Vorfeld die Chance hatte, sich Einblicke in die fraglichen Unterlagen zu verschaffen. Doch obwohl das Grundgesetz viele Kontrollinstrumente als Minderheitenrechte ausgestattet hat, sind beide Voraussetzungen, also die Informiertheit und die Aktenbeschaffung, zumeist nicht gewährleistet, da die Regierung darüber entscheidet, welche Informationen herausgegeben werden und welche nicht[333]. Rechtlich ist die Regierung zwar dazu verpflichtet, die vom Bundestag gewünschten Informationen freizugeben. Doch in der Praxis hat sie einerseits die Möglichkeit, die Herausgabe der Informationen aufgrund entgegenstehender Interessen des Staates zu verweigern[334]. Andererseits hat sie mit Hilfe des Beamtenapparates der Ministerialverwaltung die Handhabe, jede parlamentarische Anfrage durch ausweichende und lange Antworten abzuwehren[335].

Es besteht also ein Informations- und daher auch ein Kontrolldefizit. Die Regierung übermittelt Informationen oftmals nur unter vorgehaltener Hand an ausgewählte Abgeordnete und Fraktionen. Diese Methode verursacht einen Zusammenhalt, jedoch keine überwachende Kontrolle. Ein Zurückhalten von Informationen durch die Regierung wird oftmals mit Geheimhaltungsgründen begründet, doch grundsätzlich bestehende Informationsansprüche und Kontrollbefugnisse schließen nicht aus, aus Geheimschutzgründen nur ein sehr kleines parlamentarisches Gremium mit der Detailberatung bestimmter geheimhaltungsbedürftiger Gegenstände zu betrauen und dem Plenum lediglich eine globale Beratung vorzubehalten. Wichtig ist, dass die Bundesregierung überhaupt das Parlament informiert und die Abgeordneten nicht genötigt sind, ihre Informationen ebenso wie die Bürger ausschließlich aus der Presse zu ziehen[336].

Bisher hat der Ruf nach einer Erweiterung der Informationsmöglichkeiten sowohl des Parlaments als auch der Öffentlichkeit zumeist das Gegenteil bewirkt, nämlich dass sich die Politiker in informelle Runden zurück gezogen haben. Die politischen Entscheidungen werden dann in Koalitionsrunden, Parteizirkeln oder informellen Arbeitskreisen getroffen. Zusätzlich werden Entscheidungen in Sachverständigengremien abgegeben, so dass die Forderung nach mehr Transparenz genau das Gegenteil bewirkt: mehr Intransparenz[337]. Das Vorgehen in solchen

---

Bundestag über die Parlamentarischen Kontrolltätigkeiten vom 4. August 2009 unter: *http://www.bundestag.de/dokumente/parlamentsdokumentation/kontroll_taetigkeiten.pdf*.

333 *Ellwein/Görlitz,* Parlament und Verwaltung, S. 46.

334 *Wuttke,* Die Verantwortlichkeit von Regierungsmitgliedern in Deutschland und Frankreich, S. 98.

335 *Schweitzer,* in: v. Birke/Kluxen, Deutscher und britischer Parlamentarismus, S. 165.

336 *Kretschmer,* in: Schmidt-Bleibtreu/Hofmann/Hopfauf, Kommentar zum Grundgesetz, Art. 38, Rn. 75.

337 *Beyme,* Der Gesetzgeber, S. 82; *Kirchhof,* Entparlamentisierung der Demokratie, S. 362.

informellen Gremien macht es darüber hinaus schwierig, eine politische Verantwortlichkeit zu etablieren[338].

Daneben bieten auch die öffentlich durchgeführten Debatten, wie beispielsweise die Sitzungen des Bundestages, keine ausreichenden Chancen mehr, öffentlich Meinungen zu bilden. Denn die ursprüngliche Idee, Argumente impulsiv auszutauschen, die gegnerischen Fraktionen anzugreifen und eigene politische Vorstellungen zu präsentieren, ist einem Vortragen abgesprochener Fraktionserklärungen gewichen, während die eigentliche Diskussion in Ausschuss-, Kabinetts- und Fraktionssitzungen vorverlagert wird und hinter verschlossenen Türen stattfindet[339]. Auch die Berichterstattung Fernsehen ist vor geraumer Zeit in die Spartenkanäle der öffentlichen-rechtlichen Sender geschoben oder auf Video-Streams im Internet reduziert worden[340].

Erforderlich wäre es also, sich wieder auf das verfassungsrechtliche Gebot der parlamentarischen Kontrolle zu besinnen und zu überlegen, wie es möglich ist, diese zu stärken. Entscheidend dafür sind mehrere Faktoren. An erster Stelle steht die Erlangung von Informationen. Die Parlamentarier benötigen für die Durchführung der parlamentarischen Kontrolle Kenntnisse über aktuell anstehende Verfahren, Entscheidungen und Gesetzgebungsvorgänge. Dabei muss es für die Parlamentarier möglich sein, aus der Flut der Themen die wichtigsten herauszuziehen. Die dann behandelten Themen müssen geeignet sein, in der Öffentlichkeit Aufmerksamkeit zu erregen, um sowohl einen öffentlichen Meinungsbildungsprozess anzuregen als auch die Öffentlichkeit zu mobilisieren, selber aktiv an der parlamentarischen Kontrolle teilzunehmen[341]. Denn wenn Kontrolle *„die Überprüfung des Handelns selbstständig entscheidender Instanzen durch eine andere Instanz darstellt, der gegenüber der Träger der Entscheidung Rechenschaft schuldet"*[342], so darf Kontrolle, wenn sie als Surrogat für Selbstentscheidung fungieren soll, nicht ausschließlich im Wechselverhältnis der drei Gewaltträger stattfinden.

Angesichts dieser Problematik ist ein Konzept erforderlich, welches die öffentliche Transparenz und Rechenschaftspflicht durch Inanspruchnahme eines strategischen Berichtswesens stärkt, um so eine Verbesserung der Verantwortlichkeit der politischen Entscheidungsträger erreichen zu können. Diese Anforderung könnte das englische Konzept der Public Accountability erfüllen. Kern dieses Konzeptes

---

338 *Saalfeld,* in: Strom/Müller/Bergmann, Delegation and Accountability in Parliamentary Democracies, S. 367.

339 *Witte-Wegmann,* Recht und Kontrollfunktion der Großen, Kleinen und Mündlichen Anfragen im Deutschen Bundestag, S. 148; *Gusy,* Parlamentarische Kontrolle, in: JA 2005, S. 397; *Klein,* in: Maunz/Dürig, Grundgesetz Kommentar, Art. 43, Rn. 95.

340 *http://www.zeit.de/2007/50/Parlamentsfernsehen* (Stand: 2.10.2010)

341 *Gusy,* Parlamentarische Kontrolle, in: JA 2005, S. 397.

342 *Scheuner,* Die Kontrolle der Staatsmacht im demokratischen Staat, S. 26.

ist es, vermehrt Informationen über Verfahren und Entscheidungen der Parlamente und der Verwaltung zu veröffentlichen. So soll es für die Öffentlichkeit möglich sein, Rechenschaft und Verantwortung für die getroffenen politischen Entscheidungen einzufordern[343]. Im Folgenden soll das englische Konzept der Public Accountability vorgestellt werden.

343 *Hondeghem,* Ethics and Accountability in a context of Governance and New Public Management, S. 132.

§ 3 Vorstellung des englischen Konzepts der Public Accountability

Um die Beweggründe für die Einführung des Konzepts der Public Accountability zu verstehen, ist zunächst eine kurze Darstellung des britischen Regierungssystems und der dortigen Kontrollinstanzen erforderlich.

A. Grundlagen der britischen Demokratie

Großbritannien wird oftmals als „Mutter der modernen Demokratie“ oder als „Musterland der Staatsform des parlamentarischen Regierungssystems“[344] bezeichnet. Grundlage des politischen Systems ist dabei nicht eine geschriebene, sondern eine aus vier Quellen zusammengesetzte Verfassung: sie besteht aus Parlamentsgesetzen (statute law), dem Gewohnheitsrecht (Common law), den so genannten Verfassungskonventionen (constitutional conventions) und den allgemein anerkannten Interpretationen durch Verfassungsrechtler und andere angesehene Persönlichkeiten (Work of authority)[345]. Das politische System ist aus diesem Grunde das einer „verantwortlichen Regierung“[346]. Das bedeutet, die Regierung ist aufgeschlossen für Forderungen der Bürger vertreten durch das Parlament. Forderungen in diesem Sinne entsprechen der parlamentarischen Kontrolle, welche ein wesentliches Merkmal des britischen politischen Systems ist[347].

Großbritannien ist eine konstitutionelle Erbmonarchie. Staatsoberhaupt ist die Königin, die vor allem Repräsentationspflichten wahrnimmt, da sie ihre Regierungsbefugnisse an die gewählte Mehrheit des Unterhauses und insbesondere an dessen Chef abgibt, welcher von der Königin zum Premierminister ernannt wird.

---

344 *Ritter,* Parlament und Demokratie in Großbritannien, S. 310.

345 *Saalfeld,* Großbritannien. Eine politische Landeskunde, S. 38.

346 „In England setzte sich nach der Reform von 1832 die Vorstellung, dass die Minister nicht dem Monarchen, sondern dem Parlament staatsrechtlich verantwortlich sind, rasch durch. Sie führte zur Entstehung des parlamentarischen Systems, das den Bestand der Regierung an das Vorhandensein einer Mehrheit im Unterhaus knüpfte. Zum Namen dieses Regimes wurde die Bezeichnung „responsible government.“ in: Scheuner, Verantwortung und Kontrolle in der demokratischen Verfassungsordnung, S. 389.

347 *Turpin,* British Government and the Constitution, S. 421.

Aufgrund ihrer besonderen Stellung im Commonwealth hat die Königin jedoch eine außenpolitisch-diplomatische Bedeutung beibehalten und verfügt darüber hinaus weiterhin über einen gewissen innenpolitischen Einfluss. Beispiel hierfür ist das ihr zugeordnete so genannte Privy Council, ein 500 Personen umfassendes Beratergremium, welches unter anderem Streitschlichtungsinstanz für Devolutionsfragen in Bezug auf das schottische Parlament ist[348].

I. Separation of Powers

Obwohl die Legislativgewalt formal bei der Krone und dem Parlament, also Ober- und Unterhaus, liegt, wird diese faktisch allein vom Unterhaus ausgeübt. Die Exekutive besteht aus dem Premierminister, der als Mehrheitsführer des Unterhauses von der Königin ernannt wird, und den Ministern. Bemerkenswert ist in diesem „Westminister Modell", also dem britischen Regierungssystem, dass die gewaltenteilenden Mechanismen zwischen Regierung und Parlament weitgehend außer Kraft gesetzt sind, weshalb eine genau Abgrenzung der Gewalten („separation of powers") schwierig ist[349]. Diese nicht vorhandene Gewaltenteilung besteht aufgrund der Tatsache, dass es grundsätzlich keine föderalen Strukturen gibt. Aber auch durch das vorhandene Mehrheitswahlrecht, das aufgrund der festen Stammwählerschaften Torys und Labour begünstigt, sowie durch die Doktrin der Parlamentssouveränität ist eine effektive Gewaltenteilung schwierig. Die Folge ist eine hohe Machtkonzentration bei der Regierung, welche nur durch eine Niederlage bei Unterhauswahlen begrenzt werden kann[350].

Verstärkt wird die Schwierigkeit der Begrenzung der Regierungsmacht durch die Doktrin der „collective responsibility". Danach werden die Entscheidungen des Kabinetts – genau wie in Deutschland – grundsätzlich einheitlich nach außen vertreten. Einem Regierungsmitglied, das sich diesem Druck nicht beugen möchte, bleibt nur die Möglichkeit des Rücktritts. Zu beachten ist dabei, dass schon im Kabinett über zwanzig Mitglieder sitzen, jedoch die jeweiligen Ministerien nicht nur durch einen Minister, sondern durch eine Gruppe von durchschnittlich fünf Mitgliedern der Mehrheitsfraktionen geleitet werden[351].

---

348 *Sturm,* in: Kastendiek/Sturm, Länderbericht Großbritannien, S. 141.

349 *Tomkins,* in: Craig/Tomkins, The executive and public law, S. 24.

350 *Hübner/Münch,* Das politische System Großbritanniens, S. 123 f.

351 *Hübner/Münch,* Das politische System Großbritanniens, S. 127.

II. Begriff der Regierung

Im Gegensatz zu Deutschland, wo in Art. 62 GG geregelt ist, dass die Bundesregierung aus dem Bundeskanzler und den Bundesministern besteht, gibt es in Großbritannien keine Definition und auch keine verfassungsrechtliche Bestimmung des Begriffs der Regierung. Stattdessen basiert die Regierungsarbeit auf einer Verfassungskonvention, einer so genannten „constitutional convention“. Diese Konvention legt dar, dass die britische Regierung aus einem Premierminister und einem Kabinett besteht. Dem Kabinett gehören stets um die zwanzig Minister an, so genannte „senior ministers“, welche auf Vorschlag des Premierministers von der Königin ernannt werden, wobei die wichtigsten Ministerien mit zwei Minister vertreten sind. Darüber hinaus gibt es noch um die 80 so genannte „junior ministers“ (Staatssekretäre) und „ministers of state“ (Staatsminister), welche nicht dem Kabinett angehören. Alle Minister müssen aber Mitglied in einem der beiden Häuser sein, sei es dem House of Commons oder dem House of Lords[352]. Die Minister bleiben während ihrer Amtszeit Mitglied des Parlaments[353].

Fraglich ist, wer die Richtlinien der Politik vorgibt. Nach dem Grundsatz der Parlamentssouveränität liegt das Letztentscheidungsrecht in allen Angelegenheiten des Landes – genau wie in Deutschland – beim Parlament, das heißt keine Person oder Institution hat das Recht, ein vom Parlament ordnungsgemäß verabschiedetes Gesetz außer Kraft zu setzen[354]. Die Zuständigkeit bei der staatlichen Aufgabenwahrnehmung ist zentralstaatlich, so dass das Parlament von London aus allen Ebenen ihre Aufgaben zuweist. Doch trotz der Parlamentssouveränität und der Zentralstaatlichkeit wird die wegweisende Richtung von der Regierung vorgegeben. Dabei ist es rein verfassungstheoretisch gesehen nicht der Premierminister, sondern jeder Minister für sein Ressort, welcher die Grundlinien der Politik vorgibt, da dieser hierfür auch alleine rechenschaftspflichtig ist. Doch in der Praxis hat sich eine so genannte „core executive“ entwickelt, hinter der sich eine kleine Gruppe von Ministern, Beratern und hochrangigen Beamten rund um den Premierminister verbirgt, welche die politische Zielrichtung vorgibt[355]. Die Schwierigkeit besteht darin, diese Gruppe der Entscheidungsträger zur Verantwortung zu ziehen. Genau wie in Deutschland ist es zunächst möglich, eine Rechtskontrolle durch die Gerichte erarbeiten zu lassen. Beachtenswert ist dabei, dass bis vor

---

352 *Tomkins,* in: Craig/Tomkins, The executive and public law, S. 18.

353 *Saalfeld,* in: Strom/Müller/Bergmann, Delegation and Accountability in Parliamentary Democracies, S. 629.

354 *Dicey,* An Introduction to the Study of the Law of the Constitution, S. 39 f.

355 *Tomkins,* in: Craig/Tomkins, The executive and public law, S. 20; *Sturm,* Die britische Debatte zum Westminster-Modell, in: ZParl 2006, S. 797; *Moran,* Politics and Governance in the UK, S. 117.

kurzem das House of Lords die letzte Gerichtsinstanz in Großbritannien war. Die Law Lords bildeten innerhalb des Oberhauses eine vom Premierminister ausgewählte und von der Königin ernannte Gruppe, welche – um ihre Unparteilichkeit zu demonstrieren – sowohl von ihrem Rede- als auch von ihrem Wahlrecht im Oberhaus keinen Gebrauch machen durften. Erst im Jahr 2005 wurde mit dem Constitutional Reform Act beschlossen, einen Supreme Court einzurichten[356].

III. Parlamentarische Kontrolle

Über die Rechtskontrolle hinausgehend, und das soll hier thematisiert werden, ist es erforderlich, eine politische Kontrolle seitens des Parlaments und der Bürger, eine so genannte Public Accountability, durchzuführen, denn die Regierung – und damit auch die so genannte core executive – ist gegenüber dem Parlament und seinen Wählern rechenschaftspflichtig[357].

Bis zum Ende der 1960er Jahre wurden alle Themen im Plenum des Unterhauses debattiert, da die Parlamentarier der Ansicht waren, dass sie Allround-Experten seien und sich mit jeglicher Thematik zu befassen hätten. Doch begann sich zu dieser Zeit langsam die Überzeugung durchzusetzen, dass eine effektive Regierungskontrolle ohne Spezialisierung und Detailwissen nicht möglich sei und das Prinzip der Ministerverantwortlichkeit allein keine gute Regierung oder gute Verwaltung garantiere[358]. Es wurde deshalb erstmals versucht, das Ausschusssystem zu reformieren, indem zwei ressortbezogene Kontrollausschüsse eingeführt wurden[359]. Durch diese ersten Schritte wurden die bisherigen Mittel der parlamentarischen Kontrolle wie etwa die Plenardebatten, die parlamentarische Fragestunde oder bestehende Kommissionen ergänzt, welche sich bis dahin keiner Beliebtheit erfreut hatten[360]. Zusätzlich wurde im Jahre 1967 der „Parliamentary Commissioner for Administration“ eingeführt, dessen Aufgabe es ist, Beschwerden der Bevölkerung über Verwaltungsakte nachzugehen.

Die – rückblickend – größte Errungenschaft der Kontrollausschüsse und des parlamentarischen Ombudsmanns war jedoch die gesteigerte Rechenschaftspflicht der Mitarbeiter der Ministerialverwaltung gegenüber dem Parlament[361]. Dabei trat der parlamentarische Ombudsmann als so genannter Agent des Parlaments auf, indem er – genau wie die select committees – die Mitarbeiter der Ministerial-

---

356 *Kastendiek/Stinshoff,* in: Kastendiek/Sturm, Länderbericht Großbritannien, S. 131.

357 *White/Hollingsworth,* Audit, Accountability and Government, S. 7.

358 *Oliver*, Law, politics and public accountability. The search for a new Equilibrium, in: Public Law 1994, S. 238.

359 *Hübner/Münch*, Das politische System Großbritanniens, S. 140.

360 *Masey/Pyper*, Public Management and Modernisation in Britain, S. 159.

361 *Masey/Pyper*, Public Management and Modernisation in Britain, S. 159.

verwaltung herbeizitiert und befragt[362]. Diese Mitarbeiterverantwortlichkeit trat neben die Doktrin der „ministerial responsibility", welche besagt, dass ein Minister für die Politik seines Ministeriums einzustehen hat und gravierende Fehler innerhalb seines Ministeriums notfalls seinen Rücktritt bedingen[363]. Der Beginn der Arbeit der Kontrollausschüsse und des parlamentarischen Ombudsmannes hat diese Verantwortlichkeit gegenüber dem Parlament nochmals deutlich intensiviert[364].

Genau wie in Deutschland herrscht jedoch auch im House of Commons die widersprüchliche Situation, dass die politische Mehrheit einerseits die Regierung so lange wie möglich an der Macht belassen möchte, anderseits zur parlamentarischen Kontrolle verpflichtet ist[365]. Diesen Konflikt versucht die britische Regierung in der Art und Weise zu lösen, dass sie von sich aus das Parlament frühzeitig in Entscheidungen mit einbindet, Berichte abgibt und Verhandlungen führt. Hauptansprechpartner zwischen Legislative und Exekutive sind daher die Minister, die sowohl einer individuellen als auch einer kollektiven Verantwortlichkeit gegenüber dem Parlament unterliegen.

IV. House of Lords

Die grundsätzliche parlamentarische Kontrolle der Regierung erfolgt durch das House of Commons, doch das House of Lords sollte daneben nicht unerwähnt bleiben, da es bei der Gesetzgebung gleiche Rechte wie das House of Commons inne hat. Bis zum Jahre 2005 hat das Oberhaus alle drei Gewalten in sich vereint, indem es Gesetzgeber war, einige Minister in der Regierung gestellt hat und oberste Gerichtsinstanz war[366]. Der Verfassungsreformakt von 2005 übertrug die rechtsprechenden Funktionen der Lords auf ein neu zu schaffendes Verfassungsgericht (Supreme Court of the United Kingdom), das im Herbst 2009 erstmals zusammengetreten ist. Im Rahmen seiner zwar eingeschränkten, doch weiterhin bestehenden Gesetzgebungsbefugnisse hat das House of Lords die Möglichkeit, Vetorechte auszuüben. Es hat dabei die Aufgabe zu überprüfen, ob die Regierung ihre Gesetze zum Wohle der Bevölkerung erlässt[367]. Beachtenswert ist in diesem Zusammenhang die so genannte Salisbury Convention, nach der Gesetzesvorhaben, die die jetzige Regierung vor der Wahl angekündigt hat, nicht blockiert werden dürfen.

---

362 *Klemmt,* Die Verantwortung der Minister in Großbritannien, S. 376 f.

363 *Hübner/Münch,* Das politische System Großbritanniens, S. 127.

364 *Klemmt,* Die Verantwortung der Minister in Großbritannien, S. 379.

365 *Turpin,* British Government and the Constitution, S. 424.

366 *Saalfeld,* Großbritannien. Eine politische Landeskunde, S. 136.

367 *Turpin,* British Government and the Constitution, S. 493.

B. Definition des Begriffs der Public Accountability

Um die Grundidee des Konzepts der Public Accountability präsentieren zu können und aufgrund der Tatsache, dass es keine eindeutige deutsche Übersetzung für den Begriff Public Accountability gibt, wird eine Definition erforderlich sein. Hier wird sich die Dissertation anlehnen an die Begriffsbestimmung, welche von der Akademie für Technikfolgenabschätzung aus Baden-Württemberg[368] gewählt wurde: „Der englische Begriff der Public Accountability bezieht sich auf das wechselseitige Verhältnis zwischen denen, die politisch relevante Entscheidungen treffen (Staat, Regierung, Politisches System) und denen, die von diesen Entscheidungen betroffen sind (Bürger, Öffentlichkeit). Eine wichtige Rolle kommt dabei den Medien zu. Dabei geht die Bedeutung von Public Accountability über Legitimation durch Wahlen oder die Rechenschaftspflicht einer Regierung gegenüber dem Parlament hinaus. Es geht vielmehr darum, dass die Prozesse des Regierens sowie seine Ergebnisse transparent gemacht werden und dass die Öffentlichkeit die Möglichkeit hat, diese Prozesse und Ergebnisse (aktiv) zu überprüfen, zu beurteilen und – soweit wie möglich – auch über diskursive Beteiligungsverfahren mitzugestalten und zu beeinflussen“.

I. Abgrenzung zu ähnlichen Begrifflichkeiten

Abzugrenzen ist der Begriff der Public Accountability dabei von ähnlichen Umschreibungen. Zunächst muss der Begriff der „responsibility“ von der Public Accountability unterschieden werden. Im Deutschen werden beide Begriffe mit Verantwortlichkeit übersetzt. Anders ist jedoch das englische Verständnis. Hier besteht die Differenzierung darin, dass mit Accountability das Verlangen nach Antworten und Berichten im Sinne einer Rechenschaftspflicht und mit responsibility die Haftung oder Verbindlichkeit gemeint ist[369]. Grundsätzlich kann man beide Begriffe auch in der Art und Weise unterscheiden, dass Accountability eine externe, hingegen die responsibility eine interne Kontrolle darstellt[370].

Eine Variante der Public Accountability ist der Begriff der Kontrolle. Grundsätzlich bewirkt Accountability, dass beispielsweise die Mitarbeiter der Ministerialverwaltung ihre Arbeit nach den Wünschen der Vorgesetzten richten. Umge-

---

368 *Schippl*, Public Accountability – eine Frischzellenkur für die Demokratie in Europa, in: TA-Akademie Informationen 3/2002, S. 18; Vgl. darüber hinaus: *Oliver*, Law, Politics and Public Accountability. The search for a new Equilibrium, in: Public Law 1994, S. 246.

369 *Barberis*, The new Public Management and a new Accountability, in: Public Administration 1998, S. 452.

370 *Mulgan*, Accountability: an ever-expanding concept, in: Public Administration, 2000, S. 556.

kehrt werden also die Ministerialbeamten – ebenso wie die Parlamentarier oder auch die Regierungsmitglieder – sowohl von ihren Vorgesetzen als auch von der Öffentlichkeit kontrolliert, ob sie in ihrem Sinne handeln. Deshalb ist es möglich, die Kontrolle als großen Teil des Konzepts der Public Accountability verstehen[371].

Des Weiteren wird die Public Accountability auch um den Begriff der „responsiveness“ erweitert. Dieser legt dar, dass die Ministerialverwaltung die öffentlichen Bedürfnisse und Forderungen sowohl der Politiker als auch der Öffentlichkeit zu beachten hat[372]. Der so genannte client-focus, das heißt die Kunden- oder Bürgerfreundlichkeit, ist dabei die entscheidende Grundlage für die Arbeit der Ministerialverwaltung.

Letztlich ist es möglich und erforderlich, zwischen Public Accountability und „answerability“ zu unterscheiden bzw. das Antworten im Sinne eines Dialoges als Merkmal der Public Accountability zu verstehen. Unter „answerability“ ist eine Verpflichtung zu verstehen, Antworten auf Fragen zu geben, ohne jedoch für diese Antworten bzw. die darin zu erklärenden Fehler zur Verantwortung gezogen werden zu können. Das Entscheidende am Konzept der Public Accountability ist jedoch gerade die Möglichkeit, den Verantwortlichen zur Rechenschaft zu ziehen und gegebenenfalls zu sanktionieren[373]. Beiden Konzepten gemein ist aber der Dialog beider Parteien miteinander aufgrund der Tatsache, dass die politischen Entscheidungsträger erklären und informieren, während die Rechenschaftsempfänger nachfragen und möglicherweise kritisieren[374].

Zusammen betrachtet bilden mithin Kontrolle, responsiveness und auch die Pflicht, für Antworten zur Verfügung zu stehen, verschiedene Merkmale der Public Accountability. Romzek beschreibt die Verantwortlichkeitsbeziehungen grundsätzlich so, dass es sich hier um Mechanismen handelt, in denen die Parlamentarier, Regierungsmitglieder und Ministerialbeamten rechenschaftspflichtig für ihr Handeln sind[375]. Basis für diese Rechenschaftspflicht ist ein funktionierendes System der gegenseitigen Kontrolle. Das Ziel der Public Accountability wird dabei beispielsweise durch öffentliche Berichterstattungen, Übertragungen von Plenardebatten oder die Arbeit des parlamentarischen Ombudsmannes erreicht.

---

371 *Mulgan*, Accountability: an ever-expanding concept, in: Public Administration, 2000, S. 563.

372 *Mulgan*, Accountability: an ever-expanding concept, in: Public Administration, 2000, S. 566.

373 *Masey/Pyper*, Public Management and Modernisation in Britain, S.152 f; *Day/Klein*, Accountabilities: Five Public Services, S. 34.

374 *Day/Klein*, Accountabilities: Five Public Services, S. 8; *Mulgan*, Accountability – an ever-expanding concept? In: Public Administration 2000, S. 569.

375 *Romzek*, in: Perry, Handbook of Public Administration, S. 97; *Romzek/Dubnick*, Accountability in the Public Sector: lessons from the Challenger Tragedy, in: Public Administration Review 1987, S. 229.

Aufgabe des Konzepts der Public Accountability ist es also, dass die öffentlichen politischen Entscheidungsträger, das heißt Parlamentarier, Regierungsmitglieder und Ministerialbeamte, einerseits (zu Beginn jeder Legislaturperiode) ihre Ziele darlegen, damit andererseits sowohl eine gegenseitige als auch eine Kontrolle dieser Ziele durch die Bürger, Interessenvertretungen und Medien erfolgen kann[376]. Hierdurch soll die Effektivität und die Effizienz der Tätigkeiten der politischen Entscheidungsträger dargelegt werden[377]. Zusammenfassend kann also festgestellt werden: Das Konzept der Public Accountability bedeutet, dass Informationen zur Verfügung gestellt werden, dass Fragen beantwortet werden, dass die Schuld für Fehler übernommen wird und dass Sanktionen möglich sind für fehlerhaftes Verhalten[378].

II. Abgrenzung interne und externe Accountability

Zu unterscheiden bei der Verantwortlichkeit der politischen Entscheidungsträger ist zwischen interner und externer Accountability.

1. Externe Accountability

Die externe Accountability greift immer dann, wenn die Ministerialverwaltung, das Parlament oder die Regierung entweder einem anderen öffentlichen Organ oder der Öffentlichkeit gegenüber zur Rechenschaft gezogen wird[379]. In einer repräsentativen Demokratie wie der in Großbritannien erfolgt die externe Accountability grundsätzlich über die Darlegung der Erfolge der Arbeit der Regierung und ihrer Mehrheitsfraktion während einer Legislaturperiode und der anschließenden Meinungsbildung der Wählerschaft, ob sie der Regierung in ihrer Darstellung zustimmt oder ob sie diese abwählt.

Darüber hinaus hat die externe Accountability verschiedene Aspekte, da man sie nicht nur in politische und gerichtliche, sondern auch in finanzielle Verantwortlichkeit unterteilen kann. Hauptansatzpunkt der externen Accountability ist im repräsentativen politischen System die Verantwortlichkeit des Ministers gegenüber dem Parlament. Wie noch dargelegt werden wird, ist der Minister nicht nur während der Fragestunden im Parlament, sondern auch vor den so genannten

376 *Behn,* Rethinking democratic accountability, S. 33.

377 *Bovens,* in: Hill, Bestandsaufnahme und Perspektiven des Haushalts- und Finanzmanagements, S. 183.

378 *Pyper,* in: Pyper, Aspects of Accountability in the British System of Government, S. 2.

379 *Boyne/Gould-Williams/Law/Walker,* Plans, Performance Information and Accountability: the case of best value, in: Public Administration 2002, S. 693; *Masey/Pyper,* Public Management and Modernisation in Britain, S. 155.

select committees zur Aussage verpflichtet. Dabei ist es ihm zwar möglich, Mitarbeiter zur Beantwortung der Fragen zu entsenden, doch die Verantwortung für die Informationen und das Handeln bleibt stets bei ihm[380].

2. *Interne Accountability*

Die interne Accountability hingegen überprüft die Entscheidungen innerhalb eines Organs, ohne außenstehende Prüfer mit einzubeziehen. Sie bezeichnet beispielsweise die Beziehung zwischen einem Mitarbeiter in der Ministerialverwaltung und seinem Dienstvorgesetzten[381]. Die „internal Accountability" wird dabei auch als professional Accountability bezeichnet, da sie sich auf die Überprüfung einer qualifizierten Berufsausübung bezieht[382]. Wesentliche Voraussetzung für eine funktionierende interne Accountability ist ebenso wie bei der Public Accountability das Zur-Verfügung-Stellen der erforderlichen Informationen[383].

3. *Sunset-legislation*

Eine Mischung aus interner und externer Accountability ist schließlich die so genannte sunset-legislation, eine Kombination aus Evaluation und Befristung von Gesetzen. Hierunter ist genau wie in Deutschland die Idee zu verstehen, dass ein Programm für den Fall, dass es den Nachweis der Berechtigung seines Bestehens innerhalb eines gesetzlich fixierten Termins nicht erbringt, zu beenden ist. Soll hingegen das Gesetz bestehen bleiben, so bedarf es einer ausdrücklichen Begründung, um zu gewährleisten, dass es nicht nur aus Verlegenheit verlängert wird, sondern weil seine Berechtigung in der Evaluation festgestellt wurde[384]. Die sunset-legislation gehört zwar zu den Mitteln der Eigenkontrolle des Parlamentes und ist daher intern. Jedoch basiert die Entscheidung über die Frage, ob das Gesetz nach Ablauf der Befristung fortgeführt werden soll, auf Daten einer Fremdevaluation.

4. *Resümee*

Das Konzept der Public Accountability ist ein externes, da es stets außenstehende Rechenschaftsempfänger voraussetzt und als solches Transparenz von den politi-

380 *Woodhouse*, Ministers and Parliament, S. 234.

381 *Masey/Pyper*, Public Management and Modernization in Britain, S. 155.

382 *Mulgan*, Accountability: an ever-expanding concept, in: Public Administration 2000, S. 559.

383 *Boyne/Gould-Williams/Law/Walker*, Plans, Performance Information and Accountability: the case of best value, in: Public Administration 2002, S. 695.

384 *Wegrich/Shergold/van Stolk/Jann*, Wirksamkeit von Sunset Legislation und Evaluationsklauseln, S. 6 mit Verweis auf *Mayntz*, Gesetzgebung und Bürokratisierung, S. 114.

schen Entscheidungsträgern erwartet. Diese Transparenz wird durch öffentliche Diskussionen und durch Berichterstattung gesichert[385], welche generell von den Ministerialbeamten vorbereitet werden. Für diese Vorbereitung der Ministerialbeamten ist es erforderlich, neben der externen eine interne Kontrolle voran zu stellen, um die Berichte innerhalb der Politik abzusprechen[386]. Doch erfolgt die grundsätzliche Rechenschaftspflicht extern.

Zur Gewährleistung der öffentlichen Diskussionen mit den Bürgern als Merkmal der Transparenz im Sinne des Konzepts der Public Accountability hat beispielsweise Premierminister Blair 1998 ein so genanntes People's Panel errichtet, in welchem um die 6.000 Bürger Großbritanniens – repräsentativ aus allen Bevölkerungsgruppen ausgesucht – die Qualität der öffentlichen Einrichtungen bewerten durften. Doch bereits vier Jahre später wurde das People's Panel wieder aufgelöst. Allerdings wurde an der Idee der öffentlichen Diskussionen festgehalten, und stattdessen werden nun bereichsspezifisch Bürger befragt. Beispielsweise werden sie um ihre Meinung zur Aufklärungsarbeit der Polizei und der Gerichte befragt oder ob sie mit ihrer Behandlung in öffentlichen Krankenhäuser zufrieden sind[387]. Des Weiteren wurde durch eine neue Praxis von Veröffentlichungen von Gesetzentwürfen der Regierung – mit dem Zweck, sie vom Parlament vorab prüfen zu lassen (so genannte pre-legislative scrutiny) – auch die Möglichkeit eröffnet, dass das Parlament Bürger an dieser Prüfung beteiligt. Die Bürger haben insbesondere in Form einer Onlineanhörung die Möglichkeit, Stellungnahmen zum geplanten Gesetzentwurf abzugeben[388].

C. Das Konzept der Public Accountability

Ohne eine öffentliche Kontrolle der politischen Entscheidungen wäre die Demokratie nicht demokratisch[389]. Deshalb ist Ziel des Konzepts der Public Accountability nicht nur die Durchführung einer parlamentarischen Kontrolle, sondern auch die Erhöhung der Transparenz und die Verbesserung der politischen Kontrolle durch Mitwirkung auch der Öffentlichkeit. Um diese Ziele zu erreichen,

---

385 *Bovens,* in: Hill: Bestandsaufnahme und Perspektiven des Haushalts- und Finanzmanagements, S. 185.

386 *Mulgan,* Accountability: an ever-expanding concept, in: Public Administration 2000, S. 562.

387 *Bovens,* in: Hill: Bestandsaufnahme und Perspektiven des Haushalts- und Finanzmanagements, S. 185.

388 Näheres siehe unter *http://e-democracy.org/uk/* (Stand 18.9.2010) und unter *http://www.berr.gov.uk/* (Stand 18.8.2009).

389 *Barberis,* The new Public Management and a new accountability, in: Public Administration 1998, S. 463; *Bovens,* in: Ferlie/Lynn/Pollitt, The Oxford Handbook of Public Management, S. 182; *Day/Klein,* Accountabilities. Five Public Services, S. 6.

bedarf es einiger Merkmale, der grundlegenden Darstellung der Funktion des Konzepts und eines strategischen Berichtswesens, an denen sich sowohl die Rechenschaftsgeber als auch die Rechenschaftsempfänger zu orientieren haben[390].

Doch was ist nun öffentlich an der Public Accountability? Einerseits ist es die Offenheit der Politik, das heißt, dass die getroffenen Entscheidungen der Öffentlichkeit zugänglich gemacht werden. Andererseits bedeutet öffentlich, dass sich das Konzept der Public Accountability auf die staatlichen Entscheidungsträger, mithin den öffentlichen Dienst, die Parlamentarier und vor allem die Regierung bezieht[391].

I. Merkmale der Public Accountability

Das eben genannte Ziel des Konzepts der Public Accountability erfordert zwei sich gegenüber stehende Personen oder Organe, nämlich einen so genannten *Accounter* und ein *Accountability Forum*. Als Beispiele für den Accounter kommen die Regierung insgesamt oder einzelne Minister, als Beispiel für das Accountability Forum Parlamentarier, einzelne Bürger oder die Öffentlichkeit insgesamt in Betracht[392]. Das Verhältnis des Accounters und seines Forums bezieht sich im Rahmen des Konzepts der Public Accountability über drei Ebenen.

Der Accounter muss sich zunächst verpflichtet fühlen, über seine Maßnahmen und Entscheidungen in der Art und Weise zu informieren, dass jeder Interessierte die Möglichkeit des Zugangs zu den Informationen hat[393]. Das Zur-Verfügung-Stellen der Informationen kann sowohl formal, das heißt beispielsweise in Form von offiziellen Berichterstattungen oder Anhörungen, als auch informal durch öffentliche Bekenntnisse oder Pressekonferenzen erfolgen. Diese Informationen sollen die Öffentlichkeit im nächsten Schritt motivieren, bei Interesse nach weiteren Informationen und, noch wichtiger, nach der Legitimität der getroffenen Entscheidungen zu fragen, um eine Diskussion zu initiieren. Abschließend soll die Öffentlichkeit sich über die Ergebnisse ihr Urteil bilden und mitteilen, ob sie die getroffenen Entscheidungen mitträgt oder ablehnt.

Fraglich ist dabei, ob eine Möglichkeit der Sanktion geschaffen werden sollte, sofern eine Ablehnung der getroffenen Entscheidungen erfolgt. Dies würde dem

390 *Gray,* in: Boyle/McNamara, Governance and Accountability, S. 18.

391 *Bovens,* in: Ferlie/Lynn/Pollitt, The Oxford Handbook of Public Management, S. 183.

392 *Bovens,* in: Ferlie/Lynn/Pollitt, The Oxford Handbook of Public Management, S. 184.

393 *Romzek/Dubnick,* in: Shafritz, International encyclopedia of public policy and administration, S. 6.

Rechenschaftsempfänger ein Recht auf Autorität implizieren[394]. Für die Tatsache, dass die Möglichkeit der Sanktionierung wesentliches Merkmal der Public Accountability ist, spricht, dass die ganze Arbeit zwecklos wäre, wenn das Zur-Verfügung-Stellen von Informationen und die Aufarbeitung möglicher Fehler ohne Konsequenzen bliebe[395]. Allerdings gilt das Ausbleiben von Konsequenzen nur unter der Voraussetzung, dass der Entscheider einen Ermessensspielraum hatte. Gab es nur eine einzige Möglichkeit zu entscheiden, kann ihm diese nicht vorgehalten werden. Handelt die Regierung jedoch fehlerhaft, so stehen verschiedene Sanktionen zur Verfügung. Die Parlamentarier können beispielsweise einen Misstrauens- oder Missbilligungsantrag oder die Ermittlungsaufnahme über den Ombudsmann einleiten und die Bürger haben beispielsweise die Möglichkeit, die Regierung im Rahmen der nächsten Bundestagswahl abzuwählen.

Diese Merkmale des Konzepts der Public Accountability reichen noch nicht für die Rechenschaftspflicht aus, ohne *„the lifeblood of accountability"*, nämlich die Bereitstellung der wesentlichen Informationen und Berichte[396]. Ohne verlässliche Dokumente wird es der Regierung nicht möglich sein, die staatlichen Ressourcen verantwortungsvoll zu nutzen und ihr Mandat der Öffentlichkeit gegenüber zu erfüllen[397]. Diese sind von der Ministerialverwaltung sowohl der Öffentlichkeit als auch den Parlamentariern zur Verfügung zu stellen, da sie die Grundlage der Public Accountability darstellen. Bisher erfolgte die Rückkoppelung der Entscheidungsträger über die Pflege ihrer Wahlkreise, die Medien, den parlamentarischen Ombudsmann und durch Interessenverbände[398].

Ausgangspunkt für das Berichtsbegehren ist eine Rechenschaftspflicht der Ministerialverwaltung. Deren Grundlage wiederum ist eine Datenbasis, die sowohl eine problem- und empfängerorientierte Darstellung als auch eine Auswertung

---

394 *Mulgan*, Accountability: an ever-expanding concept, Public Administration, 2000, S. 555; *Day/Klein*, Accountabilities: Five Public Services, S. 9: "*The ability to call people to account defines the locus of authority in any given society. In a democratic society, political accountability is an assertion that all authority derives from the people (...). But the notion of authority as the* right *to call people to account needs to be complemented by the notion of power as the* ability *to call people to account, through the exercise of control over performance*".

395 So im Ergebnis auch: *Boyne/Gould-Williams/Law/Walker*, Plans, Performance Information and Accountability: the case of best value, in: Public Administration 2002, S. 693.

396 *Day/Klein*, Accountabilities. Five public services, S.243; "Although reporting has always been an important element of the managerial tasks – see the "R" in Gulick and Urwick's PODSCORB acronym (Planning, Organizing, Staffing, Directing, Coordinating, Reporting, Budgeting) – it is not an exaggeration to say that nowadays much of the daily work of public managers consists of managing process of account giving." Bovens, in: Ferlie/Lynn/Pollitt, The Oxford Handbook of Public Management, S. 202.

397 *Thurston/Cain*, Record Management as a Public Sector Accountability Function, S.1.

398 *Hübner/Münch*, Das politische System Großbritanniens, S.139.

ermöglicht. Zweck ist es dabei, die vier Funktionen der Berichterstattung – Legitimation, Information, Kontrolle, Gestaltung – zu erfüllen[399].

II. Funktion des Konzepts der Public Accountability

Auch wenn die britische Verfassung eine grundsätzlich ungeschriebene Grundlage der repräsentativen Demokratie dargestellt, herrschen ähnlich wie in Deutschland viele verschiedene Beziehungen zwischen dem Staat und den Bürgern. Der politische Alltag, welcher mit Hilfe des Konzepts der Public Accountability nachvollziehbar überprüft werden soll, spiegelt sich dabei grundsätzlich in einer Art Delegationskette wider. Die Basis ist, dass alle Staatsgewalt vom Volke ausgeht. Diese Staatsgewalt wird an das britische Parlament zwecks Durchführung der Gesetzgebung und Kontrolltätigkeit übertragen, welches ihrerseits ihr Vertrauen in die aus der Mitte der Parlamentsmehrheit ernannte Regierung steckt. Die Minister verlassen sich bei ihrer politischen Arbeit auf die Mitarbeiter des Civil Service, welche jedoch mehr und mehr in unabhängige Behörden verlagert werden. Diese Behörden sind schließlich diejenigen, die über die Verwendung des Großteils der Steuergelder entscheiden, die Genehmigungen erteilen und Verbote aussprechen und dadurch unmittelbar wieder in den Kontakt mit den Bürgern kommen. Diese Delegationskette ist die Grundlage des Konzepts der Public Accountability in einer repräsentativen Demokratie[400].

Funktion des Konzepts der Public Accountability ist deshalb zuallererst die Durchführung einer politischen Kontrolle. Denn jedes Mitglied der Delegationskette möchte überprüfen, ob seine übertragende Macht auch recht- und zweckmäßig ausgeübt wird. Doch daneben gibt es weitere Funktionen. Durch die regelmäßige Kontrolle und die Veröffentlichung der Handlungen und Entscheidungen steigert die Public Accountability die Integrität der politischen Entscheidungsträger, vermindert Korruption, den Missbrauch von Macht und Politikverdrossenheit. Die Öffentlichkeit hat die Möglichkeit, politische Entscheidungen nachzuvollziehen, sich einzubringen und beim nächsten Wahlgang ihre Konsequenzen daraus zu ziehen. Abschließend soll das Konzept einen Lerneffekt dadurch bewirken, dass aufgedeckte Fehler nicht wiederholt werden. Dies würde die eigentliche Zielerreichung bedeuten, denn dann hätten die Weitergabe an Informationen und der Austausch mit den Parlamentariern und der Öffentlichkeit ihren Zweck erfüllt, nämlich, dass das öffentliche Feedback wahrgenommen und

---

399 *Loeser,* Das Berichtswesen in der öffentlichen Verwaltung, S. 94.

400 *Bovens,* in: Ferlie/Lynn/Pollitt, The Oxford Handbook of Public Management, S. 192; *Mehde,* in: Verhey/Broeksteeg/van den Driessche, Political Accountability in Europe: Which Way Forward? S. 104.

in die Entscheidungen mit eingearbeitet wird. Alles in allem wird so die Legitimität des politischen Handelns gewährleistet[401].

Hauptaufgabe des Konzepts der Public Accountability ist es also, dass die Regierung die relevanten Informationen über ihre politischen Tätigkeiten zur Verfügung stellt, damit das Accountability Forum diese zur Kenntnis nehmen und debattieren kann und so wieder Vertrauen in die politische Arbeit hergestellt bzw. Verdrossenheit über die Politik abgebaut wird. Und auch, wenn in Großbritannien viele Auskünfte mit Hilfe diverser Internetseiten oder Tätigkeitsberichte veröffentlicht werden, ist es doch erforderlich, die Regierung zur Rechenschaft zu ziehen und sie im Rahmen ihrer Verantwortlichkeiten zu verpflichten, weitere Informationen zur Verfügung zu stellen. Dabei stehen der Öffentlichkeit die britischen Parlamentarier unterstützend zur Seite.

D. Verantwortlichkeit der Regierung

Die Verantwortlichkeit der Regierung gegenüber dem Parlament und der Öffentlichkeit durch den Premierminister und die Minister ist ein bedeutendes Prinzip des politischen Systems in Großbritannien. Dabei ist der Begriff des „government“ mehrdeutig. Einerseits wird er im engen Sinne verstanden und umfasst ausschließlich das Kabinett, sprich den Premierminister und seine Minister mit Kabinettsrang. Doch es wird auch ein weiter Begriff des government verwendet, unter welchem darüber hinaus alle anderen Minister und Behörden mitsamt ihren Verwaltungsangestellten fallen. Diese Untersuchung wird sich auf den engen Begriff des government, also die eigentliche Regierung, beschränken.

I. Der Premierminister

Großbritannien ist ein Zentralstaat mit dem Premierminister und seinem Kabinett an der Spitze der Regierung. Der Premierminister wird von der Königin ernannt und bestimmt in der Folge die Richtlinien der Politik und die Tagesordnungen der Sitzungen seines Kabinetts. Theoretisch ist er ein primus inter pares im Kabinett, doch praktisch gesehen ist er das führende Organ im politischen System Großbritanniens, da er sich beispielsweise „seine“ Minister aussucht und die Entscheidungen innerhalb des Kabinetts vorgibt, welche von den Ministern meist ohne Debatte

---

401 *Bovens/Schillemans/T'Hart,* Does Public Accountability work? In: Public Administration 2008, S. 225, 230; *Mulgan,* Accountability – an ever-expanding concept? In: Public Administration 2000, S. 556.

mitgetragen werden. Darüber hinaus ist der Premierminister omnipräsent und dominiert die öffentliche Berichterstattung[402].

Innerhalb des Kabinetts setzt der Premierminister interministerielle Arbeitsgruppen ein, welche über einen befristeten Zeitraum themenbezogen arbeiten. Die Anzahl und Themen dieser Kabinettsauschüsse waren bis 1992 geheim, doch seither werden die Daten regelmäßig veröffentlicht[403]. Die Aufgabe der Kabinettsauschüsse besteht darin, dem Kabinett zuzuarbeiten, da dieses seine vorgegebenen Aufgaben in den Kabinettssitzungen nicht bewältigen könnte. Hierdurch hat sich jedoch die Federführung der Beratungs- und Entscheidungsvorgänge weg vom Kabinett hinein in die Kabinettsausschüsse verlagert, so dass das Kabinett insgesamt nur noch wenige Entscheidungsbefugnisse wahrnimmt[404].

In seiner Arbeit wird der Premierminister von dem Prime Minister's Office und vom Cabinet Office unterstützt[405]. Das Prime Minister's Office ist in der Downing Street 10 angesiedelt und bereitet die politischen Entscheidungen vor, indem es beispielsweise für die Kommunikation mit dem Parlament, den anderen Ministerien und den Medien zuständig ist. Das Cabinet Office ist eine Behörde, welche für die Unterstützung der alltäglichen Arbeit des Premierministers und der Koordinierung der Arbeit des Kabinetts verantwortlich und somit der organisatorische Unterbau für die Regierungsarbeit ist. Der Leiter des Cabinet Office, der Cabinet Secretary, ist der ranghöchste Ministerialbeamte in Großbritannien. Eine Einrichtung vergleichbar dem deutschen Bundeskanzleramt, in welchem alle Entscheidungen im Zuständigkeitsbereich des Bundeskanzlers bzw. Premierministers koordiniert und vorbereitet werden, gibt es hingegen nicht, da Prime Minister's Office und Cabinet Office parallel arbeiten.

II. Kollektive Verantwortung der Regierung

Das Kabinett als solches setzt sich regelmäßig aus ungefähr zwanzig Ministern zusammen und verfügt über keine rechtlichen Befugnisse; diese liegen bei den einzelnen Ministern[406]. Es hat jedoch eine kollektive Verantwortung gegenüber dem Parlament, was bedeutet, dass alle Mitglieder an Kabinettsentscheidungen gebunden sind und diese nach außen zu vertreten haben und dafür einstehen. Wenn ein Minister die gemeinsam getroffene Kabinettsentscheidung nicht mit-

402 *Sturm,* Die britische Debatte zum Westminster-Modell, in: ZParl 2006, S. 805.
403 *Saalfeld,* Großbritannien. Eine politische Landeskunde, S. 103.
404 *Moran,* Politics and Governance in the UK, S. 121.
405 *Sturm,* in: Kastendiek/Sturm, Länderbericht Großbritannien, S. 152.
406 *Moran,* Politics and Governance in the UK, S. 120 f.

tragen kann, bleibt ihm nur die Möglichkeit des Rücktritts[407]. Das heißt, innerhalb der Regierung sind dem Grundgedanken nach alle Mitglieder gleichberechtigt. Doch de facto wird der Premierminister als Vorgesetzter der übrigen Kabinettsmitglieder gesehen und hat als Folge dessen weitreichende Entscheidungs- und Kontrollbefugnisse gegenüber den Ministern[408]. Insgesamt begründet das Prinzip der kollektiven Verantwortung des Kabinetts dessen Rechenschaftspflicht gegenüber dem Parlament.

1. Vertrauensfrage

Die Regierung hat die Möglichkeit, dem Parlament die Vertrauensfrage zu stellen. Zweck einer solchen Vertrauensfrage ist, die Mehrheit der Parlamentarier (wieder) hinter sich zu bringen, um weiterhin gemeinsam politisch zu agieren. Die Voraussetzungen für die Durchführung einer Vertrauensfrage sind in einer Konvention geregelt[409]. Zwar wird bei diesem Antrag das Vertrauen für die gesamte Regierung eingefordert, der Antrag als solcher jedoch stets vom Premierminister eingebracht. Es bedarf grundsätzlich einer 24-Stunden-Frist, bevor der Antrag auf die Tagesordnung kommt und im Parlament diskutiert und abgestimmt wird. Ausnahmen hiervon sind aber möglich[410].

2. Parlamentsauflösung

Zusätzlich zum Vertrauensantrag hat der Premierminister per Konvention die Möglichkeit, bei der Königin zu beantragen, das Parlament aufzulösen. Die Königin ist in der Folge verpflichtet, über den Antrag zu entscheiden, muss diesem aber nicht zwingend zustimmen. Nur wenn sie der Ansicht ist, dass kein anderer Parlamentarier in der Lage ist, als neuer Premierminister eine handlungsfähige Regierung zusammenzustellen, ohne vorher das Parlament aufzulösen und Neuwahlen durchführen zu lassen, darf sie dem Antrag des bisherigen Premierminister stattgeben[411].

---

407 *Klemmt,* Die Verantwortung der Minister in Großbritannien, S. 16 und S. 250.

408 *Saalfeld,* in: Strom/Müller/Bergmann, Delegation and Accountability in Parliamentary Democracies, S. 636 f.

409 Wie bereits unter § 3 A. dargestellt, ist eine Konvention eine der wesentlichen der vier Quellen der zusammengesetzten britischen Verfassung. Eine gerichtliche Überprüfung der Konvention oder eine gerichtliche Erzwingung der Einhaltung der Konvention ist nicht möglich. Und obwohl die konstitutionellen Konventionen grundsätzlich nicht schriftlich niedergelegt sind, werden sie von allen Beteiligten des politischen Systems eingehalten.

410 *Saalfeld,* in: Strom/Müller/Bergmann, Delegation and Accountability in Parliamentary Democracies, S. 630.

411 *Saalfeld,* in: Strom/Müller/Bergmann, Delegation and Accountability in Parliamentary Democracies, S. 630.

III. Individuelle Verantwortung eines Ministers

Wesentliches Merkmal der Public Accountability ist die Verantwortlichkeit eines Ministers gegenüber dem Parlament. In Großbritannien ist dabei jeder Kabinettsminister verantwortlich für die politische Ausrichtung der Arbeit des Ministeriums, der Organisation des Ministeriums, der Begleitung der eigenen Gesetzesvorhaben im Parlament und der Repräsentation des eigenen Ministeriums innerhalb des Kabinetts und gegenüber Interessenverbänden[412]. Diese individuelle Verantwortung verpflichtet die Minister, das Parlament über die relevanten Vorgänge zu informieren, hierfür einzustehen und Fragen zu beantworten[413]. Diese Einstandspflicht wird hauptsächlich in den Plenardebatten, doch regelmäßig auch in den Fragestunden eingefordert. Negativ hat die individuelle Verantwortung zur Folge, dass außer dem Minister grundsätzlich niemand zur Rechenschaft verpflichtet ist, das heißt weder der Staatssekretär noch die Ministerialbeamten[414].

1. Questions of Procedure for Ministers

Minister sind gegenüber dem Parlament nicht nur für ihr eigenes politisches Handeln verantwortlich, sondern auch für die Handlungen ihres Ressorts[415]. Da es lange umstritten war, ob unter den Handlungen des Ressorts auch ein Organisationsverschulden den Minister rechenschaftspflichtig erscheinen lässt, wurden 1997 die „Questions of Procedure for Ministers" verabschiedet, auch Ministerial Code genannt, um Unklarheiten zu beseitigen. Hierin wurde festgelegt, dass die Minister zum einen sowohl für politisches als auch für organisatorisches Handeln ihres Ressorts verantwortlich sind und zum anderen, dass es der Regierung untersagt ist, diesen Code zu ändern oder zu umgehen[416].

2. Folgen der Ministerverantwortlichkeit

Zu beachten ist, dass ein Minister nur dort zur Verantwortung gezogen werden kann, wo er auch interne Kontroll- bzw. Weisungsbefugnisse inne hat[417]. Handelt also ein Ministerialbeamter ausdrücklich gegen seine Weisung, kann ein Minister nicht dafür verantwortlich gemacht werden. Darüber hinaus besteht keine Rechenschaftspflicht eines Ministers für interne Beratungen oder strategische Überlegun-

412 *Pyper,* in: Pyper, Aspects of Accountability in the British System of Government, S. 4.

413 *Turpin,* British Government and the Constitution, S. 428.

414 *Klemmt,* Die Verantwortung der Minister in Großbritannien, S. 15.

415 *Day/Klein,* Accountabilities: Five Public Services, S. 33.

416 *Tomkins,* in: Craig/Tomkins, The executive and public law, S. 39.

417 *Woodhouse,* Ministers and Parliament, S. 27.

gen[418]. Diese unterfallen einem geschützten Kernbereich, welcher nicht von der Öffentlichkeit eingesehen werden darf, um die politische Arbeit nicht schon im Ansatz zu kritisieren oder zu zerstören.

Wenn auch nach Beantwortung aller Fragen der Parlamentarier und der damit einhergehenden Erfüllung seiner Rechenschaftspflicht der Minister beschuldigt wird, Fehler begangen und seine Pflicht verletzt zu haben, ist die Folge der direkte Verlust seines Amtes. Denn das durch die Pflichtverletzung verloren gegangene Vertrauen sowohl der Parlamentsmehrheit als auch der Öffentlichkeit lässt sich meist nicht wiederherstellen. Um im Vorfeld jedoch alle Fragen beantworten zu können, sind auch die Ministerialbeamten vollumfänglich rechenschaftspflichtig gegenüber dem Minister, um die Informiertheit des Ministers zu gewährleisten[419]. Doch gegenüber wem sind die Ministerialbeamten selbst verantwortlich?

IV. Verantwortlichkeit des Civil Service

Grundlage der Arbeit des britischen Civil Service sind die Prinzipien der Neutralität und der Geheimhaltung. Das heißt, dass alle Mitarbeiter des Civil Service der Regierung uneingeschränkt verpflichtet sind und bei einem Regierungswechsel nicht „ausgetauscht", oder in den einstweiligen Ruhestand versetzt werden können. Die theoretische Konsequenz hieraus ist, dass jeder Mitarbeiter des Civil Service „seinem" Minister vollständig verantwortlich ist, jedoch im Verhältnis zum Parlament nicht in Erscheinung tritt. Denn gegenüber den Parlamentariern ist ausschließlich der Minister rechenschaftspflichtig[420]. Die Verantwortlichkeit der Mitarbeiter des Civil Service gliedert sich deshalb in drei Bereiche: Beratung des eigenen Ministers, die Ausführung der politischen Vorgaben und die Organisation des eigenen Ressorts[421].

1. Verantwortlichkeit gegenüber dem Parlament

Mitte der 1980er wurde jedoch diskutiert, ob aufgrund der Tatsache, dass die Ministerialbeamten maßgeblich an der Formulierung der Politik und an der politischen Entscheidungsfindung beteiligt sind, eine direkte Verantwortlichkeit auch gegenüber dem Parlament eingeführt und die Zwischenstation Minister aufgegeben

418 *Hondeghem,* Ethics and Accountability in a Context of Governance and New Public Management, S. 133.

419 *Turpin,* British Government and the Constitution, S. 430.

420 *Klemmt,* Die Verantwortung der Minister in Großbritannien, S. 396; *Woodhouse,* Ministers and Parliament, S. 23.

421 *Pyper,* in: Pyper, Aspects of Accountability in the British System of Government, S. 4.

werden sollte[422]. Bis dahin gab es pro Ressort nur einen Ministerialbeamten, der neben dem Minister gegenüber dem Parlament verantwortlich war: den „accounting officer", also den Haushälter. Darüber hinaus gab es zwar die Abteilungsleiter, die sowohl in die select committees gerufen als auch vom Ombudsmann befragt werden können. Doch verantwortlich für die Aussagen der Ministerialbeamten war letztendlich der jeweilige Minister[423]. Die politischen Ratschläge der Ministerialbeamten an den Minister waren ganz im Gegenteil sogar vertraulich, das heißt, die internen Beratungen waren für die Parlamentarier nicht nachvollziehbar, um die Neutralität der Ministerialbeamten nicht zu gefährden.

Die Forderung nach einer direkten Rechenschaftspflicht der Ministerialbeamten gegenüber dem Parlament wurde jedoch abgelehnt. Die Tätigkeiten und Entscheidungen eines Ministeriums kommen durch die gemeinsame Arbeit aller Ministerialbeamten zustande. Hierfür sind die Ministerialbeamten ihrem Minister gegenüber verantwortlich. Einzelne Mitarbeiter herauszugreifen und ihnen eine Rechenschaftspflicht gegenüber dem Parlament „aufzudrücken", würde dem Grundgedanken einer hierarchisch strukturierten und anonymen Verwaltung widersprechen. Einzig und allein der Minister ist gegenüber dem Parlament verantwortlich für die politischen Entscheidungen des jeweiligen Ministeriums. Der Ministerialbeamte hingegen hat die Aufgabe, diese durch den Minister zu treffenden Entscheidungen vorzubereiten und ihn bei der Entscheidungsfindung zu beraten[424]. Diese Beratung könnte zurückhaltender oder unkonkreter ausfallen, sollte der Ministerbeamte im Anschluss eine Rechenschaftspflicht und Verantwortlichkeit gegenüber dem Parlament befürchten.

2. *Next Step Agencies*

Problematisch wurde dieses Prinzip jedoch durch die von Margret Thatcher angeordnete Auslagerung verschiedener ehemals ministerieller Tätigkeiten in von da an eigenständige Behörden, so genannte Next Step Agencies. Grundgedanke dieser Reform war es, die Regierungsarbeit effizienter zu gestalten. Aus diesem Grunde wurden den Ministerien nur noch die strategischen und politischen Grundentscheidungen überlassen. Die laufenden Verwaltungsgeschäfte und die Ausführung der

422 *Turpin,* British Government and the Constitution, S. 439; *Barberis,* The new Public Management and a new Accountability, in: Public Administration 1998, S. 459 f.

423 *Turpin,* British Government and the Constitution, S. 440; *Klemmt,* Die Verantwortung der Minister in Großbritannien, S. 397.

424 *Woodhouse,* Ministers and Parliament, S. 290; *Barberis,* The new Public Management and a new Accountability, in: Public Administration 1998, S. 451, 465.

vom Minister getroffenen Entscheidungen sollten die neuen Next Step Agencies tätigen[425]. Diesen Behörden stehen unabhängige Leiter vor.

Fraglich ist, ob weiterhin die Minister nun auch für die ihnen untergeordneten Behörden verantwortlich sein sollen oder ob die jeweiligen Leiter der Next Step Agencies selber gegenüber dem Parlament Rede und Antwort zu stehen haben. Aufgrund der Tatsache, dass die Behördenleiter selbstständig und unabhängig ihre Behörde leiten können, ist es folglich nicht mehr Aufgabe des Ministers, ihnen Anweisungen zu geben. Stattdessen wird der Minister ausschließlich Informationen von ihnen über die Tätigkeiten ihrer Behörden verlangen, um sachgemäß arbeiten und dem Parlament Rede und Antwort stehen zu können[426]. Doch: Sollten sich die Minister aus diesem Grunde im Parlament weigern, Verantwortung zu übernehmen und diese auf die Behördenleiter schieben, welche bisher nicht gegenüber dem Parlament rechenschaftspflichtig waren, könnte eine Unzufriedenheit bei den Rechenschaftsempfängern entstehen, weil ihnen Informationen vorenthalten werden.

Als Antwort auf die Frage, wer letztendlich für das Handeln der ausgelagerten Behörden verantwortlich und zur Rechenschaft verpflichtet ist, wurde deshalb nach einiger Diskussion ein Kompromiss gefunden: die Leiter der neu gegründeten Behörden bekommen einen Status als „accounting officer", entsprechen also dem Posten eines Haushälters eines Ministeriums, und müssen somit dem Parlament gegenüber Rechenschaft geben[427]. Darüber hinaus sind die Behörden verpflichtet, jährliche Tätigkeitsberichte zu erstellen[428]. Letztendlich verantwortlich bleibt der jeweilige Minister.

3. *Freedom of Information Act und Citizen's Charter*

Aufgelockert wurde die Tradition der Geheimhaltung des Regierungshandelns sowohl durch den Freedom of Information Act, welcher im Jahre 2005 in Kraft trat, als auch durch die Citizen's Charter.

Durch den Freedom of Information Act ist es britischen Bürgern möglich, bei ca. 1.000 Behörden Informationen zu erfragen, welche ihnen zugänglich gemacht werden müssen[429]. Dabei kann es sich um Informationen zu Sachverhalten der Behörde oder auch um Informationen über den Fragesteller selbst handeln, welche bei der Behörde vorliegen. Die Behörde hat für die Zur-Verfügung-Stellung der Informationen 20 Werktage, also rund einen Monat Zeit. Ausnahmsweise kann

425 *Woodhouse,* Ministers and Parliament, S. 219.

426 *Klemmt,* Die Verantwortung der Minister in Großbritannien, S. 324 f.

427 *Turpin,* British Government and the Constitution, S. 442.

428 *Klemmt,* Die Verantwortung der Minister in Großbritannien, S. 327.

429 *Murphy*, in: Boyle/McNamara, Governance and Accountability, S. 26.

die Zur-Verfügung-Stellung der gewünschten Informationen jedoch abgelehnt werden, wenn die Beantwortung einen Zeitaufwand von mehr als 2 ½ Tagen erfordert, sie der Behörde zu hohe Kosten verursacht oder Gründe des Geheimschutzes vorliegen. Zu hohe Kosten werden grundsätzlich ab einem Aufwand von mehr als 450 britischen Pfund angenommen. Die Ablehnung der Informationsübermittlung bedarf einer Begründung.

Der interessierte Bürger hat das Recht zu wählen, ob ihm die Informationen beispielsweise komplett in Papierform, als Zusammenfassung eines Vorgangs in Papierform, als Audiodatei oder durch Einsichtnahme der Akten zur Verfügung gestellt werden. Wird das Informationsbegehren des Bürgers abgelehnt, hat er das Recht einen unabhängigen Dritten innerhalb der Behörde die Entscheidung überprüfen zu lassen. Führt auch dies zu einer Ablehnung, kann er sich an den unabhängigen Kommissar für Informationen wenden[430].

Um darüber hinaus durch die Auslagerung der ministeriellen Tätigkeiten in neue Agenturen Qualitätseinbußen zu vermeiden, wurde den Bürgern 1991 durch die Citizen's Charter neue Rechte zugestanden. Grundlage der Citizen's Charter ist, dass die britischen Bürger die Verwaltung zur Verantwortung ziehen können, Transparenz hergestellt wird, die Bürger ein Recht auf Information[431] haben und die Mitarbeiter des Civil Service motiviert werden, ihre Arbeit ordnungsgemäß zu erfüllen. Sollten die Bürger der Meinung sein, dass ihnen diese Rechte nicht gewährt werden, können sie sich beschweren, und für den Fall, dass sie Recht bekommen, wird ihnen eine Entschädigung für diese staatliche Fehlleistung zugestanden[432].

4. Government by contract

Fortgeführt wurde die Reform der öffentlichen Verwaltung durch Premierminister Blair, der das Instrument der Zielvereinbarungen, welche zwischen den politischen Entscheidern und der Verwaltung abgeschlossen wurden, einführte, das so genannte government by contract. Das Instrument der Zielvereinbarungen oder Zieldefinition ist ein Instrument des so genannten New Public Management, welches nicht

430 Vgl. zum Freedom of Information Act die Seite: *http://www.direct.gov.uk/en/Government citizensandrights/Yourrightsandresponsibilities/DG_4003239* (Stand: 2.10.2010)

431 Die Audit Commission hat beispielsweise für die kommunale Ebene vorgeschrieben, dass die Informationen der Verwaltung zwischen dem 1. April und dem 31. Dezember entweder in einer Zeitung oder der durch eigene Veröffentlichung der Verwaltung herausgebracht werden sollen, und dass sie akkurat und verständlich sind. Vergleiche *Falconer,* in: Pyper, Aspects of Accountability in the British System of Government, S. 195.

432 *Sturm,* in: Kastendiek/Sturm, Länderbericht Großbritannien, S. 155; *Falconer,* in: Pyper, Aspects of Accountability in the British System of Government, S. 191 f. und S. 207.

nur in Großbritannien, sondern auch in Deutschland das Handeln der Verwaltung modernisierte, indem es die Effektivität, Bürgerorientierung und Wirtschaftlichkeit der öffentlichen Verwaltung und Politik als Antwort auf die Anforderungen einer globalen Wissensgesellschaft durch verschiedenste Maßnahmen steigerte.

Grundlage der Arbeit mit Zielvereinbarungen war, dass die Verwaltung ihre Produkte spezifizierte und die Kosten ermittelte, um die Rechenschaft für die geleistete Arbeit greifbar zu machen. Dieses Instrument erwies sich jedoch als problematisch, da sich viele politische Vorhaben nicht messen lassen und somit unklar war, wann ein gesetztes Ziel erreicht wurde. Dies führte zu Unzufriedenheit und Einsprüchen bei den Mitarbeitern der Verwaltung[433].

5. *Value for money auditing*

Der letztendlich größte Schritt hin zu der jetzigen Form der Public Accountability war die Einführung des so genannten „value for money auditing". Diese erstrebt gerade nicht die Überprüfung einer korrekten und rechtmäßigen Haushaltskontrolle, sondern kontrolliert, ob eine Organisation den maximalen Nutzen mit den zur Verfügung stehenden Ressourcen für ihre angebotenen Services herausgeholt hat. Das Centre for Public Scrutiny ist der Ansicht, dass value-for-money-Berichte[434]

> *„are focused on how well government delivered the policies and programmes agreed by Parliament. Reports are expected to be substantial contributions to the assessment of the work of Government. They are to be authoritative statements, agreed for accuracy with the relevant senior civil servant, and they involve a substantial period of investigation (often twelve month or more). They are also expected to exploit the National Audit Offices wide-ranging access to people and papers, and they are to be a part of a balanced and coherent programme of audits providing a flow of evidence and analysis to Parliament (and the Public Accounts Committee in particular)".*

Es wird mithin überprüft, ob die Verwaltung ökonomisch, effektiv und effizient gearbeitet hat[435].

Trotz dieser vielfältigen neuen Möglichkeiten der Kontrolle der politischen Entscheidungen ist es jedoch das Parlament, das im Zentrum des Konzepts der Public Accountability steht.

---

433 *Sturm,* in: Kastendiek/Sturm, Länderbericht Großbritannien, S. 157.

434 *Ling,* The NAO and Parliamentary scrutiny: a new audit for new times? S. 3. Siehe auch *www.cfps.org.uk* (Stand 20.9.2010).

435 *Bovens,* in: Hill, Bestandsaufnahme und Perspektiven des Haushalts- und Finanzmanagements, S. 184.

E. Public Accountability im parlamentarischen Verfahren

Es ist auch in Großbritannien eine der Hauptaufgaben des Parlaments, die Regierung zu kontrollieren. Kontrolle bedeutet in diesem Zusammenhang, dass das Parlament, namentlich das House of Commons, von der Regierung Informationen erfragt, das Handeln der Regierung hinterfragt und kritisiert und bei Aufdecken von Fehlverhalten die Regierung auffordert, Konsequenzen daraus zu ziehen[436]. Dabei ist die Regierung verpflichtet, zu kooperieren und beispielsweise angefragte Informationen zu übermitteln oder Fragen zu beantworten. Verweigert die Regierung die Kooperation und verliert das Parlament ihr Vertrauen in die Regierung, hat es die Möglichkeit der Regierung ihr Misstrauen auszusprechen, mit der Folge, dass die Regierung zurücktreten muss[437]. Dabei wird der Regierung insgesamt das Vertrauen entzogen, nicht nur dem Premierminister und auch nicht nur einem einzelnen Minister. Es besteht eine kollektive Verantwortlichkeit. Jeder einzelne Abgeordnete hat die Möglichkeit, einen Misstrauensantrag auf die Tagesordnung setzen zu lassen, welcher dann frühestens nach 24 Stunden im Plenum debattiert und abgestimmt werden darf. Dabei hat ein Misstrauensantrag stets Vorrang vor der eigentlichen Tagesordnung[438].

Doch im Vorfeld dieser wohl mächtigsten Maßnahme stehen dem Parlament weitere Möglichkeiten der Kontrolle zu. Das House of Commons hat neben der alltäglichen Arbeit in den standing committees grundsätzlich drei Methoden, wie es die Minister zur Verantwortung ziehen kann: durch öffentliche Debatten während des Plenums, durch mündliche und schriftliche Anfragen und durch die Arbeit der so genannten select committees.

I. Debatten

Der wesentliche Austausch an Erklärungen und Vorwürfen und somit eine Möglichkeit der Überprüfung der Handlungen der Regierung findet während der Debatten im Plenum statt. Zu unterscheiden sind dabei zwei Arten von Debatten: Allgemeine Debatten wie sie beispielsweise an Oppositionstagen oder bei Regierungserklärungen stattfinden und die Beratung von Gesetzesinitiativen[439]. Zwar

---

436 *Turpin,* British Government and the Constitution, S. 442.

437 *Saalfeld,* in: Strom/Müller/Bergmann, Delegation and Accountability in Parliamentary Democracies, S. 629.

438 *Saalfeld,* in: Strom/Müller/Bergmann, Delegation and Accountability in Parliamentary Democracies, S. 630.

439 *Pyper,* in: Pyper, Aspects of Accountability in the British System of Government, S. 59.

sind die Debatten keine starke, doch eine regelmäßige Form der Kontrolle, da sie die Regierung verpflichten, Entscheidungen zu präsentieren und zu erklären[440].

Die Abgeordneten des House of Commons drängen darauf, die erlangten Informationen sowohl mit ihren Wählern als auch mit Interessengruppen und den Medien zu teilen, so dass hier ein Anreiz besteht, die Regierung während des Plenums auszufragen. Dies geschieht hauptsächlich durch die Abgeordneten der Opposition, da die Parlamentarier der Mehrheitsfraktion – genau wie in Deutschland – ein Interesse am Erhalt der Regierung haben. Jedoch haben die Regierungsmitglieder und ihre Mehrheitsfraktion die Möglichkeit, die Informationsanfragen der Opposition in der Gestalt zu begrenzen, dass sie die Tagesordnung beschränken oder beispielsweise ein Zeitlimit für die Diskussion und damit eine so genannte Guillotine setzen[441].

II. Anfragen der Parlamentarier

Jedes Mitglied sowohl des House of Commons als auch des House of Lords darf Fragen – entweder zur mündlichen oder zur schriftlichen Beantwortung – an die Regierung richten, jedoch ausschließlich aus dem Zuständigkeitsbereich der Regierung. Damit werden Fragen zu kommunalen Themen oder Interna aus Wirtschaftsunternehmen oder unabhängigen Behörden ausgeschlossen[442].

1. Fragen zur schriftlichen Beantwortung

Am häufigsten zur Informationsgewinnung genutzt werden die schriftlichen Anfragen der Parlamentarier, welche auch schriftlich zu beantworten sind und im Anschluss im Hansard[443] veröffentlicht werden. Der jeweils zuständige Minister ist grundsätzlich zur Beantwortung der Fragen verpflichtet. Ausgenommen von der Beantwortungspflicht sind beispielsweise Fragen zur nationalen Sicherheit, vertrauliche Angelegenheiten der Auswärtigen Politik oder Personal- und Geschäftsgeheimnisse[444]. Darüber hinaus brauchen Fragen nicht beantwortet werden, wenn die angeforderten Informationen der Regierung nicht vorliegen und nur mit unverhältnismäßigen Kosten beschafft werden können[445].

---

440 *Turpin,* British Government and the Constitution, S. 457.

441 *Saalfeld,* in: Strom/Müller/Bergmann, Delegation and Accountability in Parliamentary Democracies, S. 633.

442 *Turpin,* British Government and the Constitution, S. 458.

443 Hansard ist die offizielle Berichterstattung der Handlungen des Britischen Parlaments.

444 *Klemmt,* Die Verantwortung der Minister in Großbritannien, S. 335.

445 *Pyper,* in: Pyper, Aspects of Accountability in the British System of Government, S. 56.

2. *Fragen zur mündlichen Beantwortung*

Anders als die Fragen zur schriftlichen sind die zur mündlichen Beantwortung für jeden Parlamentarier begrenzt. Die mündlichen Fragen werden montags bis donnerstags in einem Zeitbudget von jeweils 55 Minuten beantwortet, wobei die Reihenfolge nach klassischen, mithin strategisch wichtigen und eher spezialisierten Ressorts festgelegt wird. Der Premierminister beantwortet darüber hinaus jeweils dienstags und donnerstags für 15 Minuten Fragen der Abgeordneten. Bei den Fragen, die mündlich beantwortet werden, dürfen ohne Vorankündigung von allen Abgeordneten Zusatzfragen gestellt werden. Wenn das Zeitbudget vorbei ist, werden die restlichen Fragen schriftlich beantwortet[446].

3. *Oppositionstage*

Die wichtigste Fragerunde findet an den so genannten Oppositionstagen statt, das heißt an den Plenartagen, an denen die Opposition die Tagesordnung festlegen darf. Diese Fragerunden werden „debates on the Address" oder auch „the Queen's Speech" genannt. Denn die Königin eröffnet die Legislaturperiode mit einer Rede, in welcher sie die Ziele der Regierungspolitik darlegt. Am zweiten Tag der Legislaturperiode darf der Oppositionsführer hierauf antworten und die genannten Ziele der Regierung angreifen. Diese Möglichkeit einer generellen Attacke der Regierung steht ihm dann an 17 und dem Vorsitzenden der zweitgrößten Oppositionsfraktion an drei weiteren Oppositionstagen zu[447].

4. *Resümee*

Zielrichtung der Fragestunden sind sowohl die Informationsgewinnung als auch die Möglichkeit, Druck auf die Regierung auszuüben[448]. Denn genau wie in Deutschland hat die Regierung gegenüber den Abgeordneten einen großen Informationsvorsprung. Doch obwohl nicht nur die Minister, sondern auch der Premierminister großen Respekt gegenüber den Fragerunden der Opposition haben, ist es trotzdem nur eine begrenzte Handhabe der Informationsgewinnung[449]. Zum einen deshalb, weil die befragten Minister jede Chance nutzen, ausweichend zu antworten. Und zum anderen ist der Informationsaustausch gering, weil den Ministern inklusive des Premierministers auch die Möglichkeit der Auskunftsverweigerung beispielsweise aufgrund von Fragen zur nationalen Sicherheit zusteht. Eine Korrektur der Ent-

---

446 *Turpin,* British Government and the Constitution, S. 460.

447 *Saalfeld,* in: Strom/Müller/Bergmann, Delegation and Accountability in Parliamentary Democracies, S. 634.

448 *Klemmt,* Die Verantwortung der Minister in Großbritannien, S. 369.

449 *Klemmt,* Die Verantwortung der Minister in Großbritannien, S. 335, 339.

scheidung, welche aus Sicht des anfragenden Parlamentariers fehlerhaft zustande gekommen ist, wird deshalb als Ergebnis der Anfrage nicht erfolgen[450].

III. Select committees

Das wichtigste Kontrollinstrument des House of Commons sind die so genannten select committees. Diese ressortorientierten parlamentarischen Sonderausschüsse wurden 1979 für fast alle Ministerien mit der Zielsetzung eingeführt, das wachsende Informationsgefälle zwischen Regierung und Parlament zu beseitigen und so die Regierungsarbeit besser kontrollieren zu können. Anders als die so genannten standing committees, welche für die Begleitung eines bestimmten Gesetzesvorhaben eingerichtet und nach dessen Beschlussfassung wieder aufgelöst werden[451], begleiten die select committees die Arbeit „ihres" Ressorts während der Dauer der kompletten Legislaturperiode. Was die select committees dabei im Einzelnen kontrollieren, bleibt ihnen selbst überlassen, jedoch sollen sie die Ausgaben, Verwaltung und Regierungspolitik des ihnen zugeordneten Ministeriums sowie assoziierter öffentlicher Körperschaften überprüfen[452]. Beachtenswert ist, dass es sich anders als bei den deutschen Untersuchungsausschüssen nicht nur um eine nachträgliche, sondern auch um eine kontinuierlich begleitende Kontrolle handelt. Das hat zur Folge, dass die gesammelten Informationen ausgewertet und im Anschluss Handlungsempfehlungen an das Ressort gegeben werden. Hierdurch wird eine engere Verbindung zwischen der Arbeit der Ministerien und der jeweiligen select committees geschaffen[453].

1. Befugnisse der select committees

Die Befugnisse der select committees sind in Abs. 5 der standing order No. 130 des House of Commons festgelegt. Danach haben die select committees folgende Befugnisse: *„to request persons and records, to appoint specialist advisers and*

---

450 *Klemmt,* Die Verantwortung der Minister in Großbritannien, S. 369.

451 Aufgrund der kurzen Dauer des Bestehens eines standing committees und der Tatsache, dass auch der jeweils zuständige Minister Mitglied des Ausschusses ist, findet hier so gut wie keine parlamentarische Kontrolle statt. Vergleiche dazu *Pyper,* in: Pyper, Ascpects of Accountability in the British System of Government, S. 60 f. und *Crowe,* Parliamentary Scrutiny in the Nations of Britain, S. 5.

452 Gemäß standind order No. 130 (1) haben die select committees die Aufgabe, "... to examine the expenditure, administration and policy of the principal government departments ...a nd associated public bodies".

453 *Ziemske,* Das parlamentarische Untersuchungsrecht in England – Vorbild einer deutschen Reform? S. 55.

to report their proceedings"[454]. Das heißt, der Ausschuss kann etwa die Minister und ihre Abteilungsleiter in Anhörungen zitieren und nach schriftlichen Unterlagen verlangen[455]. Hierdurch wird dem ureigensten Recht des Parlaments genüge getan, nämlich der Frage nach Informationen. Vorteil beispielsweise der Anhörungen gegenüber den parlamentarischen Fragestunden ist, dass ohne Zeitbeschränkung so oft nachgefragt werden kann, bis der Minister alle Sachverhalte geklärt hat[456]. Es gibt jedoch eine Beschränkung des Zitierrechts: Parlamentarier und Minister, die entweder Mitglied des House of Commons oder des House of Lords sind, dürfen nicht offiziell von einem select committee geladen werden, da eine förmliche Ladung dem so genannten Privileg des Parlamentes widersprechen würde[457]. Zulässig ist es stattdessen nur, die Minister zu bitten, vor dem select committee zu erscheinen[458].

Das Erscheinen von Ministern oder das Überreichen der angeforderten Informationen – welches grundsätzlich innerhalb von zwei Monaten zu geschehen hat – kann nicht erzwungen, jedoch eine Ablehnung dem Parlament gemeldet werden, welches die Verweigerung nicht nur als Missachtung der parlamentarischen Arbeit werten kann[459]. Die Parlamentarier haben auch die Option, eine Vertrauensfrage zu stellen, denn in Großbritannien besteht nicht nur die Möglichkeit, die Regierung als Kollektiv, sondern auch einen Minister individuell abzuwählen[460]. Darüber hinaus wird eine Weigerung eines Ministers, nicht vor einem select committee zu erscheinen oder die angeforderten Unterlagen zu überreichen, auch Medienaufmerksamkeit auf sich ziehen, so dass den meisten Ministern daran gelegen ist, sich der Aufforderung zu stellen. Festzustellen ist daher, dass die Arbeit der select committees stets von der Kooperationsbereitschaft der Regierung abhängig ist[461].

2. *Mitarbeit des Civil Service*

Um dieser Kooperationsbereitschaft Rechnung zu tragen, werden alle Ministerialbeamte von der Regierung angehalten, gegenüber den select committees so hilfsbereit wie möglich zu sein. Für die anzuhörenden Abteilungsleiter wurden deshalb

---

454 *Crowe,* Parliamentary Scrutiny in the Nations of Britain, S. 3.

455 *Moran,* Politics and Governance in the UK, S. 201.

456 *Klemmt,* Die Verantwortung der Minister in Großbritannien, S. 382.

457 *Woodhouse,* Ministers and Parliament, S. 181.

458 *Ziemske,* Das parlamentarische Untersuchungsrecht in England – Vorbild einer deutschen Reform? S. 70.

459 *Turpin,* British Government and the Constitution, S. 464; *Crowe,* Parliamentary Scrutiny in the Nations of Britain, S. 4.

460 *Ziemske,* Das parlamentarische Untersuchungsrecht in England – Vorbild einer deutschen Reform? S. 66.

461 *Woodhouse,* Ministers and Parliament, S. 190.

Richtlinien[462] verabschiedet, um Unsicherheiten hinsichtlich ihres Verhaltens und der Antwortverpflichtungen im select committee zu vermeiden. Beachtenswert ist hierbei, dass das select committee zwar einen bestimmten Ministerialbeamten zur Anhörung laden kann, der Minister jedoch nicht verpflichtet ist, genau diesen zu senden, sondern selber bestimmen kann, welcher Mitarbeiter seines Ressorts vor dem select committee sprechen soll[463]. Darüber hinaus dürfen die Ministerialbeamten keine Aussagen zu internen Diskussionen, Empfehlungen ihrerseits an den Minister oder alternativen Politikentscheidungen machen. Diese Vorgabe dient dem Schutz und der Anonymität der beteiligten Mitarbeiter, da oberstes Prinzip innerhalb der Ministerialverwaltung das der Geheimhaltung und der Neutralität ist.

3. Ausnahmen von der Kontrolle durch ein select committee

Die select committees stellen das effektivste Mittel zur Kontrolle der Regierung dar. Es gibt aber zwei Ressorts, die nicht von einem select committee überprüft werden dürfen. Das sind das Law Officers' Department, um die richterliche Unabhängigkeit zu wahren, und das Lord Chancellor Department. Der Lord Chancellor übt im Range eines Kabinettsministers zugleich exekutive, legislative und judikative Aufgaben aus, weshalb er lediglich der kollektiven, aber keiner individuellen Verantwortlichkeit untersteht. Daneben muss er Mitglied des House of Lords sein und darf schon aus diesem Grunde nicht von einem select committee des House of Commons befragt werden. Schließlich verantwortet sich der Premierminister gegenüber dem House of Commons insgesamt und wird daher nicht in eine Sitzung eines select committee zitiert[464].

4. Verfahren

Falls ein select committee mehrere Vorgänge parallel innerhalb eines Ressorts überprüfen möchte, allerdings die Arbeit nicht vollumfänglich leisten kann, ist es berechtigt, so genannte sub-committees zu gründen. Jedes select committee hat grundsätzlich 11 Mitglieder, welche von einem „All-party Committee of Selection" und nicht von den Fraktionen benannt werden und sich ausschließlich aus so genannten Hinterbänklern, das heißt Parlamentariern ohne Fraktions- oder Ministerposten, zusammensetzen. In jedem select committee müssen alle Fraktionen im

---

462 Memorandum of Guidance for Officials appearing before select committees.

463 *Saalfeld,* in: Strom/Müller/Bergmann, Delegation and Accountability in Parliamentary Democracies, S. 635.

464 *Ziemske,* Das parlamentarische Untersuchungsrecht in England – Vorbild einer deutschen Reform? S. 51 f. und S. 71.

Mehrheitsverhältnis des Parlaments vertreten sein. Der Vorsitzende eines select committees wird intern gewählt, wobei sicher gestellt sein muss, dass stets eine gewisse Anzahl an select committees einen Vorsitzenden bekommen, der einer Oppositionsfraktion angehört. Alle Vorsitzenden arbeiten in einem Verbindungskommittee zusammen, um die Arbeit der select committees zu koordinieren[465].

Zum Abschluss ihrer Arbeit sind die select committes verpflichtet, einen Bericht über ihre Ergebnisse zu verfassen, welcher sowohl in Papierform als auch im Internet veröffentlicht[466] und dem House of Commons vorgelegt wird[467]. Das House of Commons kann entscheiden, ob das Untersuchungsergebnis im Plenum debattiert oder ob es ohne Aussprache veröffentlicht werden soll[468]. Mit Hilfe dieser Veröffentlichungen wird es ermöglicht, allen interessierten Parlamentariern und Bürgern eine Vielzahl an Informationen über die Arbeit der Regierung zur Verfügung zu stellen und ausgiebig zu diskutieren. Aber auch die betroffenen Ministerien selbst nehmen den Bericht zum Anlass, ihre eigene Arbeit zu kontrollieren und bei Bedarf zu verändern[469]. Beachtenswert ist hierbei, dass der Abschlussbericht unter Übereinstimmung der Mitglieder des select committees zustande kommt und nicht wie in Deutschland die Ergebnisse je nach Mehrheitsfraktion oder Opposition unterschiedlich bewertet und als Folge Sondervoten in den Bericht aufgenommen werden. Befugnisse zur Sanktionierung haben die select committees für den Fall, dass Fehler oder rechtswidriges Verhalten aufgedeckt wird, allerdings nicht.

5. *Grenzen der Arbeit der select committees*

Grenzen der Arbeit der select committees bestehen formal nicht, so dass die Exekutive in der Theorie verpflichtet ist, jegliche gewünschte Information an das Parlament zu übermitteln[470]. Doch in der praktischen Arbeit der select committees sind sechs Auskunftsverweigerungsrechte der Regierung größtenteils anerkannt: Nationale Sicherheitsangelegenheiten; Informationen von Privaten, die auf vertraulicher Basis gegeben wurden; Angelegenheiten, in denen ein Minister eine quasi-justizielle Funktion ausübt; Angelegenheiten, die Verhandlungsgegenstand mit auswärtigen Regierungen sind; Details über Gesetzentwürfe, die dem

465 *Turpin,* British Government and the Constitution, S. 464.

466 Vgl. *www.parliament.uk/parliamentary_committees/parliamentary_committees16.cfm* (Stand 20.8.2009)

467 *Tomkins,* in: Craig/Tomkins, The executive and public law, S. 40.

468 *Ziemske,* Das parlamentarische Untersuchungsrecht in England – Vorbild einer deutschen Reform? S. 63.

469 *Turpin,* British Government and the Constitution, S. 470.

470 *Woodhouse,* Ministers and Parliament, S. 213 f.

Parlament noch nicht zur Beratung vorgelegt worden sind; und Informationen aus dem Abstimmungsprozess des Kabinetts[471].

Neben diesen drei Hauptformen der parlamentarischen Kontrolle gibt es zusätzlich die Möglichkeiten der Rechnungsprüfung, der öffentlichen Ermittlungen und der Ombudsmänner, welche im Folgenden dargestellt werden.

IV. Rechnungsprüfung und öffentliche Ermittlungen

Genau wie in Deutschland ist die Kontrolle über die Finanzen ein Hauptaufgabengebiet des Parlaments. Alle Ausgaben und Steuererhebungen der Regierung geschehen zwar im Namen der Königin, doch werden sie vom House of Commons genehmigt und überwacht[472]. In Bezug auf die Haushaltskontrolle steht dem Parlament eine Vielzahl an Möglichkeiten zu. Beginnend mit der jährlichen Haushaltsdebatte im House of Commons und der Zustimmung bzw. Entlastung des Haushalts des Finanzministers haben die Parlamentarier darüber hinaus die Verpflichtung, die Ausgaben der Regierung zu überwachen und diese auf ihre Zweckmäßigkeit zu überprüfen. Diese Aufgabe der Überwachung übernimmt das Public Finance committee, dessen Vorsitzender stets Mitglied der Oppositionsfraktion ist. Zur Unterstützung dieser Aufgabe sind die Ministerien verpflichtet, jedes Jahr zwischen März und Mai einen Finanzbericht abzugeben, welcher primär von dem jeweils zuständigen select committee kontrolliert wird[473].

Zusätzlich wurde mit dem National Audit Act 1983 der Comptroller and Auditor General (C&AG) als Beauftragter des House of Commons eingeführt. Seine Aufgabe ist die Rechnungsprüfung und die Überwachung des „value for money“, wobei er als Unterstützung das National Audit Office hat. Beide zusammen überwachen die Ausgaben der Regierung und veröffentlichen jährlich diverse Berichte[474], welche anschließend dem Public Accounts committee – dem select committee für das Finanzministerium – übermittelt werden[475]. Dieses überprüft ein zweites Mal, ob die Ausgaben recht- und zweckmäßig waren und ob die Steuergelder effektiv und effizient eingesetzt werden[476]. Das National Audit Office veröffentlicht im Schnitt 60 Berichte pro Jahr, welche beispielsweise die Bereiche value for money, Aufgabendarstellungen für einzelne select committees oder Haushaltskontrolle

---

471 *Ziemske,* Das parlamentarische Untersuchungsrecht in England – Vorbild einer deutschen Reform? S. 69.

472 *Turpin,* British Government and the Constitution, S. 481 f.

473 *Crowe,* Parliamentary scrutiny in the Nations of Britain, S. 7.

474 Siehe auch *www.nao.org.uk* (Stand 20.9.2010)

475 *Pyper,* in: Pyper, Aspects of Accountability in the British System of Government, S. 62.

476 *Crowe,* Parliamentary Scrutiny in the Nations of Britain, S. 9.

einzelner Agenturen beinhalten. Die Berichte sind zwischen 40 und 50 Seiten lang und werden vor Veröffentlichung vom zuständigen Abteilungsleiter freigegeben[477].

Diese umfassende Finanzkontrolle verbunden mit der Arbeit des National Audit Offices ist damit das effektivste Mittel in Großbritannien, um Transparenz und Verantwortlichkeiten herzustellen. Doch darüber hinaus werden Öffentliche Ermittlungen durchgeführt, um politische Skandale oder Naturkatastrophen aufzuarbeiten. Diese Ermittlungen werden grundsätzlich von einem erfahrenen Richter geleitet und werden sehr genau von den Medien begleitet. Abgeschlossen werden sie mit einem Bericht, welcher eine Handlungsempfehlung an die Regierung richtet, um ähnliche Schäden zukünftig zu vermeiden[478].

V. Parliamentary Commissioner for Administration

Der erste Ombudsmann wurde in Großbritannien 1967 eingeführt und bekam den Titel Parliamentary Commissionor for Administration. Er untersteht dem House of Commons und seine Aufgabe ist es, Beschwerden von Parlamentariern nachzugehen und Misswirtschaft innerhalb der Regierung und Verwaltung aufzudecken. Nach Ansicht des Centres for Public Scrutiny sind Omdudsmänner

> *„scrutineers in the sense that they seek to enable the voice and concerns of the public, by providing redress for injustices arising from maladministration[479] through efficient dispute resolution mechanisms. They seek to find fair and reasonable resolutions to complaints, providing a critical friend challenge to the organization being complained about. They are fully independent and seek to ensure that their conclusions about individual cases are used more widely to drive improvement in public services"*[480].

Dabei ist der Ombudsmann in seinem Vorgehen unabhängig, jedoch vom Status her Beamter des Parlaments. Diese Stellung wurde gewählt, um trotz der Unabhängigkeit die parlamentarische Befassung mit den Beschwerden zu gewährleisten[481].

---

477 *Ling*, The NAO and Parliamentary scrutiny: a new audit for new times? S. 13.

478 *Tomkins*, in: Craig/Tomkins, The executive and public law, S. 49.

479 *"Maladministration is widely defined and can include delay, incorrect action or failure to take any action, failure to follow procedures or the law, failure to provide information, inadequate record-keeping, failure to investigate, failure to replay, misleading or inaccurate statements, inadequate liaison, inadequate consultation and broken promises."* Devellennes, Ombudsmen as independent scrutineers, S. 8.

480 *Devellennes*, Ombudsmen as independent scrutineers, S. 4. Siehe auch *www.cfps.org.uk* (Stand 20.9.2010).

481 *Klemmt*, Die Verantwortung der Minister in Großbritannien, S. 377.

1. Verfahren

Ziel der Ermittlungen des Ombudsmannes ist es einerseits, eine Wiedergutmachung für geschädigte Parlamentarier zu erwirken, und andererseits, Reformen innerhalb des Verwaltungsgeschehens anzustoßen[482]. Er darf einzig und allein auf Anfrage eines Parlamentariers tätig werden und muss diesem nach Abschluss seiner Arbeit Bericht erstatten. Anfragen von Wählern dürfen daher nicht direkt beantwortet werden, sondern müssen über ihren jeweiligen Wahlkreisabgeordneten eingereicht werden[483]. Darüber hinaus erstellt der Parlamentarische Ombudsmann jährlich einen Bericht über seine gesammelten Tätigkeiten[484].

Ihm steht ein select committee zur Seite, welches einen eigenen jährlichen Bericht erstellt, in welchem dargestellt wird, wie es die Arbeit des Parlamentarischen Ombudsmann unterstützt und von welchen Ministerien die angeforderten Informationen nicht zugänglich gemacht wurden[485]. Hierdurch wird sowohl den Parlamentariern als auch den Bürgern eine hohe Transparenz und Kontrolle gewährleistet, was das britische parlamentarische System im Vergleich zu anderen Demokratien vorbildlich erscheinen lässt.

2. Voraussetzungen

Jede Beschwerde eines Parlamentariers hat vier Voraussetzungen zu erfüllen, um vom Parlamentarischen Ombudsmann bearbeitet zu werden. Hierbei handelt es sich nach Aussage des Ombudsmannes aus dem Jahre 1983 um folgende Voraussetzungen[486]:

> "(1) The department or authority concerned must be one within my jurisdiction;
> (2) There must be some evidence from which it may reasonably be inferred that there has been administrative fault;
> (3) I have to be satisfied that there is an apparent link between the alleged maladministration and the personal injustice which the aggrieved person claims to have suffered; and
> (4) I also need to be satisfied that there is some prospect of my intervention, if I find the complaint justified, leading to a worthwhile remedy for the aggrieved person or some benefit to the public at large."

Es reicht mithin nicht aus, dass der Parlamentarier sich ungerechtfertigt behandelt fühlt, anderer Ansicht als das Ministerium ist oder missverständliche Auskünfte bekommen hat.

---

482 *Tomkins,* in: Craig/Tomkins, The executive and public law, S. 50.

483 *www.ombudsman.org.uk/* (Stand 20.9.2010), S. 5 (1) Parliamentary Commissioner Act 1967.

484 *Klemmt,* Die Verantwortung der Minister in Großbritannien, S. 377.

485 *Turpin,* British Government and the Constitution, S. 472.

486 *Turpin,* British Government and the Constitution, S. 472 f. mit Verweis auf den Annual Report des Parlamentarischen Ombudsmannes aus dem Jahre 1983.

3. *Befugnisse des Ombudsmannes*

Die Befugnisse des Parlamentarischen Ombudsmannes sind weitreichend und entsprechen denen des High Court, das heißt, er darf Zeugen vernehmen und jegliche Minister oder Ministerialbeamte vorladen, um Informationen zu ermitteln und Dokumente zu erlangen. Ausgenommen sind jedoch solche Informationen, die die Entscheidungsfindung der Ressorts oder des Kabinetts betreffen[487]. Sofern Fehlverhalten aufgedeckt wird, kann er dem beteiligten Ministerium Vorschläge zur Wiedergutmachung unterbreiten, hat jedoch keine Möglichkeit, Sanktionen zu erzwingen. Für den Fall der Weigerung einer Wiedergutmachung wird das Fehlverhalten des Ministeriums dem Parlament gemeldet und somit der Öffentlichkeit zugänglich gemacht[488]. Darüber hinaus erlangen Parlamentarier und Öffentlichkeit Kenntnis über die Arbeit des Ombudsmannes durch seinen jährlichen Tätigkeitsbericht.

VI. „Backbenchers", Mehrheitsfraktion und Opposition

Wie bereits im Rahmen der Darstellung der Funktion des Konzepts der Public Accountability in Kapitel § 3.C.II erläutert, hat die Regierung in Großbritannien genau wie in Deutschland gegenüber den Parlamentariern einen großen Informationsvorsprung. Denn im Gegensatz zu den Abgeordneten stehen der Regierung die Ministerialverwaltungen zur Seite, welche sie mit jeglichen Informationen versorgt. Den Parlamentariern bleibt diese Wissensquelle, insbesondere für den Fall, dass sie Abgeordnete der Opposition sind, meist verwehrt.

1. *„Backbenchers"*

Den so genannten Backbenchers kommt im britischen Parlament eine wichtige Rolle bei der Durchführung der Kontrolle der Regierung zu. Denn sie besetzen – wie bereits im Kapitel § 3.E.III.4 dargestellt – die select committees, welche maßgeblich das Handeln der Regierung erforschen und hinterfragen. Trotz der eigenen Parteiverbundenheit ist es ihre Hauptaufgabe, Beschwerden nachzugehen und Fehlverhalten der Regierung aufzudecken[489]. Hierzu haben sie die Möglichkeit, pro Plenumstag eine halbe Stunde kritische Angelegenheiten zu debattieren.

---

487 *Mehde,* Rechtliche und rechtspolitische Potentiale von Petitionsrecht und Ombudsmanneinrichtungen, in: ZG 2001, S. 151.

488 *Turpin,* British Government and the Constitution, S. 474.

489 *Turpin,* British Government and the Constitution, S. 453.

Darüber hinaus beteiligen sie sich maßgeblich an den parlamentarischen Fragestunden.

2. *Mehrheitsfraktion und Opposition*

Genau wie in Deutschland ist es nach Ansicht der Mehrheitsfraktion ihre Aufgabe, dass sie die Regierung bei ihrer Arbeit zu unterstützen und so lange wie möglich im Amt zu belassen hat. Eine Kontrolle findet meist nur hinter verschlossenen Türen statt. Es fällt daher grundsätzlich der Opposition zu, die eigentliche öffentliche Kontrolle durchzuführen[490]. Dieser wird es zwar nicht schwer fallen, die Regierung bei jeder Gelegenheit zu kritisieren und Missmanagement oder Fehlentscheidungen aufzudecken, um das eigene Handeln stets als die bessere Option für den Wähler darzustellen. Sir Jennings, der ehemalige vorsitzende Lordrichter des House of Lords, ging sogar soweit zu sagen: *„wenn keine Opposition vorhanden ist, ist keine Demokratie vorhanden"*[491]. Jedoch haben die Abgeordneten der Oppositionsfraktion in ihrer alltäglichen parlamentarischen Arbeit Probleme, an wesentliche Informationen der politischen Arbeit der Regierung und der Mehrheitsfraktion zu kommen, weshalb sie meist auf die Unterstützung der Medien angewiesen sind oder versuchen, Mitglied in einem der select committees zu werden.

Die Schwierigkeit der Realisierung ihrer täglichen politischen Kontrolle besteht jedoch in der Tatsache, dass grundsätzlich die Regierung die Festlegung der parlamentarischen Abläufe beherrscht. Wie bereits in Kapitel § 3.E.II.3 vorgestellt, stehen der Opposition deshalb zwecks Erleichterung der Kontrolltätigkeit und Ermöglichung der Darstellung eigener Positionen so genannte Oppositionstage zu, das heißt, die Opposition darf an 20 ausgewählten Tagen im Jahr die Tagesordnung für das Plenum festlegen. Darüber hinaus besteht ein – in Deutschland nur während eines Wahlkampfes bekanntes – Schattenkabinett, welches die strategischen Entscheidungen der Opposition festlegt und hauptsächlich im Plenum debattiert[492]. Dabei wird von der Opposition nicht erwartet, dass sie eigene Gesetzesvorhaben ins Parlament einbringt, sondern dass sie diejenigen der Regierungsmehrheit kontrolliert und eventuelle Missstände an die Öffentlichkeit bringt.

Doch genau wie in Deutschland wird es der Opposition nie möglich sein, den gleichen Informationsstand zu haben wie die Regierung oder deren Mehrheitsfraktion, so dass sie stets gewillt ist, möglichst die breite Öffentlichkeit auf die Missstände hinzuweisen und die Unterstützung der Bürger bei der Durchführung der Kontrolle zu erlangen.

490 *McConnell,* in: Pyper, Aspects of Accountability in the British System of Government, S. 19.

491 *Jennings,* Cabinet Government, S. 16.

492 *Turpin,* British Government and the Constitution, S. 449.

F. Kontrolle durch die Öffentlichkeit

Wie bereits dargelegt, geschieht die Kontrolle der Regierung, der Ministerialbeamten und des Parlaments nicht nur gegenseitig, sondern auch durch die Bürger, durch Interessenvertretungen und die Medien. Diese Form der Kontrolle erfolgt in der Art und Weise, dass ebenso wie im parlamentarischen Verfahren die Regierung zunächst Rechenschaft für ihr Handeln abgibt, bevor die bekanntgemachten Informationen durch die Öffentlichkeit aufgenommen, diskutiert und beurteilt und die politischen Entscheidungsträger für diese Informationen zur Verantwortung gezogen werden[493]. Das heißt, auch für die Öffentlichkeit ist ebenso wie im parlamentarischen Verfahren das Zur-Verfügung-Stellen der wesentlichen Informationen die Grundlage für die Kontrolle der politischen Entscheidungen[494]. Dabei ist es aber nicht erforderlich, dass jeder Bürger über alle Vorhaben der Regierung informiert ist. Es reicht aus, dass generell Informationen aufgenommen werden und sei es nur für einen kleinen Teilbereich der aktuell diskutierten Politik[495]. Für den Fall der Missbilligung der von den politischen Organen getroffenen Entscheidungen steht den Bürgern als direkte Sanktion nur die Abwahl der Parlamentarier zu. Mit Verlust der Mehrheit der abgewählten Fraktion wird auch die Regierung wechseln, doch die Tätigkeit der Mitarbeiter des Civil Service ist unabhängig vom Wahlausgang, so dass sie in ihrem Amt verbleiben.

Sowohl von den Bürgern als auch von Vertretern der Interessengruppen und Medien wird die Sanktion in Form einer Abwahl der Regierung und der Parlamentsmehrheit als nicht ausreichend angesehen. Denn diese Erweiterung der politischen Kontrolle durch die Öffentlichkeit stellt zwar eine Vergrößerung der Transparenz und des Drucks auf die Regierung dar, rechtmäßig und politisch „korrekt“ zu handeln, doch es darf nicht vergessen werden, dass alle „Kontrolleure“ auch ihre eigenen Interessen vertreten und durchsetzen wollen[496]. Alle drei Gruppierungen möchten direkten Einfluss auf die Entscheidungen der Politiker und mehr als die Möglichkeit einer Abwahl alle vier Jahre haben, indem sie ihrerseits Informationen und Ratschläge anbieten, welche die Politiker in ihre Beratungen integrieren können[497]. Auch hier setzt einmal mehr das Prinzip der Public Accountability an.

---

493 *Hutchings,* Public Opinion and Democratic Accountability, S. 3; *McConnell,* in: Pyper, Aspects of Accountability in the British System of Government, S. 14.

494 Bealey, Democracy in a Contemporary State, S. 263, der der Ansicht ist, dass “without knowledge democracy is flawed. Not only participation in institutional decision-making but also popular discussion and controversy is hampered when certain information is not known”.

495 *McConnell,* in: Pyper, Aspects of Accountability in the British System of Government, S. 17.

496 *Turpin,* British Government and the Constitution, S. 422.

497 *Behn,* Rethinking democratic accountability, S. 77.

I. Public Accountability durch die Bürger

Zunächst gilt es dabei zu klären, für welche Entscheidungen ein Mitsprache- oder Kontrollrecht der Öffentlichkeit zugestanden werden soll. Müssen alle Entscheidungen der Parlamentarier, der Regierung und der Ministerialbeamten dargelegt und zwecks Kontrolle präsentiert werden? Oder reichen die abschließenden Entscheidungen? Maßgeblich ist hier die Frage, welche Rolle die Öffentlichkeit in dem Prozess der politischen Kontrolle spielen soll[498]. Das Konzept der Public Accountability teilt der Öffentlichkeit eine aktivere Rolle zu, indem es ein verstärktes bürgerschaftliches Engagement einfordert und einen intensiveren Austausch zwischen Politik und Bürgern verspricht. Bei dieser Einbeziehung der Bürger in die Politikgestaltung wird angestrebt, gesellschaftliche Wissensressourcen zu aktivieren und diese in der politischen Meinungs- und Entscheidungsfindung zu berücksichtigen. Erforderlich ist also eine Information und Teilhabe der Öffentlichkeit.

Ganz konkret haben sich im Laufe der Zeit für die Bürger viele verschiedene Möglichkeiten der Public Accountability gebildet. Einerseits haben sie die mittelbare Kontrolle durch die Arbeit der Parlamentarier. Denn auf Anregung der Bürger können die Abgeordneten beispielsweise den parlamentarischen Ombudsmann einschalten und darüber hinaus bieten die hieraus resultierenden vielfältigen Berichte der Öffentlichkeit eine umfängliche Informationsgrundlage. Andererseits können die Bürger sich aber durch Mitarbeit in so genannten Panels, Comittees oder Diskussionsforen auf lokaler Ebene und online direkt beteiligen[499]. Insbesondere über die neuen Medien können sie Informationen einfacher zur Kenntnis nehmen bzw. sich aktiv einbringen, indem sie sich beispielsweise per Email informieren lassen, wenn ein bestimmtes Thema im Parlament behandelt wird oder ein bestimmter Abgeordneter spricht[500] oder sie per Onlinekonsultation eine Stellungnahme zu einem Gesetzentwurf abgeben[501]. Darüber hinaus können sie sich an Anhörungen beteiligen[502] oder themenbezogene Recherchen zu den Abstimmungen des Parlaments durchführen[503].

Des Weiteren bietet der Freedom of Information Act jedem interessierten Bürger die Möglichkeit, sich bei den Behörden – mit Ausnahme einiger vertrauli-

498 *Behn,* Rethinking democratic accountability, S. 79.

499 *Masey/Pyper,* Public Management and Modernisation in Britain, S. 162; *Burton/Duncan,* Democracy and Accountability in Public Bodies: New Agendas in British Governance; in: Policy and Politics 1996, S. 12.

500 Vgl. dazu *www.theyworkforyou.com* (Stand 22.9.2010).

501 Vgl. *http://www.tellparliament.net/* (Stand 29.08.2009)

502 Vgl. *http://e-democracy.org/uk/* (Stand 20.9.2010) und *http://www.berr.gov.uk/consultations/index.html* (Stand 20.8.2009).

503 Vgl. dazu *www.publicwhip.org.uk* (Stand 22.9.2010).

cher Unterlagen – grundsätzliche und ihn selbst betreffende Informationen zu holen. Der Freedom of Information Act bezweckt den Weggang vom Prinzip der Geheimhaltung hin zu einer transparenten Verwaltung[504]. Beachtenswert ist die bisherige Erfahrung, dass sich jeder Bürger nur die Informationen verschafft, welche sein Interesse erwecken und sich keiner mit umfassenden Datenmengen eindeckt. Um einen politischen Entscheidungsträger im Anschluss an die Informationsaufnahme zur Verantwortung zu ziehen, ist es nicht erforderlich, über alle Geschehnisse informiert zu sein. Ausreichend für die Entscheidung, ob ein Bürger die politischen Entscheidungen mitträgt oder missbilligt, ist sein jeweiliger Kenntnisstand.

Daneben bleibt den Bürgern als letzte Chance, auf einen Missstand hinzuweisen, noch der Weg über die Medien oder die Unterstützung durch einen Interessenverband. Denn wenn deutlich wird, dass die politischen Entscheidungsträger ihre Informationspflicht verletzen, ermöglicht es nur der öffentliche Druck der Medien oder eines Interessenverbandes, die Politiker umzustimmen[505].

II. Kontrolle durch Verbände und Medien

Schließlich haben auch Verbände bzw. Interessengruppen und die Medien Einfluss auf die Entscheidungen der Politiker, indem sie sich beispielsweise für bestimmte Themen stark machen, auf Missstände hinweisen oder die Berichterstattung in eine wesentliche Richtung lenken[506].

1. Kontrolle durch Verbände

Bei Verbänden handelt es sich in diesem Zusammenhang um „Organisationen, die Einfluss auf politische Entscheidungen suchen, sich aber im Unterschied zu Parteien nicht an Wahlen beteiligen bzw. mit eigenen Kandidaten für politische Ämter werben“[507]. Ihre Einflussnahme geschieht in der Art und Weise, dass sie sich besondere Themen der aktuellen politischen Agenda heraussuchen und die Bürger über Werbekampagnen, Anzeigen oder Versammlungen gezielt in ihrem Sinne informieren, um so Druck auf die Politiker auszuüben[508].

Daneben ist unter Interessenverband aber auch ein Zusammenschluss von aktiven Bürgern gemeint, die beispielsweise auf kommunaler Ebene – genau wie in

504 *Murphy,* in: Boyle/McNamara, Governance and Accountability, S. 26 f.

505 *Hutchings,* Public Opinion and Democratic Accountability, S. 4.

506 *Mulgan,* Comparing Accountability in the Public and Private Sector, in: Australian Journal of Public Administration 2000, S. 91.

507 *Hartmann,* Verbände in der westlichen Industriegesellschaft, S. 19; *McConnell,* in: Pyper, Aspects of Accountability in the British System of Government, S. 23.

508 *Hutchings,* Public Opinion and Democratic Accountability, S. 7.

Deutschland – versuchen, ein ihnen wichtiges Anliegen durchzusetzen. Übereinstimmend ist bei den Verbänden die Grundlage ihrer Arbeit: die Information. Sie benötigen für die Ausführung ihrer Aktivitäten Daten, welche sie sich von den politischen Entscheidungsträgern erhoffen. Der Unterschied zwischen den beiden Gruppen ist aber, dass die so genannten Bürgerinitiativen als Konsequenz ihres Informationsbegehrens nach mehr Transparenz in Politik und Verwaltung rufen, um an die gewünschten Informationen zu gelangen. Die Verbände wollen jedoch gerade keine Transparenz, da ihre Vorgehensweise bei der Informationserlangung eine andere ist. Sie äußern auf informellen Treffen gegenüber den politischen Entscheidungsträgern ihre Forderungen und Informationsbedürfnisse. Erst wenn diese nicht erfüllt werden, gehen sie den Weg über Kampagnen oder Versammlungen, um Druck auf die Verantwortlichen auszuüben[509].

2. *Kontrolle durch Medien*

Darüber hinaus spielen die Medien – auch im Zusammenspiel mit den Bürgern oder den Interessenverbänden – seit jeher eine große Rolle bei der Kontrolle der parlamentarischen Arbeit und haben diese in den letzten Jahren durch die Einführung der 24-Stunden- und der Internet-Berichterstattung noch ausgeweitet. Eine solch schnelle, kontinuierliche und ausführliche Kontrolle ist den einzelnen Parlamentariern gar nicht möglich, so dass insbesondere auch die oppositionellen Abgeordneten auf die Unterstützung der Medien zurückgreifen. Grundsätzlich kann man deshalb inzwischen soweit gehen zu sagen, dass sich die Medien zu einer vierten Gewalt entwickelt haben. Die Medien fordern unerbittlich Informationen von den politischen Entscheidungsträgern ein, so dass diese Gefahr laufen, viel mehr Informationen zur Verfügung zu stellen, als sie ursprünglich geplant hatten[510].

Die Folge dieser Entwicklung ist aber, dass auch die Bürger sich zunehmend nicht mehr der parlamentarischen Kontrolle und der Arbeit ihrer Abgeordneten durch eigene Recherchen widmen, sondern sich auf die Berichterstattung der Medien verlassen. Und obwohl die Medien keine formalen Befugnisse gegenüber den politischen Entscheidungsträgern haben, besteht so eine Möglichkeit, gemeinsam das Konzept der Public Accountability zu erfüllen und öffentliche Aufmerksamkeit und Reaktionen auf die politische Arbeit hervorzurufen. Den Medien ist es am besten gegeben, einen so starken Druck auf die politischen

509 *Barker,* Accountability and Responsibility of Government and Public Bodies, in: The Political Quarterly 2001, S. 133; *McConnell,* in: Pyper, Aspects of Accountability in the British System of Government, S. 25.

510 *McConnell,* in: Pyper, Aspects of Accountability in the British System of Government, S. 31.

Entscheidungsträger ausüben, dass diese gewillt sein werden, sich öffentlich zu rechtfertigen[511].

G. Folgerungen aus der Public Accountability

Aus dem dargestellten Konzept der Public Accountability ergeben sich fünf Komponenten, welche zu berücksichtigen sind[512]:

- Wer ist verantwortlich?
- Für was ist er verantwortlich?
- Gegenüber wem besteht diese Verantwortlichkeit?
- Mit Hilfe welcher Mechanismen wird er zur Verantwortung gezogen?
- Und mit welchem Ergebnis?

In diesem Sinne verantwortlich sind die politischen Entscheidungsträger, das heißt die Regierungsmitglieder, die Parlamentarier und auch einige höherrangige Ministerialbeamte. Sie sind verantwortlich für die Gesetzgebung und deren Umsetzung, für die Administration, für den Haushalt und die Vorgaben der Politik gegenüber der Öffentlichkeit im Sinne der einzelnen Bürger, der Medien und Interessenverbände, aber auch gegenüber den jeweils anderen politischen Entscheidungsträgern wie dem Premierminister oder den Parlamentariern. Dabei sind sie rechenschaftspflichtig für eine zweckmäßige und rechtmäßige Aufgabenerfüllung. Eingefordert wird die Verantwortlichkeit der politischen Entscheidungsträger zu allererst mit Hilfe von Wahlen, doch daneben beispielsweise in Form von Debatten, Fragestunden, jährlichen Berichten oder einer Rechnungsprüfung. Als Ergebnis kommt schließlich eine Information, eine Erklärung oder Bekanntgabe, eine Überarbeitung oder Wiedergutmachung heraus. Sollten die Kontrolleure mit der Arbeit der politischen Entscheidungsträger nicht zufrieden sein, könnte das Ergebnis auch eine Sanktion beispielsweise in Form einer Abwahl sein.

Basis dieser fünf Komponenten der Public Accountability ist ein strategisches Berichtswesen, denn Grundlage jeglicher Kontrolle ist die Information. Dieses Berichtswesen erfolgt in Form der jährlichen oder der Einzelberichte aller select committees, des Ombudsmannes, der ständigen Ausschüsse, der Darstellungen beispielsweise der schriftlichen Anfragen der Parlamentarier im Hansard, der Darlegung der Rechnungsprüfung und vielem mehr.

---

511 *Mulgan*, Comparing Accountability in the Public and Private Sector, in: Australian Journal of Public Administration 2000, S. 89.

512 *Barberis*, The new Public Management and a new accountability, in: Public Administration 1998, S. 466.

I. Horizontale Accountability

Zu beobachten ist, dass sich im Laufe der Zeit die Public Accountability weg von einer vertikalen hin zu einer horizontalen Ebene verlagert hat. Denn ursprünglich waren die Minister gegenüber dem Parlament und den Medien für ihre Entscheidungen verantwortlich. Doch im Laufe der letzten 30, 35 Jahre hat sich diese hierarchische Verantwortlichkeit geändert, indem nach und nach neue Verantwortlichkeitsschienen aufgebaut oder ausgelagert wurden. Diese Verschiebung geschah beispielsweise durch die Einführung eines parlamentarischen Ombudsmannes oder der select committees. Darüber hinaus wurden neue, ausgelagerte Behörden mit selbstständigen Leitern gegründet. Alle diese drei Organe arbeiten nicht mit typischen top-down Verantwortlichkeitsbeziehungen, sondern selbstständig oder als Ausschuss im Team. Als Konsequenz werden nun auch Ministerialbeamte oder Behördenleiter in Anhörungen zitiert und zur Rechenschaft gebeten, was zur Folge hat, dass die grundsätzliche Verantwortungspflicht des Ministers schrumpft. Dazu hat Bovens folgende Abbildung illustriert[513]:

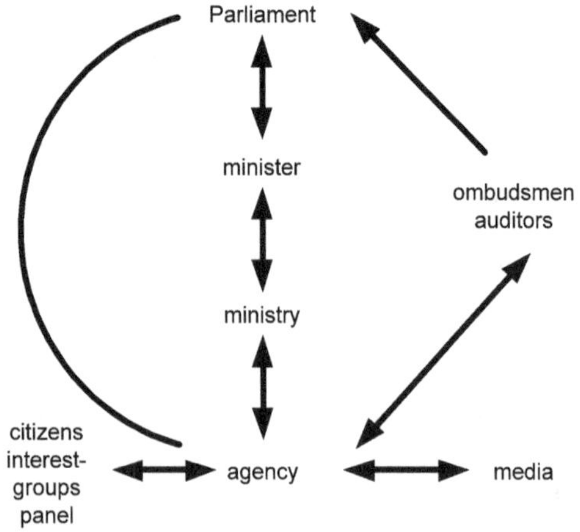

Fig. 8.2 Horizontal accountability

Darüber hinaus wird folgende Forderung laut:

> *„partly in reaction to a perceived lack of trust in government, there is an urge in many western democracies for more direct and explicit accountability relations between public agencies on the one hand and clients, citizens and civil society, including the media, on the other hand. The latter should become forums for political accountability, so the argument goes, and agencies or individual public managers should feel obliged to account for their performance to the public at*

513 *Bovens,* in: Ferlie/Lynn/Pollitt, The Oxford Handbook of Public Management, S. 197.

large or to civil interest groups, charities, and associations of clients. This would be horizontal accountability in the true sense, as the complete hierarchical chain, including parliament, is surpassed and the agency, the minister, or the public manager is directly accountable to the citizenry"[514].

Um das Konzept der Public Accountability fortzuentwickeln, wurde im Jahre 2003 in London das „Centre for Public Scrutiny" gegründet. Dieses soll die Bedeutung der Kontrolle in einer modernen und effektiven Regierung hervorheben. Eine solche Hervorhebung erfolgt jedoch nicht ausschließlich, um die politischen Entscheidungsträger zur Verantwortung zu ziehen, sondern auch, um einen kreativen Dialog zwischen den Abgeordneten und der Öffentlichkeit herzustellen mit dem Ziel, die Qualität der öffentlichen Einrichtungen zu verbessern. Das Institut zielt deshalb darauf ab[515]:

- Promote the value of scrutiny and raise its profile.
- Facilitate links between different tiers of government and share examples of effective scrutiny.
- Encourage people of ability and talent to participate in the scrutiny process.
- Create and support a community of interest to build capacity, confidence and skills.
- Develop understanding and good practice through research.

Um diese Ziele erreichen zu können, bedarf es nach Ansicht des Centres of Public Scrutiny[516] vier Prinzipien.

"(1) *Critical Friend Challenge*. Executive decisions need to have public consent. It is important that key policy decisions are made through a process of robust public scrutiny and are not just rubber stamped. In this way, the executive gains public confidence for its actions and strengthens the corporate enterprise for improvement. The scrutiny function in government is part of the machinery of the executive arrangements – not separate from it. Robust public scrutiny which challenges executive decision-making legitimates their role and authorizes their actions. (...) Effective public scrutiny can only be put into practice when those responsibilities and accountabilities are transparent and a dialogue can take place such that they can be called to account.

(2) *Articulation of the Public Voice*. It is no longer sufficient for professional civil servants and career politicians to hand down the narrative as they see it: although the increase in accessible public information from public service providers and institutions of government is to be welcomed. The accountability relationship needs to be rebuilt as a dialogue with the public. If the public, directly or through the representatives, are to be reengaged, mechanisms of public scrutiny need to be developed which provide a conduit for people to shape the narrative which will al-

---

514 *Bovens,* in: Ferlie/Lynn/Pollitt, The Oxford Handbook of Public Management, S. 199 und bezüglich der folgenden Abbildung S. 197.

515 *Martin,* Public accountability in practice: the need for public scrutiny, S. IV; siehe auch: *www.cfps.org.uk* (Stand 20.9.2010).

516 *Martin,* Public accountability in practice: the need for public scrutiny, S. 12-17.

so allow public institutions to be more responsive to public concerns. There is a constructive role for the media to play here. The public are increasingly cynical about a representative democracy based on traditional party politics which treats them as the audience. They want to have their say, not just sit in the stalls.
(3) *Legitimacy of the Lay Scrutineer.* Public scrutiny is by definition a non-executive function. This is a legitimate function of government and the most significant arena for public participation across the public sector. There are already opportunities for direct public involvement as lay members of boards in many public services, for example in health or school governing bodies. However, their scrutiny role has generally not been well understood and is often undermined.
(4) *Making an Impact on Public Services.* Public scrutiny is not audit nor is it performance management, although both are useful tools in exercising public accountability. Public scrutiny should be guided by and focused on public issues and concerns in relation to public service improvement".

Zusammenfassend hat das Konzept der Public Accountability in Großbritannien zur Verbesserung nicht nur der Transparenz der politischen Entscheidungen durch die vielfältigen Berichte beigetragen, sondern auch die politische Kontrolle wesentlich effektiver gestaltet. Denn zu den grundsätzlichen parlamentarischen Kontrollmaßnahmen wie Fragestunden, Debatten oder Haushaltskontrolle kam die Einführung sowohl des Ombudsmannes als auch der select committees. Diese beiden Mechanismen gewähren den Parlamentariern eine erhöhte Kontrolle der Maßnahmen der Regierungsmitglieder und dadurch mittelbar auch des Civil Service[517]. Ferner verschafft die regelmäßige Berichterstattung der beiden Organe auch der Öffentlichkeit eine Informationsgrundlage mit deren Hilfe sie die Tätigkeiten der politischen Entscheidungsträger beurteilen und ihre Konsequenzen daraus ziehen kann.

II. Grenzen der Public Accountability

Aufgrund einer zu strengen Anwendung des Konzepts der Public Accountability können aber auch Nachteile in der Hinsicht entstehen, dass sich die beabsichtigte Intention des Konzeptes gerade ins Gegenteil dreht und die politischen Entscheidungen nicht transparent und nachvollziehbar, sondern versteckt und unerklärlich werden. Durch die Auslagerung etlicher Tätigkeiten in neue Behörden im Rahmen der „Next Step"-Reformen ist beispielsweise nicht nur der Verantwortlichkeitsbereich der Minister, sondern auch seine Rechenschaftspflicht unübersichtlicher geworden. Die traditionellen Mechanismen der parlamentarischen Kontrolle passen nicht mehr auf das heutige politische System mit Privatisierungen, ausge-

517 Masey/Pyper sind sogar der Ansicht, dass sich durch die Einführung des Ombudsmannes und der select committees eine unmittelbare Verantwortlichkeit des Civil Service gegenüber dem Parlament entwickelt hat. *Masey/Pyper,* Public Management and Modernisation in Britain, S. 159 f.

lagerten Behörden oder Beteiligungen der öffentlichen Hand an Unternehmen[518]. Hierbei ist ein strategisches Berichtswesen erst recht erforderlich, um die verschiedenen Zusammenhänge transparent und nachvollziehbar zu machen. Doch auch durch das Berichtswesen wird die Verantwortlichkeit der Regierungsmitglieder geringer, da die ausgelagerten Behörden durch ihren Leiter teilweise selbst gegenüber dem Parlament und durch die Veröffentlichung ihrer Jahresberichte auch direkt gegenüber den Bürgern und Medien Rechenschaft abgeben. Die Folge ist, dass die Minister nur noch formal für „ihre“ Behörden einstehen und auch nur dann vom Parlament zur Rechenschaft gebeten werden, wenn sie persönlich an dem fraglichen Sachverhalt mitgewirkt haben[519].

Darüber hinaus konzentrieren sich die öffentlichen Einrichtungen und politischen Entscheidungsträger mehr und mehr auf ihr Berichtswesen und versuchen, Transparenz herzustellen, um die Bürger mitwirken zu lassen. Die Folge ist aber, dass dadurch das eigentliche politische und administrative Geschäft zunehmend in den Hintergrund gerät[520]. Auch die Einführung der Möglichkeit der gesellschaftlichen Selbstverantwortung stellt sich als problematisch dar, denn durch die Einbeziehung der Bürger in das politische Handeln wird zwar Vertrauen in die Berechtigung staatlicher Aufgabendurchführung aufgebaut. Doch die Konsequenz ist, dass Kontrolle abgebaut wird. Vertrauen und Mitwirkung stehen im Widerspruch zur neutralen Kontrolle[521]. Darüber hinaus wird eine zu rigorose Kontrolle die politischen Entscheidungsträger vermehrt in informelle Absprachen oder hin zu einer erhöhten und bürokratischeren als eigentlich erforderlichen Aktenführung drängen. Die Folge ist, dass die Schwerpunktsetzung auf Erhöhung der Kontrolle

---

518 *Rhodes,* Understanding governance: policy networks, governance, reflexivity and accountability, S. 21; *Masey/Pyper,* Public Management and Modernisation in Britain, S. 164.

519 *Bovens,* in: Hill; Bestandsaufnahme und Perspektiven des Haushalts- und Finanzmanagements, S. 189; *Drewry,* The citizen and the new contractual public management, in: Osborne, Public Management, S. 446 f.: "*But with the privatisation and contracting out of public functions, and the more explicit disengagement of ministers from the day-to-day business of service delivery, parliamentary accountability becomes less and less relevant. (...) Audit mechanisms have played a crucial role in the grey area – increasingly concerned with 'value for money' and performance measurement, alongside their historic function of ensuring the regularity and legality of public expenditure. (...) There has been a proliferation of ombudsman machinery, concerned mainly with maladministration rather than with illegality*".

520 *Bovens,* in: Hill; Bestandsaufnahme und Perspektiven des Haushalts- und Finanzmanagements, S. 190; *Bovens/Schillemans/T`Hart,* Does Public Accountability work? In: Public Administration 2008, S. 227.

521 *Sturm,* in: Kastendiek/Sturm, Länderbericht Großbritannien, S. 156.

und Transparenz zu einem ineffektiven Handeln oder gar schlecht getroffenen Entscheidungen führen kann[522].

Doch auch die Verlagerung weg vom traditionellen Begriff der Regierung im Sinne eines Premierministers und seiner Minister hin zu einer „core executive" mit verschiedenen zusätzlichen Beratern, Kabinettsausschüssen und informellen Treffen erschwert die Nachvollziehbarkeit und Kontrolle der Entscheidungen sowohl für die Parlamentarier als auch für die Öffentlichkeit[523].

H. Ergebnis

Die Effektivität des Konzepts der Public Accountability von politischen Entscheidungsträgern gegenüber der Öffentlichkeit hängt davon ab, inwiefern eine Kontrolle ihrer Tätigkeiten gelingt und inwiefern sie auf die Wünsche und Forderungen der Öffentlichkeit eingehen. Maßgeblich dafür sind grundsätzlich der Zugang zu den grundlegenden Informationen für alle Interessierten und der Dialog der beteiligten Parteien. Entscheidend für den Erfolg des britischen Konzepts der Public Accountability sind daher die vielfältigen Berichte aller politischen Organe im Allgemeinen und die Arbeit des parlamentarischen Ombudsmannes und der select committees im Speziellen. Die Public Accountability im parlamentarischen Verfahren ist in Großbritannien mithin wesentlich ausgeprägter als in Deutschland. Denn neben einer erhöhten Kontrolle der politischen Entscheidungen beispielsweise aufgrund der im Jahre 2008 mehr als 30 tätigen select committees oder der Arbeit des parlamentarischen Ombudsmannes ist beachtenswert, dass alle Ergebnisse der Aktivitäten der Kontrolleinrichtungen in Form von Berichten der Öffentlichkeit und somit auch dem Parlament zur Verfügung gestellt werden. Dieses Berichtswesen erfolgt in Form der jährlichen oder der Einzelberichte der select committees, des Ombudsmannes, der ständigen Ausschüsse, der Darstellungen beispielsweise der schriftlichen Anfragen der Parlamentarier im Hansard, der Darlegung der Rechnungsprüfung oder auch diverser Internetpräsenzen. Alle diese Berichte sind unter anderem auf der homepage des House of Commons einsehbar[524] und ermöglichen so eine umfassende Kontrolle der Tätigkeiten der Regierung, des Civil Service und des Parlamentes.

---

522 Bovens, in: Ferlie/Lynn/Pollitt, The Oxford Handbook of Public Management, S. 194 f.: "If accountability is pursued too harshly, public managers may therefore learn the wrong thing, they learn to avoid risk taking, to pass the buck, and to shield themselves against potential mistakes and criticism".

523 *Moran,* Politics and Governance in the UK, S. 158.

524 Unter *www.parliament.uk/publications/committees.cfm* (Stand 20.9.2010) sind beispielsweise die Berichte der select committees nachzulesen.

§ 4 Übertragung des Konzepts in das deutsche Rechtssystem

Nachdem nun die bisherige Kontrolle der politischen Entscheidungen in Deutschland und Großbritannien unter dem Blickwinkel des Konzeptes der Public Accountability dargestellt wurde, ist fraglich, ob und falls ja, welche Merkmale des britischen Konzepts der Public Accountability auf Deutschland übertragen werden können und sollten.

Für eine bessere Übersichtlichkeit sollen zunächst die wesentlichen Merkmale der Kontrolle politischer Entscheidungen beider Länder gegenüber gestellt werden:

Großbritannien	**Deutschland**
Kontrolle im parlamentarischen Verfahren wird im wesentlichen gewährleistet durch die Möglichkeit der Parlamentsauflösung, der Vertrauensfrage gegenüber der Regierung insgesamt oder einzelnen Mitgliedern und durch Debatten, Anfragen und Oppositionstagen	Kontrolle im parlamentarischen Verfahren ist im Wesentlichen möglich durch die in Art. 42, 43, 44, 45b, 67, 68, 114 GG genannten Instrumente. Im Unterschied zu Großbritannien gibt es weder die Parlamentsauflösung noch Oppositionstage.
Select committees (im Sinne von ständigen Kontrollausschüssen)	Ansatzweise durch Untersuchungs- und Fachausschüsse vorhanden, doch nicht vergleichbar
Parliamentary Commissioner for Public Administration	Ansatzweise durch Wehr- und Datenschutzbeauftragten vorhanden, doch kein eigentlicher Ombudsmann für Beschwerden der Bürger
Der Civil Service kann beispielsweise überprüft werden durch den Freedom of Information Act, die Citizen's Charter, government by contract oder dem value for money auditing	Es gibt bspw. das IFG, die Evaluation oder die Möglichkeit der Zielvereinbarung mit der Verwaltung, doch keine citizen's charter oder value for money auditing
Einsatz eines strategischen Berichtswesens inklusive der Unterstützung von Behörden wie dem National Audit Office	Verschiedene Berichtsarten und -formen sind verfügbar, doch kein strategisches Berichtswesen und keine Unterstützung durch eine Behörde
Centre for Public Scrutiny	Nicht vorhanden
Kontrolle durch Verbände und Medien	Kontrolle durch Verbände und Medien
Aktive Beteiligung der Bürger, insbesondere durch Onlineangebote und Konsultationsmöglichkeiten mit politischen Entscheidungsträgern	Ansätze der Bürgerbeteiligung sind vorhanden, doch diese sind noch massiv ausbaufähig

Aus der Übersicht lässt sich erkennen, dass im deutschen System der Kontrolle der politischen Entscheidungen im Vergleich zum britischen einige Lücken vorhanden sind. Fraglich ist, ob sich diese sinnvollerweise schließen lassen und wie das Konzept der Public Accountability auf Deutschland übertragbar sein könnte.

Ansatzpunkt für die Einfügung des Konzepts der Public Accountability in das deutsche Rechtssystem ist das Demokratieprinzip gemäß Art. 20 I, II GG. Denn das Demokratieprinzip verlangt eine hinreichende Legitimation der Staatsgewalt durch das Volk[525], welches als Souverän nicht selbst verantwortlich ist. Gemäß Art. 20 II 1 GG geht alle Staatsgewalt vom Volk aus. Diese Staatsgewalt wird in unserer repräsentativen Demokratie auf das Parlament als Legislativ- und Kontrollorgan übertragen. Grundlage dieser Übertragung ist, dass zum einen das Parlament durch regelmäßige Wahlen vom Volk zusammengesetzt wird (persönliche Legitimation) und zum anderen, dass grundsätzlich eine Weisungsgebundenheit der Verwaltung gegenüber der Regierung und eine Verantwortlichkeit der Regierung gegenüber dem Parlament besteht (materielle Legitimation)[526].

Doch die Legitimation des Parlamentes basiert nicht ausschließlich auf Wahlen oder der Weisungsgebundenheit der Verwaltung. Das Parlament ist neben der Ausführung des Willens des Volkes in Form von Gesetzen auch verpflichtet, das Handeln der Regierung dahingehend zu überprüfen, ob der Wille eingehalten wird. Trotz der Wichtigkeit dieser Pflicht des Bundestages, die Regierung zu kontrollieren und der Tatsache, dass sie immer zu den Hauptaufgaben des Parlaments gerechnet wurde[527], wurde die parlamentarische Kontrolle vom Grundgesetz ursprünglich an keiner Stelle erwähnt[528].

Dabei ist im Rahmen der parlamentarischen Kontrolle für das politische Schicksal des Abgeordneten, wie bereits im Kapitel § 2.D.I festgestellt, der Grad seiner Informiertheit von entscheidender Bedeutung. Denn nur wenn er über die parlamentarischen Vorhaben so umfassend wie möglich unterrichtet ist und sich deshalb auf sie einstellen kann, vermag er seine politischen Wirkungsmöglichkeiten voll auszuschöpfen[529]. Da die Abgeordneten des Bundestages gemäß Art. 20 II GG die Willensbildung des Volkes zu vollziehen haben, gilt das Bedürfnis nach Informiertheit mittelbar auch für die Bürger, denn die Kontrolle durch den Bundestag wird immer auch stellvertretend für das Volk wahrgenommen und hat deswegen

525 BVerfGE 93, 37 (66f.).

526 *Böckenförde*, in: Isensee/Kirchhof, Handbuch des Staatsrechts, Band I, S. 887.

527 So etwa: *Krebs*, Kontrolle in staatlichen Entscheidungsprozessen, S. 120; *Scheuner*, Verantwortung und Kontrolle in der demokratischen Verfassungsordnung, S. 379, *Schweitzer*, in: v. Birke/Kluxen, Deutscher und britischer Parlamentarismus, S. 162.

528 Heute spricht der 1956 eingeführte Art. 45b GG über den Wehrbeauftragten von der Aufgabe des Parlaments zur „Ausübung parlamentarischer Kontrolle“.

529 BVerfGE 44, 308 (320).

vor dem Volk stattzufinden. Zudem hat eine öffentliche Kontrolle der Bundesregierung auch deshalb eine maßgebliche Bedeutung, weil die an das Kontrollergebnis anknüpfenden Sanktionen regelmäßig statt rechtlicher nur politischer Natur sind. Kein politischer Entscheidungsträger wird es deshalb darauf anlegen, öffentlich seine Reputation zu verlieren[530]. Das Bundesverfassungsgericht[531] führt hierzu folgendes aus:

> *„Die demokratische und rechtsstaatliche Herrschaftsordnung des Grundgesetzes setzt erkennbare Verantwortlichkeit im Staat und im Besonderen eine verantwortliche Regierung voraus. ‚Die Regierung hat die Aufgabe, in Verantwortlichkeit gegenüber der Volksvertretung und von ihr getragen, der gesamten Staatstätigkeit eine bestimmte Richtung zu geben und für die Einhaltung dieser Linie durch die ihr unterstellten Instanzen zu sorgen.' Die selbstständige politische Entscheidungsgewalt der Regierung, ihre Funktionsfähigkeit zur Erfüllung ihrer verfassungsmäßigen Aufgaben, ihre Sachverantwortung gegenüber Volk und Parlament sind zwingende Gebote der demokratischen rechtsstaatlichen Verfassung."*

Das bedeutet, dass der gesamte parlamentarische Willensbildungsprozess für die Öffentlichkeit durchschaubar und das Ergebnis nachvollziehbar sein sollte. Denn die parlamentarische Demokratie beruht auf dem Vertrauen seines Volkes. In diesem Zusammenhang könnte das Konzept der Public Accountability eine Ergänzung der Legitimation des Parlamentes gegenüber dem Volk bieten, indem zur Verbesserung der Verantwortlichkeit der Regierung und der Ministerialverwaltung gegenüber dem Parlament und der Öffentlichkeit ihre Aktivitäten grundsätzlich offen gestaltet werden, und zwar nicht im Sinne eines Informationsfreiheitsgesetzes auf Anfrage durch den Bürger, sondern im Sinne eines strategischen Berichtswesen durch regelmäßige und gut aufbereitete Berichte durch die politischen Entscheidungsträger. Mit der Legitimation der politischen Arbeit des Parlaments aus Art. 20 II 1 GG korrespondiert die Notwendigkeit umfassender Informationen sowohl über den Willen des Volkes, um diesen erfüllen zu können, als auch über das Handeln der Regierung und der Ministerialverwaltung, um dieses kontrollieren zu können. Fehlen die Informationen insbesondere seitens der Regierung und der Ministerialverwaltung, wird das Parlament – wie in Kapitel § 2.E festgestellt – nicht fähig sein, seine Aufgaben ordnungsgemäß zu erfüllen, da sie Grundlage und Bedingung für alle dem Parlament zur Seite stehenden Einflussmöglichkeiten sind[532].

530 *Brüning,* Der informierte Abgeordnete, in: Der Staat, 43 (2003), S. 520.

531 BVerfGE 9, 268 (281) mit Verweis auf *Kaufmann,* Die Grenzen der Verfassungsgerichtsbarkeit, VVDStRL 9 (1952), S. 7.

532 *Schmidt,* Die demokratische Legitimation der parlamentarischen Kontrolle, S. 91 mit Verweis auf BVerfGE 70, 324 (355), wonach Parlamentsentscheidungen eine Beratung darüber voraussetzen. Diese verfehle ihren Zweck, wenn keine oder nur unzureichende Informationen zur Verfügung stehen.

Diese Schlussfolgerung lässt sich mittelbar auch aus Art. 53 S. 3, 53 a II 1 und 114 I GG ziehen, welche antragsunabhängige Unterrichtungspflichten der Bundesregierung gegenüber anderen Verfassungsorganen statuieren. Insbesondere Art. 53 S. 3 GG verdeutlicht, dass die Bundesregierung nach Ansicht des Verfassungsgebers über solche Informationen verfügt, die ein anderes Verfassungsorgan, in diesem Fall der Bundesrat, zwecks ordnungsgemäßer Ausübung seiner Tätigkeiten bedarf, indem er darlegt, dass der Bundesrat von der Bundesregierung über die Führung der laufenden Geschäfte auf dem Laufenden zu halten ist[533].

Doch auch der interessierte Bürger, der unter verschiedenen Informationsquellen auswählen möchte, hat einen unabhängigen Informationsbedarf entwickelt, welcher eigenständig neben dem Bedarf an Informationen der Abgeordneten steht. Das Demokratieprinzip des Art. 20 II GG beinhaltet, dass die staatlichen Beratungs- und Entscheidungsabläufe öffentlich gemacht werden müssen und gewährleistet den Bürgern auf diese Art und Weise ein Kontrollinstrument[534]. Die Grundsätze des Demokratieprinzips ließen sich in diesem Zusammenhang noch erweitern, würden dem Bürger vermehrt amtliche Informationen nach eigenständiger Anfrage zur Verfügung gestellt werden, wodurch die Bildung einer sachkundigen öffentlichen Meinung vorangetrieben werden könnte. Denn bereits jetzt ist die Bundesregierung verpflichtet, der Öffentlichkeit ihre Politik, ihre Maßnahmen und zukünftigen Handlungen zu erklären[535]. Mehr Transparenz im Bereich der Exekutive z.B. durch ein allgemeines Akteneinsichtsrecht für die Öffentlichkeit, ausgeweitete Bürgerbeteiligung auf verschiedenen Ebenen sowie rechtzeitige und umfassende Betroffeneninformationen könnte die Informiertheit und Mündigkeit der Bürger und somit auch die Kontrolle der politischen Entscheidungen fördern. Zu beachten ist, dass Transparenz in diesem Zusammenhang nicht bedeutet, dass die politische Entscheidung öffentlich getroffen wird, sondern eine, deren Zustandekommen erklärt und präsentiert wird[536].

Doch bevor die Verbesserung der Beteiligung und Information der Öffentlichkeit geprüft wird, gilt es – bezogen auf das parlamentarische Informationsrecht – zu klären, ob neben der allgemeinen Rechtsgrundlage des Demokratieprinzips gemäß Art. 20 I, II GG eine spezielle Norm des Grundgesetzes den Abgeordneten einen Anspruch auf Information gegenüber der Bundesregierung zuweist. Denn sollten die Parlamentarier keinen eigenen Informationsanspruch besitzen, müssten sie sich der Forderung der Öffentlichkeit nach einem Mehr an Transparenz anschließen.

---

533 In diesem Sinne auch *Linck*, Zur Informationspflicht der Regierung gegenüber dem Parlament, in: DÖV 1983, S. 961.

534 *Pieroth*, in: Jarass/Pieroth, Grundgesetz für die Bundesrepublik Deutschland, Art. 20 Rn. 6a.

535 BVerfGE 63, 230 (243).

536 *Barker*, Accountability and Responsibility of Government and Public Bodies, in: The Political Quarterly 2001, S. 135.

Die Antwort auf die Frage der Grundlage eines parlamentarischen Informationsrechtes kann sich hierbei nur in der verfassungsrechtlichen Ausgestaltung des Verhältnisses von Bundestag und Bundesregierung finden lassen, welches auch Art und Weise der Kommunikation und der Information regelt[537].

A. Parlamentarisches Informationsrecht

Das Grundgesetz weist zu Lasten der Bundesregierung in diversen Vorschriften Unterrichtungs- und Berichtspflichten aus. Zu nennen sind hier beispielsweise die Art. 13 VI, 23 II 2 oder 115 f II GG. Darüber hinaus haben auch der Bundesrat und der Gemeinsame Ausschuss ein Recht auf Information nach Art. 53 S. 3, 53 a II, 1 und 115 e I GG. Diese Unterrichtungs- und Berichtspflichten sind jedoch fallbezogen. Eine allgemeine Bestimmung über die Unterrichtung aller Abgeordneten zwecks Gewährleistung ihrer parlamentarischen Arbeit fehlt im Grundgesetz. Zu prüfen ist deshalb, ob sich ein allgemeines parlamentarisches Informationsrecht in Ergänzung der in § 2.D.3.a) vorgestellten Interpellationsrechte aus dem Zitierrecht gemäß Art. 43 II 1 GG oder aus dem Statusrecht der Abgeordneten gemäß Art 38 I 2 GG ergeben könnte.

I. Informationsrecht gemäß Art. 43 I GG

Gemäß Art. 43 I GG können der Bundestag und seine Ausschüsse die Anwesenheit jedes Mitgliedes der Bundesregierung verlangen. Eine Gruppe des verfassungsrechtlichen Schrifttums[538] ist der Ansicht, dass dieses Zitierrecht auch eine Beteiligung an der parlamentarischen Arbeit und insbesondere die Pflicht, für die Fragen der Abgeordneten Rede und Antwort stehen zu müssen impliziere, da der Art. 43 GG die verfassungsrechtliche Grundvorschrift des Informationsaustausches zwischen Bundestag und Bundesregierung darstelle. Das Zitierrecht spiegelt ihrer Ansicht nach die Verantwortlichkeit der Regierung gegenüber dem Parlament wider, weshalb das Parlament eine Möglichkeit haben müsse, die Verantwortung der Regierung durch Antworten und Fragen geltend machen und Berichte zu angeforderten Themen verlangen zu können.

537 *Linck,* Zur Informationspflicht der Regierung gegenüber dem Parlament, in: DÖV 1983, S. 958.
538 *Achterberg/Schulte* in: v. Mangoldt/Klein/Starck, Kommentar zum Grundgesetz, Art. 43, Rn. 2; *Vogelsang,* Die Verpflichtung der Bundesregierung zur Antwort auf parlamentarische Anfragen, in: ZRP 1988, S. 7; *Kretschmer,* in: Schmidt-Bleibtreu/Hofmann/Hopfauf, Kommentar zum Grundgesetz, Art. 43 Rn. 1.

II. Informationsrecht gemäß Art. 38 I 2 GG

Ein anderer Teil des Schrifttums knüpft zur Herleitung des parlamentarischen Informationsrechts an Art. 38 I 2 GG an, welcher die Statusrechte der Abgeordneten des Bundestages regelt[539]. Grundlage dieser Ansicht ist die Aussage des Bundesverfassungsgerichts[540], dass die Bundesregierung verpflichtet sei, *„auf Fragen der Abgeordneten Rede und Antwort zu stehen"* und *„den Abgeordneten die zur Ausübung ihres Mandats erforderlichen Informationen zu verschaffen"*. Zur Ausübung des Mandats gehört auch die Kontrollfunktion eines Abgeordneten des Bundestages. Damit sei ein Rechtsanspruch auf Information des Parlaments durch die Bundesregierung gewährleistet, welcher alle Bereiche der parlamentarischen Tätigkeiten abdecke[541].

III. Stellungnahme

Beide Ansichten weisen Schwächen auf. Zunächst ist in Bezug auf Art. 43 I GG festzustellen, dass einerseits nach dessen Wortlaut nur der Bundestag insgesamt oder seine Ausschüsse, das heißt, die dort vertretene Mehrheit, Recht auf Informationsgewährung durch die Bundesregierung hat[542]. Hingegen fordern §§ 100 ff. GO BT gerade nicht die Mehrheit der Abgeordneten, sondern statuieren die Fragerechte der Abgeordneten als Minderheitenrechte[543]. Andererseits bestimmt der Wortlaut des Art. 43 I GG das Recht des Parlamentes, die „Anwesenheit" eines Mitgliedes der Bundesregierung zu verlangen. Dabei hat das zitierte Bundesregierungsmitglied persönlich zu erscheinen und während der Dauer der Verhandlungen zu dem angeforderten Tagesordnungspunkt zu verbleiben[544]. Eine Antwortpflicht kann dem Wortlaut des Art. 43 I GG nicht entnommen werden, jedoch wird sie nach Sinn und Zweck in der Vorschrift vorausgesetzt.

Wie bereits in Kapitel § 2.D.3.a)bb) geklärt, schließt das Zitierrecht auch das Interpellationsrecht mit ein. Denn das Interpellationsrecht beinhaltet das Recht, Fragen an die Regierung zu stellen und von ihr Rechenschaft über einen ge-

539 *Brüning,* Der informierte Abgeordnete, in: Der Staat 43 (2003), S. 519 f.; *Lennartz/Kiefer,* Parlamentarische Anfragen im Spannungsfeld zwischen Regierungskontrolle und Geheimhaltungsinteressen, in: DÖV 2006, 185; *Hölscheid,* Information der Parlamente durch die Regierung, in: DÖV 1993, S. 595; *Morlok,* in: Dreier, Grundgesetz, Art. 43, Rn. 12.

540 BVerfGE 13, 123 (125), 67, 100 (129), 70, 324 (355); 80, 188 (217).

541 *Kunig,* Politische Kontrolle der Bundesregierung durch das Parlament, in: Jura 1993, S. 221.

542 *Mehde,* in: Verhey/Broeksteeg/van den Driessche, Political Accountability in Europe: Which Way Forward? S. 109.

543 *Teuber,* Parlamentarische Informationsrechte, S. 165 f.

544 *Pieroth,* in Jarass/Pieroth, Grundgesetz für die Bundesrepublik Deutschland, Art. 43, Rn. 3.

wünschten Sachverhalt zu erlangen. Das Interpellationsrecht hat rein informatorischen Charakter und daher keine Sanktionen zur Folge[545]. Es wäre aus diesem Grunde sinnlos, wenn das angeforderte Mitglied der Bundesregierung in der Ausschusssitzung nur anwesend sein und nicht reden würde. Sinn und Zweck der Vorschrift des Art. 43 I GG ist es daher, dass der angeforderte Minister die Pflicht hat, auf die Fragen der Abgeordneten zu antworten[546]. Allerdings setzt das Interpellationsrecht ein bestimmtes und sachlich eingegrenztes Informationsverlangen voraus[547]. Das bedeutet, dass die Minister nur zu dem Thema des jeweiligen Beratungsgegenstandes sprechen müssen. Es ergibt sich mithin aus Art. 43 I GG kein allgemeines Recht der Parlamentarier, über alle aktuellen Vorgänge informiert zu werden, so dass Art. 43 I GG nur eine Ausgestaltung von Informationspflichten der Bundesregierung gegenüber dem Bundestag[548], jedoch keine Konkretisierung des allgemeinen parlamentarischen Informationsrechts des Demokratieprinzips gemäß Art. 20 I, II GG darstellt.

Auch Art. 38 I 2 GG ist daneben nicht geeignet, spezielle Grundlage für ein parlamentarisches Informationsrecht der Abgeordneten gegenüber der Bundesregierung zu sein. Denn die Rechte der Abgeordneten aus Art. 38 I GG wie beispielsweise das Rederecht, das Abstimmungs- und Beratungsrecht, das Fragerecht oder das Recht, sich zu einer Fraktion zusammenzuschließen[549], sind alles parlamentsinterne Rechte. Es ergibt sich daraus keine Verpflichtung der Bundesregierung, Informationen an die Parlamentarier zu liefern, da das Verhältnis zwischen Bundestag und Bundesregierung ein Interorganverhältnis ist[550]. Darüber hinaus sind die Abgeordneten insbesondere aufgrund des Prinzips der Verfassungsorgantreue verpflichtet, ihre Forderungen gegenüber der Bundesregierung zu mäßigen. Schließlich spricht gegen den Art. 38 I 2 GG das Gewaltenteilungsprinzip gemäß Art. 20 II 2 Hs. 2 GG. Danach ist nicht der einzelne Abgeordnete, sondern das Parlament als ganzes, das heißt als „besonderes Organ der Gesetzgebung“ Träger der darin niedergelegten Aufgaben. Aufgrund dessen

545 BVerfGE 57, 1 (5); 67, 100 (129); 70, 324 (355).

546 So auch *Stern*, Das Staatsrecht der Bundesrepublik Deutschland, Band II, S. 52; *Kretschmer*, in: Schmidt-Bleibtreu/Hofmann/Hopfauf, Kommentar zum Grundgesetz, Art. 43 Rn. 24; a. A. *Pieroth*, in Jarass/Pieroth, Grundgesetz für die Bundesrepublik Deutschland, Art. 43, Rn. 3 und *Teuber*, Parlamentarische Informationsrechte, S. 164 f.

547 BVerfGE 13, 123 (125); 70, 324, (355).

548 *Linck*, Zur Informationspflicht der Bundesregierung gegenüber dem Parlament, in: DÖV 1983, S. 960; *Vogelsang*, Verpflichtung der Bundesregierung zur Antwort auf parlamentarische Anfragen, in: ZRP 1988, S. 7.

549 *Pieroth*, in Jarass/Pieroth, Grundgesetz für die Bundesrepublik Deutschland, Art. 38, Rn. 32-35 mit Verweis auf BVerfGE 43, 142 (149); darüber hinaus vgl. BVerfGE 80, 188 (217) m.w.N.

550 *Witte-Wegmann*, Recht und Kontrollfunktion der Großen, Kleinen und Mündlichen Anfragen im Deutschen Bundestag, S. 82.

ist es erforderlich, dass auch das Parlament als Ganzes Empfänger des parlamentarischen Informationsrechtes ist. Zwar steht den einzelnen Abgeordneten aufgrund seiner Statusrechte aus Art. 38 I GG ein Fragerecht zu. Doch Grundlage für ein parlamentarisches Informationsrecht insgesamt kann der Art. 38 I 2 GG nicht sein.

IV. Resümee

Es ist mithin festzustellen, dass das Parlament keine ausdrückliche verfassungsrechtliche Grundlage für ein allgemeines Informationsrecht gegenüber der Bundesregierung hat[551]. Diese Schlussfolgerung könnte aufgrund der Tatsache verwundern, dass zwar ein Viertel der Mitglieder gemäß Art. 44 GG die Einsetzung eines Untersuchungsausschusses beschließen und auf diesem Wege Informationen von der Bundesregierung verlangen können, jedoch kein allgemeines Informationsrecht der Abgeordneten und somit in gewisser Weise eine Inkonsequenz besteht. Denn gerade der Opposition fehlen vielfach die Informationsquellen der Bundesregierung und der Parlamentsmehrheit, weshalb die Statuierung eines allgemeinen Informationsrechts im Grundgesetz sinnvoll erscheinen mag. Darüber hinaus würde ein verfassungsrechtliches Informationsrecht auch die Kontrollrechte des Parlamentes stärken[552]. Doch zu beachten ist, dass eine Grundgesetzänderung die Interessen beider Seiten zu berücksichtigen hat und daher allgemein zu halten wäre. Das heißt, die neue Vorschrift müsste einerseits das Recht des Parlaments auf Zugang zu Informationen und andererseits die möglichen Ablehnungsgründe der Bundesregierung wie beispielsweise eine Berührung des Kernbereichs der Exekutive im Rahmen ihres Ermessensspielraums regeln. Diese Anforderungen erscheinen nicht realisierbar, da die jeweils erforderliche Abwägung beider Interessen keine Verbesserung der Informiertheit des Parlamentes zur Folge hätte.

Es bleibt also dabei, dass Ausgangspunkt eines parlamentarischen Informationsrechts das Demokratieprinzip gemäß Art. 20 I, II GG im Sinne einer Bindung der Regierung an das Vertrauen des Parlamentes ist[553]. Aus dieser Bindung lässt sich die Schlussfolgerung ziehen, dass Bundesregierung und Bundestag zwar eigenständige Organe sind, die sich gegenseitig im Sinne des Gewaltenteilungsprinzips mäßigen. Darüber hinaus lässt sich aber auch feststellen, dass sie bei der Staatsleitung kooperieren und diese somit gemeinsam bewältigen[554]. Und erfor-

551 *Linck*, Berichte der Regierung an das Parlament, in: DÖV 1979, S. 119 f.

552 *Waechter*, Berichtspflichten der Regierung aus einfachem Gesetzesrecht, in: ZG 1996, S. 93.

553 *Stern*, Das Staatsrecht der Bundesrepublik Deutschland. Band I, S. 746.

554 *Teuber*, Parlamentarische Informationsrechte, S. 178; *Schneider/Zeh*, Parlamentsrecht, § 48 Rn. 18; *Hermes*, in: Dreier, Grundgesetz. Kommentar, Art. 62, Rn. 33.

derlich für diese gemeinsame Ausführung der Staatsleitung ist eine Kooperation zwischen Legislative und Exekutive, dessen Grundlage die parlamentarische Information ist. Ohne diese informative Grundlage wäre es dem Parlament nicht möglich, seinen Aufgaben und damit seiner verfassungsrechtlichen Stellung zu entsprechen. Das heißt, das parlamentarische Informationsrecht spiegelt sich als Annex der in der oben in Kapitel § 2.D vorgestellten Aufgabenerfüllung des Bundestages in Verbindung mit dem Demokratieprinzip gemäß Art. 20 I, II GG wider und bedarf im Ergebnis – anders als einige Landesverfassungen – keiner eigenständigen Fixierung im Grundgesetz[555].

V. Voraussetzungen für die Informiertheit der Parlamentarier

Weil es nun für eine wirksame Kontrolle darauf ankommt, dass die parlamentarische Einflussnahme auf das Regierungshandeln auch praktisch möglich ist, ergeben sich enge Voraussetzungen einerseits an die Rechtzeitigkeit der Informationen und andererseits an die Beteiligung[556] und deren Umfang. Im Hinblick auf die Reichweite des Informationsrechts des Parlamentes gegenüber der Bundesregierung gibt es unterschiedliche Meinungen. Teilweise wird in der Rechtsprechung die Ansicht vertreten, dass die Regierung lediglich in solchen Angelegenheiten Auskunft erteilen brauche, die ihrer Zuständigkeit unterfielen, so dass eine Rechenschaftspflicht nur für eigenes Handeln im Rahmen der Amtsführung in Betracht komme[557]. Gegensätzlich ist die Ansicht, welche das Informationsrecht auf alle Angelegenheiten, bei denen die Regierung unmittelbar und mittelbar

555 So im Ergebnis auch: *Teuber,* Parlamentarische Informationsrechte, S. 180; Einige Landesregierungen sind a. A. So hat die Landesregierung von Rheinland-Pfalz in einer Antwort auf eine Große Anfrage erläutert, dass „*eine Unterrichtung des Parlaments erst dann sinnvoll in vollem Umfang stattfinden kann, wenn die Regierung aufgrund ihrer Vorarbeiten sich abschließend eine eigene Meinung gebildet hat. Dies ist bei sog. Referentenentwürfen nicht der Fall. Die Landesregierung erkennt jedoch an, dass die Mitglieder des Landtages daran interessiert sind, insbesondere über solche Initiativen unterrichtet zu werden, die zur Kenntnis der Verbände oder Organisationen und damit einer begrenzten Öffentlichkeit gelangt sind*“, vgl. LT-Drs. Rheinland-Pfalz VI/1599. In einigen anderen Bundesländern hat diese Einsicht zu freiwilligen Absprachen zwischen Parlament und Regierung über die Unterrichtung hinsichtlich der Grundzüge und wichtige Einzelheiten geplanter Initiativen geführt. Sechs Landesverfassungen statuieren sogar Informationspflichten der Regierung, die ohne Zutun des Parlaments bestehen' vgl. Art. 22 I 1 SchlHVerf, Art. 94 S. 1, 2 BbgVerf, Art. 39 I MVVerf, Art. 25 I NdsVerf und Art. 62 I SachsAnhVerf.

556 *Morlok,* in: Dreier, GG-Kommentar II, Art. 38, Rn. 44 unter Hinweis auf BVerfGE 90, 286 (357).

557 SachsAnhVerfGH in: NVwZ 2000, S. 671 (672).

betroffen ist, ausweitet[558]. Vereinzelt wird der Umfang der Informationsverpflichtung sogar ausschließlich in das Ermessen der Bundesregierung gelegt[559].

Insgesamt sollte sich die Auskunftspflicht der Regierung nicht nur auf Fragen der Rechtmäßigkeit beschränken, sondern auch die Zweckmäßigkeit der Tätigkeiten der Regierung umfassen. Anlehnen kann man sich hierbei an die Vorgaben der speziellen Regelungen zur Unterrichtung durch die Bundesregierung, welche nahezu durchgängig eine inhaltlich vollständige Ausgestaltung der Informationspflichten betonen. So spricht beispielsweise Art. 23 II 2 GG von einer „umfassenden" Unterrichtung und Art. 110 I 1, 114 I Alt. 1 und 114 II 2 GG betonen, dass „alle" Einnahmen und Ausgaben dem parlamentarischen Budgetrecht unterliegen. Darüber hinaus statuiert auch die Gemeinsame Geschäftsordnung der Bundesministerien verschiede Auskunftspflichten. Grundlegend ist § 48 GGO, welcher die Unterrichtung anderer Stellen wie beispielsweise Presse, Verbände oder Fraktionen regelt.

In Bezug auf den Zeitpunkt lässt sich nicht auf die Regelungen des Grundgesetzes verweisen, da die speziellen Unterrichtungs- und Berichtspflichten alle unterschiedliche Angaben machen[560] und es politisch problematisch werden könnte, einen festen Zeitpunkt verfassungsrechtlich zu fixieren[561]. Jedoch sollte die Information des Parlamentes durch die Regierung nicht erst dann erfolgen, wenn das Planungs- und Entscheidungsstadium über die zu berichtende Thematik bereits abgeschlossen ist, wobei allerdings entscheidend sein wird, dass die Funktionsfähigkeit und die Eigenverantwortlichkeit sowohl der Bundesregierung als auch des Bundestages stets gewährleistet bleiben[562].

B. Strategisches Berichtswesen

Ein strategisches Berichtswesen ist die Grundlage für die Rechenschaftspflicht der Verwaltung, der Regierung und des Parlaments. Dabei liegt, wie bereits das Reichsgericht[563] ausgeführt hat, ein Bericht dann vor, wenn *„eine erzählende*

---

558 *Lennartz/Kiefer,* Parlamentarische Anfragen im Spannungsfeld von Regierungskontrolle und Geheimhaltungsinteressen, in: DÖV 2006, S. 186; BayVerfGH, in: NVwZ 2002, S. 715 (716).

559 *Vogelsang,* Die Verpflichtung der Bundesregierung zur Antwort auf parlamentarische Anfragen, in: ZRP 1988, S. 7.

560 Art. 23 II 2 GG fordert eine Information „zum frühestmöglichen Zeitpunkt, Art. 115 f II GG „unverzüglich" und die Art. 13 VI und Art 114 II 2 statuieren jährliche Berichte.

561 *Hölscheid,* Information der Parlamente durch die Regierungen, in: DÖV 1993, S. 596.

562 *Teuber,* Parlamentarische Informationsrechte, S. 224.

563 RGSt 18, 207 (210).

Darstellung eines historischen Vorganges in seinem wesentlichen Verlauf“ wiedergegeben wird.

I. Bisherige Berichtspflichten im parlamentarischen Verfahren

Für das Parlament stellen sich Berichte der Bundesregierung und der Ministerialverwaltung als Fremdinformation dar, welche die sonst eher zufällige Informationsgewinnung durch Debatten oder Anfragen ergänzen und damit zu einer Verbesserung der parlamentarischen Kontrolle führen. Bisher verpflichtet der Bundestag die Bundesregierung mittels gesetzlich angeordneter Berichtspflichten, ihn in zeitlich vorgegebenen Abständen über bestimmte Themenkreise zu informieren. Beispiele für die Berichtspflichten der Bundesregierung sind Art. 13 VI GG (Unverletzlichkeit der Wohnung), 23 II 2 GG (Angelegenheiten der Europäischen Union), 53 a II 1 GG (Gemeinsamer Ausschuss); § 4 PKGrG (Unterrichtung über nachrichtendienstliche Tätigkeiten); § 35 S. 3 BaFöG (Anpassung der Bedarfssätze); § 84 SGB VIII (Jugendbericht).

Darüber hinaus können aber auch das Plenum oder ein Ausschuss die Bundesregierung verpflichten, einen Bericht zu erstatten. Diese Verpflichtungen könnten auf Grundlage des Art. 20 II GG im Sinne des Konzepts der Public Accountability erweitert werden. Zusätzlich zu der Ergänzung der Informationsgewinnung trägt die Berichtspflicht dazu bei, dass die Ministerialverwaltung sich fortlaufend über ihre Tätigkeiten zu vergewissern hat, was im Ergebnis auch eine Verbesserung der parlamentarischen Kontrolle zur Folge hat.

Schwierig ist jedoch die rechtliche Zulässigkeit solch erweiteter Berichtspflichten. Denn sei es durch einen schlichten Parlamentsbeschluss oder durch einfaches Gesetzesrecht, in beiden Fällen wird einem Verfassungsorgan, also der Bundesregierung, durch den Bundestag eine Pflicht zur Berichterstattung auferlegt. Dies ist ohne eine Änderung der Verfassung so nicht möglich[564]. Ein Ersuchen des Parlamentes um Unterrichtung durch die Bundesregierung muss deshalb als unverbindliche Bitte ausgelegt werden, um nicht gegen das Demokratieprinzip im Speziellen oder das Grundgesetz im Allgemeinen zu verstoßen[565]. Darüber hinaus wird das Anfordern von Berichten von der Tatsache begrenzt, dass das Parlament die Regierung um keine Berichte ersuchen darf, für welche die Regierung nicht zuständig ist[566].

Die Behandlung der bisher möglichen Berichte im Bundestag ist in §§ 75 I e), 77 II GO BT geregelt. Beachtenswert ist hierbei, dass grundsätzlich Vorlagen

564 *Waechter*, Berichtspflichten der Regierung aus einfachem Gesetzesrecht, in: ZG 1996, S. 85.
565 *Waechter*, Berichtspflichten der Regierung aus einfachem Gesetzesrecht, in: ZG 1996, S. 93.
566 *Linck*, Berichte der Regierung an das Parlament, in: DÖV 1979, S. 121.

gedruckt und an die Mitglieder des Bundestages verteilt werden. Jedoch wird bei Berichten gemäß § 75 I e) GO BT, welche eine Unterrichtung durch die Bundesregierung darstellen, von einer Drucklegung regelmäßig aus Kostengründen abgesehen und die Berichte werden stattdessen in einer Übersicht zusammengestellt und in einem Raum zur Einsicht ausgelegt. Eine Ausnahme von einem möglichen Absehen einer Drucklegung liegt aber vor, wenn die Unterrichtung aus einer gesetzlichen Verpflichtung oder einem parlamentarischen Beschluss hervorgeht[567].

Es gilt verschiedene Arten von Berichten zu unterscheiden, deren Bedeutung sich für die parlamentarische Kontrolle je nach Zielsetzung der Berichtspflicht bemisst. Neben den darstellenden Berichten über beschlossene Projekte sind maßgeblich für die parlamentarische Kontrolle die Berichte, die einerseits den aktuellen Stand einer angestrebten politischen Entwicklung überwachen und dem Bundestag die Möglichkeit geben, auf Fehlentwicklungen zu reagieren. Und andererseits sind solche Berichte für die parlamentarische Kontrolle wichtig, die es dem Bundestag ermöglichen, die Erfahrungen bei der Anwendung eines kürzlich beschlossenen Gesetzes zu überprüfen[568]. Vergleichbar mit dem englischen Modell des value for money geht es hierbei um eine Gesetzesfolgenabschätzung, welche die Effektivität und Effizienz der beschlossenen Normen betrachtet. Ergänzt werden kann diese Art von Berichtspflicht durch eine Befristung des Gesetzes[569].

Fraglich ist jedoch, ob die zur Verfügung gestellten Berichte der Bundesregierung nicht bloße Tätigkeitsberichte darstellen, sondern wirklich eine Erfolgsbewertung vornehmen und so einerseits die Überprüfung der Effektivität und Effizienz durch den Bundestag zulassen und andererseits die Ministerialverwaltung bei der Erstellung der Berichte zu einer kritischen Beschäftigung mit der zu behandelnden Thematik verpflichten. Grundsätzlich ist festzustellen, dass beide Ziele erfüllt werden, so dass es sich nicht nur um einen bloßen Tätigkeitsbericht handelt. Denn gerade in ihrer Gesamtheit umfassen die Berichte der Bundesregierung beachtliche Hinweise auf die Folgen des gesetzgeberischen Handelns. Darüber hinaus werden im Vorfeld der Erstellung des Berichts Experten gehört, Stellungnahmen von Interessenvertretungen oder interessierten Bürgern berücksichtigt und gelegentlich auch Kommissionen zur Bewertung der zu prüfenden Thematik gebildet. Auf diese Art und Weise werden vermehrt Informationen über die Wirkungszusammenhänge gesammelt, und es kann die zum Ziel gesetzte Erfolgsbewertung vorgenommen werden[570]. Ein Beispiel hierfür ist die so genannte Hartz-Kommission, eine von der damaligen Bundesregierung eingesetzte Exper-

567 *Roll*, Geschäftsordnung des Deutschen Bundestages. Kommentar. § 77 Rn. 2.

568 *Derlien*, Das Berichtswesen der Bundesregierung – Ein Mittel der Kontrolle und Planung, in: ZParl 1975, S. 43.

569 *Schmidt*, Die demokratische Legitimation der parlamentarischen Kontrolle, S. 105.

570 In diesem Sinne auch *König*, Evaluation als Kontrolle der Gesetzgebung, S. 15 f.

tenkommission für moderne Dienstleistungen am Arbeitsmarkt unter der Leitung des ehemaligen Personalvorstands der Volkswagen AG, Peter Hartz. Der Bericht der Hartz-Kommission wurde im August 2002 vorgelegt und enthielt Vorschläge zum Abbau der Arbeitslosigkeit und zur Umstrukturierung der ehemaligen Bundesanstalt für Arbeit, die Grundlage für die Arbeitsmarktreformen der Bundesregierung bildeten.

Die Verbesserung der parlamentarischen Kontrolle durch eine grundsätzliche Berichtspflicht der Bundesregierung gegenüber dem Bundestag ist darüber hinaus nicht neu. Bereits im Jahre 1977 brachte die CDU/CSU-Bundestagsfraktion einen Antrag ein, in dem eine verpflichtende Berichtspflicht bezüglich der Wirksamkeit neuer Gesetze gefordert wurde[571].

II. Ziel eines strategischen Berichtswesens

Grundlegendes Ziel eines strategischen Berichtswesens ist die Verbesserung sowohl der eigenen Informiertheit eines jeden Interessierten als auch der Struktur der Aufbereitung aller zugänglichen Informationen. Bei dem Stichwort *aller zugänglichen Informationen* könnte man zunächst an den Art. 5 I 1 Hs.2 GG denken, welcher das Grundrecht umfasst, sich aus allgemein zugänglichen Quellen ungehindert zu unterrichten. Diese Informationsfreiheit umfasst nach der Rechtsprechung des Bundesverfassungsgerichts aktives Handeln zur Beschaffung von Informationen ebenso wie die schlichte Entgegennahme von Informationen und dient somit nicht nur der individuellen Entfaltung, sondern auch dem demokratischen Prinzip[572]. Im Hinblick auf Informationen, über die staatliche Stellen verfügen, stellt sich die Frage der allgemeinen Zugänglichkeit. Nach ständiger Rechtsprechung des Bundesverfassungsgerichts bestimmt sich dieser Begriff nach tatsächlichen Gegebenheiten. Allgemein zugänglich ist eine Quelle, wenn „*sie technisch geeignet und bestimmt ist, der Allgemeinheit, d.h. einem individuell nicht bestimmbaren Personenkreis, Informationen zu verschaffen*“[573]. Wenn die Exekutive Öffentlichkeitsarbeit betreibt, macht sie Informationen allgemein zugänglich. Dagegen sind die Unterlagen und Arbeitsmittel der Ministerialverwaltung technisch nicht dazu bestimmt, der Öffentlichkeit zugänglich gemacht zu werden, weshalb die Einführung eines strategischen Berichtswesens erforderlich wäre, um dem Recht auf Informationsfreiheit Genüge zu tun.

Ziel des strategischen Berichtswesens ist dabei zum einen die Steigerung der Transparenz von Kosten und Leistungen der Verwaltungen und zum anderen auf-

---

571 *Wegrich/Shergold/van Stolk/Jann*, Wirksamkeit von Sunset Legislation und Evaluationsklauselen, S. 4 mit Verweis auf BT-Drs. 8/1206.

572 BVerfGE 27, 71 (81 f.).

573 BVerfGE 27, 71 (83).

grund dieser erhöhten Transparenz die Feststellung einer Rechenschaftspflicht der politischen Entscheidungsträger. Die Umsetzung dieses Ziels hätte, wie bereits bei der Erläuterung der Merkmale der Public Accountability in § 3.C.I dargestellt, die Erzeugung eines umfassenden Bildes der Situation der Verwaltungen gegenüber dem Parlament, den Ministerien und der Öffentlichkeit und im besten Fall auch eine Effektivitätssteigerung zur Folge. Gleichzeitig könnte die Einführung eines strategischen Berichtswesens darüber hinaus die interne Steuerung der Ministerialverwaltung und die Kommunikation mit den anderen Beteiligten verbessern[574]. Denn das strategische Berichtswesen wird dem Controlling zugeordnet, welches „*als System zur Führungsunterstützung durch die Bereitstellung von geeigneten Informationen im Rahmen des Managementprozesses Planung – Durchführung – Kontrolle bezeichnet wird*“[575].

Wie bereits festgestellt, hat der Bundestag die Möglichkeit, per Beschluss einen Bericht von der Bundesregierung anzufordern. Dies geschieht meist mit dem Ziel, erste Erfahrungen der beschlossenen Tätigkeiten und Gesetze bei der Umsetzung zu ermitteln und sich über die Wirksamkeit in Kenntnis setzen zu lassen[576]. Denn die Bundesregierung hat einen Informationsvorsprung gegenüber den Parlamentariern, da sie auf die umfassenden Daten der Ministerialverwaltung zurückgreifen und diese aufarbeiten lassen kann[577]. Das Parlament kann jedoch nur dann darüber entscheiden, ob die beschlossenen Maßnahmen wirksam sind, wenn es zuvor möglichst umfassend informiert wird[578]. In diesem Sinne sprach die Ad-hoc-Kommission „Parlamentsreform“ 1985 in ihrem Bericht die Empfehlung aus, dass die Bundesregierung gebeten werde, beispielsweise „*bei Gesetzesanträgen dem (...) Informationsanspruch des Bundestages dadurch stärker Rechnung zu tragen, dass sie die fachlichen Grundlagen der Entscheidung für ihren Entwurf – Gutachten, Untersuchungen, Informationen aus Anhörungen im Vorbereitungsstadium u. ä. – darstellt und gegebenenfalls offenlegt oder zugänglich macht*“[579]. Die Berichte dienen in diesem Sinne mithin als „*Arbeitsgrundlage für die Prüfung und Entwicklung gesetzgeberischer Maßnahmen*“[580].

---

574 *Jann/Reichert/Naschold,* Innovation, Effektivität, Nachhaltigkeit – Internationale Erfahrungen zentralstaatlicher Verwaltungsreformen, S. 28; *Derlien,* Das Berichtswesen der Bundesregierung – Ein Mittel der Kontrolle und Planung, in: ZParl 1975, S. 46.

575 *Richter,* in: Blanke/von Bandemer/Nullmeier/Wewer, Handbuch zur Verwaltungsreform, S. 394.

576 *Ismayr,* Berichte der Bundesregierung im Prozess parlamentarischer Willensbildung, in: ZParl 1990, S. 555.

577 *Pfetsch,* in: Sarcinelli, Politikvermittlung und Demokratie in der Mediengesellschaft, S. 243.

578 *Jessen,* Neuere Ansätze parlamentarischer Steuerung und Kontrolle, S. 77.

579 BT-Drucksache 10/3600 vom 1.7.1985.

580 So z.B. BT-Drucks. 10/1354, S. 2.

Als Adressat dieser angeforderten Berichte wird die Bundesregierung wahrscheinlich ihre Politik und auch die von der Parlamentsmehrheit beschlossenen Gesetze positiv und erfolgversprechend darstellen. Dass die Opposition der positiven Darstellung kritisch gegenüber stehen wird, ist unzweifelhaft. Ebenso ist unzweifelhaft die Tatsache, dass die Regierung in ihrem Bericht keine Anhaltspunkte dafür liefern wird, dass die Umsetzung unzureichend oder ineffizient ist. Das bedeutet, für den Fall, dass Mängel bei der Umsetzung bekannt werden sollten, diese im Zweifel intern besprochen werden, so dass zunächst kein offensichtlicher Nutzen aus der Erstellung des Berichtes ersichtlich ist. Doch zu beachten ist, dass die angeforderten Berichte ihre politische Wirkung vielmehr mittelbar, das heißt über die allgemeine Öffentlichkeit und über die Fachöffentlichkeit entfalten werden. Die Darstellung von Tatsachen, welche auf den ersten Blick unkritisch erscheinen, kann meinungsbildend wirken und eventuelle Missstände aufzeigen. Letztlich fördern Berichte damit die politische Auseinandersetzung sowohl im Vorfeld als auch jenseits der Gesetzgebungsarbeit[581], und das ist gerade der Zweck des Konzeptes der Public Accountability und damit die Zielsetzung des strategischen Berichtswesens. Eine erweiterte Informationsbasis ist Voraussetzung der parlamentarischen Kontrolle und der Mitwirkung an der Politik im Sinne des Konzeptes der Public Accountability[582].

1. Berichtsinhalt

Aus diesen geschilderten Zielen des Berichtswesens gilt es, einen angemessenen Berichtsinhalt zu erarbeiten. Wesentliches Kriterium sollte dabei der Entscheidungsspielraum des Berichtsempfängers sein, da Grundsatz des Konzepts der Public Accountability die Gewährleistung der Überprüfung der politischen Entscheidungen durch die Öffentlichkeit ist. Erforderlich für die Überprüfung sind die Tatsachen, die den Berichterstatter veranlasst haben, die politische Entscheidung zu treffen[583]. Grundsätzlich könnten als Anhaltspunkte für die Aufnahme in die Berichte folgende Informationen dienen: Bericht über die Aktivitäten des vergangenen Jahres oder des laufenden Projektes / Finanzbericht / Ergebnisanalyse / Bericht über Personal und Organisation und Bericht über rechtliche Änderungen[584].

---

581 *Brüning,* Der informierte Abgeordnete, in: Der Staat 43 (2003), S. 530 mit Verweis auf *Waechter,* Berichtspflichten der Regierung aus einfachem Gesetzesrecht, in: ZG 1996, S. 89 und *Maiwald,* Berichtspflichten gegenüber dem Deutschen Bundestag, S. 95 ff.

582 *Jessen,* Neuere Ansätze parlamentarischer Steuerung und Kontrolle, S. 78.

583 *Maiwald,* Berichtspflichten gegenüber dem Deutschen Bundestag, S. 17 f.

584 *Jann/Reichert/Naschold,* Innovation, Effektivität, Nachhaltigkeit – Internationale Erfahrungen zentralstaatlicher Verwaltungsreformen, S. 28.

a) Bisherige Berichtsarten

Bisher sind im parlamentarischen System drei Arten von Berichten bekannt: Zunächst gibt es themenbezogene Berichte, zu welchen die Bundesregierung aufgrund verschiedener Vorgaben regelmäßig verpflichtet ist. Beispielhaft seien hier der Jahreswirtschaftsbericht (§ 2 I StWG) oder der Energiebericht (§ 63 EnWG) genannt[585]. Daneben kann ein Beschluss des Parlaments im Sinne des § 75 II GO BT die Bundesregierung auffordern, einen Bericht auf die Tagesordnung des Bundestages zu setzen. Fraglich ist, ob diese so genannten schlichten Parlamentsbeschlüsse[586], welche in Form eines Entschließungsantrags oder einer Beschlussempfehlung eines Ausschusses ergehen, die Bundesregierung verpflichten können, zu berichten. Grundsätzlich ist das der Fall[587], sofern es sich dabei nicht um einen Beschluss im Rahmen einer Gesetzesinitiative[588] handelt, sondern der Bundestag ausschließlich über eine Thematik informiert werden möchte, über die er bisher noch keine ausreichenden Kenntnisse erlangt hat[589]. Und schließlich gibt die Bundesregierung auch auf Eigeninitiative verschiedene Berichte zur Darstellung der eigenen Arbeit heraus, so genannte Tätigkeitsberichte[590]. Festzustellen ist bisher, dass Regierungsberichte oft eine mühevolle und langatmige Lektüre sind. Sie sind *„zum Teil zu lang, zu wenig strukturiert und fachlich überfrachtet“*[591]. Deshalb sollten sie *„in Aufbau, Darstellung und Sprache stärker auf die Bedürfnisse der parlamentarischen Arbeit zugeschnitten werden“* – so die Ad hoc Kommission Parlamentsreform zu Recht[592].

585 *Derlien,* Das Berichtswesen der Bundesregierung – Ein Mittel der Kontrolle und Planung, in: ZParl 1975, S. 43.

586 Der so genannte schlichte Parlamentsbeschluss regelt das Verhältnis des Bundestages zur Bundesregierung, wobei er sich auf keine unmittelbare verfassungsrechtliche Grundlage abstützt; vgl. *Butzer,* Der Bereich des schlichten Parlamentsbeschlusses, in: AöR 119 (1994), S. 71.

587 So auch: *Hölscheid,* Information der Parlamente durch die Regierungen, in: DÖV 1993, S. 599.

588 *Butzer,* Der Bereich des schlichten Parlamentsbeschlusses, in: AöR 119 (1994), S. 67 verweist auf das Grundgesetz, welches zwischen Beschlüssen, die in dem verfassungsrechtlich vorgeschriebenen Verfahren der Gesetzgebung ergehen, und sonstigen Beschlüssen unterscheidet.

589 Vgl. dazu den § 11 GGO II, welcher bei bloßem Informationsverlangen eine Berichtspflicht annimmt.

590 *Saalfeld,* in: Strom/Müller/Bergmann, Delegation and Accountability in Parliamentary Democracies, S. 362.

591 *Ismayr,* Berichte der Bundesregierung im Prozess parlamentarischer Willensbildung, in: ZParl 1990, S. 558 mit Verweis auf Vorschläge und Überlegungen zur Verbesserung der parlamentarischen Arbeit von Bundestagspräsident Jenninger vom 11.9.1987.

592 BT-Drs. 10/3600, S. 14.

b) *Vorgaben an den Berichtsinhalt*

Wichtig für den Inhalt und Aufbau aller Berichte sind eine sachliche Herangehensweise und eine objektive Darstellung. Die Anforderungen hieran dürfen allerdings nicht zu hoch sein, da auf die Meinungsfreiheit des Berichterstellers – im Rahmen seiner Treuepflicht zum Staat, also unter Abwägung der Art. 5 I GG und Art. 33 IV GG – Rücksicht zu nehmen ist. Denn wie beim Ziel des Berichtswesens festgestellt, werden die Bundesregierung und somit auch die Ministerialverwaltung trotz der Pflicht zur Neutralität[593] eigene Positionen in die Berichte mit aufnehmen. Grenze für die Freiheiten bei der Berichterstattung ist Art. 42 III GG, welcher von der Verantwortung für die Berichte befreit, sofern sie wahrheitsgetreu sind. Dabei wird jedoch keine Verantwortungsfreiheit für „eigene" Standpunkte gewährt. Wahrheitsgetreu ist der Bericht, wenn er die Verhandlung richtig und vollständig wiedergibt[594].

Eine Schwäche der bisherigen Berichte öffentlicher Organe liegt darin, dass die Berichte aufgrund ihrer Vielzahl und thematischen Breite nicht vollständig zu erfassen sind. Eine Bewältigung der Informationsflut ist oftmals nicht zu leisten, weshalb die Summe der angebotenen Detailinformationen faktisch ein Informationsdefizit darstellt[595]. Angedacht werden sollte deshalb etwa, die Berichtsempfänger in die Informationsauswahl mit einzubeziehen. Möglich wäre es daneben auch, die Zielvorgaben des Parlaments und der Regierung an die Ministerialverwaltung schärfer zu fassen, wobei ebenso die informatorischen Bedürfnisse der Öffentlichkeit zu berücksichtigen sind. Auch diesem Zweck soll die periodische Berichtspflicht der Verwaltung dienen. Die Berichte sind sowohl dem Parlament als auch den Bürgern selbst zur Verfügung zu stellen.

2. *Berichterstatter / Berichtsempfänger*

Bisher lassen sich die Berichte nach Art der Initiierung unterscheiden in Berichte der Bundesregierung aufgrund eigener Initiierung, Berichte in Folge eines Begehrens des Bundestages und Berichte, welche von der Bundesregierung aufgrund einer gesetzlichen Verpflichtung erlassen werden[596]. Im Rahmen des Konzepts der Public Accountability kann als Berichterstatter nur die Ministerialver-

---

593 Vgl. BVerfGE 44, 125 (143); *Mandelartz,* Öffentlichkeitsarbeit der Regierung, in: DÖV 2009, S. 516.

594 *Kretschmer,* in: Schmidt-Bleibtreu/Hofmann/Hopfauf, Kommentar zum Grundgesetz, Art. 42, Rn. 20-21.

595 *Clasen,* Effizienz und Verantwortlichkeit. Reformempfehlungen für eine effektive, aufgabengerechte und bürgerkontrollierte Verwaltung, S. 78; *Schenker-Wicki,* in: Hill, Die Zukunft des öffentlichen Sektors, S. 158.

596 *Linck,* Berichte der Regierung an das Parlament, in: DÖV 1979, S. 118.

waltung im Auftrage der Bundesregierung in Betracht kommen. Das für das angefragte Thema zuständige Ressort wird den Bericht durch eines ihrer Abteilungen, Unterabteilungen oder Referate erstellen lassen[597]. Allerdings kann der Bundeskanzler gemäß Art. 65 S. 1 GG den Bericht in Einzelfällen übernehmen, sofern es sich um einen grundlegenden oder wegweisenden Sachverhalt handelt[598]. Die Richtlinienkompetenz des Bundeskanzlers geht jedoch nicht so weit, dass er beliebig alle wichtigen Entscheidungen oder Berichte an sich ziehen kann[599], mithin bleibt die Berichterstellung regelmäßig Aufgabe der einzelnen Ressorts.

Als Berichtsempfänger werden zum einen das Parlament und die Regierung und zum anderen die interessierte Öffentlichkeit auftreten, wobei die Berichte auch innerhalb der Ministerialverwaltung ausgegeben werden sollten, um den Lerneffekt zu verwirklichen und auch die anderen, nicht zuständigen Ressorts zu informieren. Ohne verlässliche Dokumente wird es der Regierung nicht möglich sein, die staatlichen Ressourcen verantwortungsvoll zu nutzen und ihr Mandat der Öffentlichkeit gegenüber zu erfüllen[600]. Die Kenntnisnahme durch das Parlament ist bereits jetzt in §§ 75 ff GO BT geregelt. Die bisherige Praxis der Rückkoppelung der Entscheidungsträger nur über die Pflege ihrer Wahlkreise, die Medien, den parlamentarischen Ombudsmann und durch Interessenverbände muss durch ein Berichtswesen ergänzt werden[601].

3. *Zeitraum der Veröffentlichung*

Es wird jedoch zu klären sein, für welchen Zeitraum bzw. in welchen Zeitabständen strategische Berichte erstellt werden sollten. Orientiert man sich an den Geschäftsberichten der Unternehmen der Privatwirtschaft, so würden sich jährliche Lageberichte statt nur eines Berichts per Legislaturperiode empfehlen. Ansonsten kommt eine anlassbezogene Veröffentlichung in Betracht. Für die Art und Weise der Veröffentlichung sollte sich an das englische Modell angelehnt werden, welches eine Kombination von eigenständiger Herausgabe von angeforderten Berichten, Darstellung von Ergebnissen parlamentarischer Arbeit im Hansard und ein komplettes Zur-Verfügung-Stellen aller Berichte im Internet ist. Eine solch umfassende Darstellung ist im deutschen parlamentarischen System

597 *Derlien,* Das Berichtswesen der Bundesregierung – Ein Mittel der Kontrolle und Planung, in: ZParl 1975, S. 44 f.

598 *Maiwald,* Berichtspflichten gegenüber dem Deutschen Bundestag, S. 63; *Pieroth* in: Jarass/ Pieroth, Grundgesetz für die Bundesrepublik Deutschland, Art. 65, Rn. 3.

599 *Brockmeyer,* in: Schmidt-Bleibtreu/Hofmann/Hopfauf, Kommentar zum Grundgesetz, Art. 65, Rn. 4a.

600 *Thurston/Cain,* Record Management as a Public Sector Accountability Function, S. 1.

601 *Hübner/Münch,* Das politische System Großbritanniens, S. 139.

wünschenswert. Denn dem Zeitpunkt der Information kommt maßgebliche Bedeutung dafür zu, inwieweit die Information noch verarbeitet werden kann[602].

4. Resümee

Zwar ist einzugestehen, dass bereits jetzt das Berichtswesen ein solches Ausmaß hat, dass weder der Abgeordnete noch der einzelne Bürger im Stande sein wird, regelmäßig alle Informationen zu verarbeiten. Jedoch hat er die Möglichkeit, jede Information, die für seine Arbeit von Bedeutung oder Interesse ist, zu recherchieren und zu bewerten und dadurch einen Einblick in Regierungstätigkeiten zu erlangen. Es ist Aufgabe des einzelnen Abgeordneten und des Parlamentes insgesamt, die angebotenen Informationen zu sortieren und zu bewerten bzw. zu überprüfen, ob beispielsweise auf der Homepage des Bundestages oder der Bundesregierung alle Informationen dargestellt werden. Denn neben der Information des Abgeordneten wird so auch die Öffentlichkeit informiert. Vor allem Fachverbände, Interessenvertreter und gesellschaftliche Organisationen werden auf diese Art und Weise zu Mithelfern der parlamentarischen Kontrolle[603].

Insgesamt ist festzustellen, dass die Einführung eines strategischen Berichtswesens der Zielerfüllung des Konzeptes der Public Accountability dient, indem es auf die Gewinnung von konkreten Informationen für getroffene Entscheidungen abzielt und so die beschlossenen Zielsetzungen Transparenz, Rechenschaftspflicht und Beteiligung der Öffentlichkeit erreicht.

C. Rechenschaftspflicht der politischen Entscheidungsträger im Sinne des Konzepts der Public Accountability

Ohne eine öffentliche Kontrolle der politischen Entscheidungen wäre die Demokratie nicht demokratisch[604]. Deshalb ist Ziel des Konzepts der Public Accountability nicht nur die Durchführung einer parlamentarischen Kontrolle, sondern auch die Erhöhung der Transparenz und die Verbesserung der politischen Kontrolle durch Mitwirkung auch der Öffentlichkeit. Die Erhöhung der Transparenz durch Einführung eines strategischen Berichtswesens wurde gerade erläutert.

602 Das Bestreben, dem Parlament eine möglichst günstige Chance der Einflussnahme auf die Regierungsarbeit einzuräumen, drückt sich in einigen Landesverfassungen aus, die eine „frühzeitige und vollständige" Unterrichtung verlangen (Nds, Bbg, RhPf, SchlH).

603 *Brüning,* Der informierte Abgeordnete, in: Der Staat 43 (2003), S. 531.

604 *Barberis,* The new Public Management and a new accountability, in: Public Administration 1998, S. 463; *Bovens,* in: Ferlie/Lynn/Pollitt, The Oxford Handbook of Public Management, S. 182; *Day/Klein,* Accountabilities. Five Public Services, S. 6.

Daran anschließend soll jetzt geprüft werden, wie die Rechenschaftspflicht der politischen Entscheidungsträger verbessert werden könnte.

Das parlamentarische Regierungssystem in Deutschland ist – wie bereit im zweiten Kapitel vorgestellt – geprägt durch die Rechenschafts- und Einstandspflicht der Bundesregierung. Das heißt, dass die Regierungsmitglieder auf der Grundlage eigener Entscheidungsmacht für ihre Tätigkeiten verantwortlich sind[605]. Rechenschaftspflicht bedeutet in diesem Zusammenhang, im Rahmen der parlamentarischen Kontrollrechte wie dem Frage- oder Untersuchungsrecht Rede und Antwort zu stehen und mitzuhelfen, die behandelnden Sachverhalte aufzuklären. Die Einstandspflicht ist demgegenüber schwächer ausgeprägt, da sie zwar eine fehlerhafte Amtsführung missbilligt, jedoch stets am Verfassungsziel der Regierungsstabilität ausgerichtet ist[606]. Voraussetzung für die Rechenschaftspflicht ist also wie gerade dargestellt eine eigene Entscheidungsmacht[607]. Um die Verantwortung für die getroffenen politischen Entscheidungen im Rahmen einer umfassenden Kontrolle einzufordern, gibt es zwei Möglichkeiten. Zum einen ist die Kontrollfunktion sowohl des Parlaments als auch der Öffentlichkeit auf die nachträgliche Kontrolle des Handelns gerichtet. Zum anderen ist es im Sinne des Konzeptes der Public Accountability erforderlich, dass Kontrolle auch die begleitende Einflussnahme auf das Verhalten der kontrollierten Instanz umfasst[608].

I. Merkmale des Konzeptes der Public Accountability

Wie bereits im Kapitel § 3 dargelegt, erfordert das Ziel des Konzepts der Public Accountability zwei sich gegenüber stehende Personen oder Organe, nämlich einen so genannten *Accounter* und ein *Accountability Forum.* Als Beispiele für den Accounter kommen die Bundesregierung insgesamt oder einzelne Minister, als Beispiel für das Accountability Forum Parlamentarier, einzelne Bürger oder die Öffentlichkeit insgesamt in Betracht[609].

Das Verhältnis des Accounters und seines Forums bezieht sich im Rahmen des Konzepts der Public Accountability über drei Ebenen: Der Accounter muss sich zunächst verpflichtet fühlen, über seine Maßnahmen und Entscheidungen in der Art und Weise zu informieren, dass jeder Interessierte die Möglichkeit des Zugangs zu den Informationen hat[610]. Das Zur-Verfügung-Stellen der Informationen

605 *Schröder,* in: v. Mangold/Klein/Starck, Kommentar zum Grundgesetz, Art. 65, Rn. 45.
606 *Schröder,* in: v. Mangold/Klein/Starck, Kommentar zum Grundgesetz, Art. 65, Rn. 52.
607 *Badura,* Die parlamentarische Verantwortlichkeit der Minister, in: ZParl 1980, 574.
608 *Krebs,* Kontrolle in staatlichen Entscheidungsprozessen, S. 34 ff.
609 *Bovens,* in: Ferlie/Lynn/Pollitt, The Oxford Handbook of Public Management, S. 184.
610 *Romzek/Dubnick,* in: Shafritz, International encyclopedia of public policy and adminstration, S. 6.

kann sowohl formal, das heißt beispielsweise in Form von offiziellen Berichterstattungen oder Anhörungen, als auch informal durch öffentliche Bekenntnisse oder Pressekonferenzen erfolgen. Diese Informationen sollen die Öffentlichkeit oder die Parlamentarier im nächsten Schritt motivieren, bei Interesse nach weiteren Informationen und, noch wichtiger, nach der Legitimität der getroffenen Entscheidungen zu fragen, um eine Diskussion zu initiieren. Abschließend soll die Öffentlichkeit sich über die Ergebnisse ihr Urteil bilden und mitteilen, ob sie die getroffenen Entscheidungen mitträgt oder ablehnt.

Das heißt, das Konzept der Public Accountability erfüllt in doppelter Hinsicht die Funktion der Öffentlichkeit. Einerseits ist Grundlage der Funktion der Öffentlichkeit die Offenheit der Politik, das heißt, dass die getroffenen Entscheidungen der Öffentlichkeit zugänglich gemacht werden. Andererseits bedeutet öffentlich, dass sich das Konzept der Public Accountability wie eben dargestellt auf die staatlichen Entscheidungsträger, mithin den öffentlichen Dienst, die Parlamentarier und vor allem die Regierung bezieht[611].

Festzustellen ist, dass sich zwar die grundsätzliche Struktur der Kontrolle politischer Entscheidungen in Deutschland seit In-Kraft-Treten des Grundgesetzes bewährt hat, jedoch zu Recht in Kapitel § 2.E darauf hingewiesen wurde, dass Schwächen bestehen, welche das Konzept der Public Accountability lösen könnte. Da allerdings das britische und das deutsche parlamentarische System vom Grundsatz her sehr unterschiedlich funktionieren, wird es nicht möglich sein, die britische Herangehensweise 1:1 auf das deutsche Rechtssystem zu übertragen.

II. Einführung von select committees

Das wichtigste Kontrollinstrument im politischen System in Großbritannien sind die so genannten select committees. Diese ressortorientierten parlamentarischen Sonderausschüsse haben die Zielsetzung, das wachsende Informationsgefälle zwischen Regierung und Parlament zu beseitigen und so die Regierungsarbeit besser zu kontrollieren. Anders als die so genannten standing committees, welche für die Begleitung eines bestimmten Gesetzesvorhaben eingerichtet und nach dessen Beschlussfassung wieder aufgelöst werden[612], begleiten die select committees die Arbeit „ihres“ Ressorts während der Dauer der kompletten Legisla-

---

611 *Bovens,* in: Ferlie/Lynn/Pollitt, The Oxford Handbook of Public Management, S. 183.

612 Aufgrund der kurzen Dauer des Bestehens eines standing committees und der Tatsache, dass auch der jeweils zuständige Minister Mitglieder des Ausschusses ist, findet hier so gut wie keine parlamentarische Kontrolle statt. Vergleiche dazu *Pyper,* in: Pyper, Ascpects of Accountability in the British System of Government, S. 60 f. und *Crowe,* Parliamentary Scrutiny in the Nations of Britain, S. 5.

turperiode. Was die select committees dabei im Einzelnen kontrollieren, bleibt ihnen selbst überlassen, jedoch sollen sie die Ausgaben, Verwaltung und Regierungspolitik des ihnen zugeordneten Ministeriums sowie assoziierter öffentlicher Körperschaften überprüfen[613].

Fraglich ist, ob für die Einführung einer besseren Kontrolle der Regierungsarbeit im Sinne der select committees die Arbeit der Fachausschüsse des Bundestages erweitert werden sollte, ob die Untersuchungsausschüsse herangezogen werden könnten oder ob eine Einführung von eigenen Kontrollausschüssen erforderlich ist.

In Großbritannien ist die Tätigkeit der select committees – anders als die Untersuchungsausschüsse in Deutschland – auf die Regierungskontrolle beschränkt. Den Untersuchungsausschüssen sind grundsätzlich alle Angelegenheiten vorbehalten, die in den Zuständigkeitsbereich des Bundestages fallen, auch wenn der Schwerpunkt ihrer Tätigkeiten in der Kontrolle von Regierung und Verwaltung liegt[614]. Die Untersuchungsaufträge werden allerdings dahingehend beschränkt, dass sie im öffentlichen Interesse liegen müssen[615].

Der größere Unterschied zwischen beiden Einrichtungen ist jedoch, dass in Großbritannien jedes Ressorts durch mindestens ein select committee über die ganze Legislaturperiode hinaus und somit systematisch kontrolliert wird, hingegen in Deutschland Untersuchungsausschüsse anlassbezogen zur nachträglichen Kontrolle von bekannt gewordenen Problemen agieren. In der Effektivität der Kontrolle besteht daher ein qualitativer Unterschied. Denn obwohl beide gemein haben, dass sie die Regierung zur Rechtfertigung ihrer Tätigkeiten und Entscheidungen zwingen können, liegt die primäre Wirkung der britischen Ausschüsse darin, dass sie auch eine präventive Wirkung aufgrund ihrer durchgängigen Kontrolle erzielen[616]. Die Regierung wird durch die kontinuierliche Arbeit der select committees gezwungen, sorgfältiger und bewusster zu arbeiten, um einem Aufdecken von Unregelmäßigkeiten zu entgehen. In Deutschland wird der Untersuchungsausschuss nach Art. 44 GG erst eingesetzt, wenn ein Problem bekannt geworden ist[617].

---

613 Gemäß standind order No. 130 (1) haben die select committees die Aufgabe, "... to examine the expenditure, administration and policy of the principal government departments ... and associated public bodies".

614 BVerfGE 105, 197 (222).

615 *Kretschmer,* in: Schmidt-Bleibtreu/Hofmann/Hopfauf, Kommentar zum Grundgesetz, Art. 44, Rn. 7, 10.

616 Vgl. dazu Englefield, Commons select committees, S. 6: "Every minister and any official in a government department or an associated public body now knows that there exists a constitutional machinery whereby he may, at any time, be required to give oral and written evidence in depth, and on the public record, on any matter within his public responsibility".

617 Nach Ansicht des Bundesverfassungsgerichts ist das Untersuchungsverfahren „*ein Aufklärungsinstrument im Rahmen der politischen Kontroverse*", das es erlaubt, umstrittene Sachverhalte zu bewerten; BVerfGE 105, 197 (225 f.).

Fraglich ist mithin, ob die Einführung dieser systematischen Kontrolle mit ihrer präventiven Wirkung auch eine Verbesserung des parlamentarischen Untersuchungsrechts in Deutschland erreichen könnte.

1. Voraussetzungen einer Einführung

Die Aufgabe der bisherigen Untersuchungsausschüsse in Deutschland ist es, im Rahmen ihres Untersuchungsauftrages einen Sachverhalt aufzuklären. Die Befugnisse desselben werden durch den Einsetzungsbeschluss[618], die Minderheitenrechte und die Regeln der Beweisaufnahme[619] begrenzt. Um mithin eine systematische Kontrolle der Tätigkeiten aller Ministerien zu erlangen, wäre eine flexible Gestaltung der Arbeit der Untersuchungsausschüsse und somit eine Änderung der bestehenden Befugnisse erforderlich. Denn die select committees in Großbritannien dürfen selber bestimmen, was sie im Laufe der Legislaturperiode innerhalb ihre Ressorts überprüfen, auch wenn sie schwerpunktmäßig die Ausgaben, Verwaltung und Regierungspolitik des ihnen zugeordneten Ministeriums sowie assoziierter öffentlicher Körperschaften überprüfen sollen[620]. Diese Flexibilität ist mit den Untersuchungsausschüssen im Sinne des Art. 44 GG nicht vereinbar, so dass sich die Frage stellt, ob in Anlehnung an das britische Modell auch in Deutschland ressortbezogene Kontrollausschüsse neu eingerichtet oder ob die Befugnisse der ständigen Parlamentsausschüsse erweitert werden sollten.

Alle Ausschüsse sind gemäß § 62 I 1 GO BT zur Erledigung der ihnen vom Bundestag überwiesenen Aufgaben verpflichtet. Gemäß § 62 I 3 GO BT dürfen sich die Ausschüsse aber auch mit Fragen befassen, die ihnen nicht vom Bundestag überwiesen wurden. Dieses so genannte Selbstbefassungsrecht ermöglicht den Fachausschüssen eine parlamentarische Kontrolle, welche im Gegensatz zur Kontrolle der Untersuchungsausschüsse begleitend ist. Hierauf aufbauend könnte es daher möglich sein, die Kontrolle der politischen Entscheidungen im Sinne der select committees zu ergänzen. Allerdings muss beachtet werden, dass die Ausschüsse grundsätzlich nur Beratungen durchführen können und eine abschließende Behandlung eines Vorgangs ohne Beteiligung des Plenums nicht möglich ist[621]. Folgerungen aus diesen Beratungen bleiben dem geschäftsmäßigen Gang vorbe-

---

618 *Morlok,* in: Dreier, Grundgesetz, Art. 44, Rn. 36.

619 *Kretschmer,* in: Schmidt-Bleibtreu/Hofmann/Hopfauf, Kommentar zum Grundgesetz, Art. 44, Rn. 21-30.

620 Gemäß standind order No. 130 (1) haben die select committees die Aufgabe, "... to examine the expenditure, administration and policy of the principal government departments ... and associated public bodies".

621 *Schneider/Zeh,* Parlamentsrecht und Parlamentspraxis in der Bundesrepublik Deutschland, S. 1116.

halten, so dass im Ergebnis auch eine Erweiterung der Befugnisse der ständigen Ausschüsse die Arbeit der select committees nicht ersetzen kann.

Mithin wäre eine Einführung von ressortbezogenen Kontrollausschüssen erforderlich. Diese könnten den Bundestag und die Öffentlichkeit über die Tätigkeiten der Exekutive informieren und aufklären und somit nicht nur eine gesteigerte Transparenz, sondern auch eine präventive Wirkung für die Arbeit der Ressorts herstellen[622].

2. *Grenzen einer Einführung*

Problematisch könnte die Errichtung solcher ressortbezogenen Kontrollausschüsse in Bezug auf das Prinzip der Gewaltenteilung werden. Denn gemäß Art. 20 II GG darf die zusätzliche kontinuierliche Kontrolle der Tätigkeiten der Exekutive nicht zu einer Verschiebung der Gewalten zu Gunsten des Bundestages geschehen[623]. Besonders geschützt ist hierbei der Kernbereich der exekutiven Eigenverantwortung der Bundesregierung. Diese Wahrung des Kernbereichs umfasst auch den Schutz vor informatorischen Eingriffen während der Entscheidungsfindung durch andere Verfassungsorgane. Erst nach Abschluss der jeweiligen Entscheidung darf auf Information gedrungen werden, um Eingriffe durch Dritte zu vermeiden[624]. Nach Ansicht des Bundesverfassungsgerichts muss ein Informationsinteresse umso gewichtiger sein, je tiefer es in den innersten Bereich der Willensbildung der Bundesregierung eindringt[625]. Eine Ausnahme von einer Anforderung an Informationsübermittlung stellt allerdings der so genannte „nicht ausforschbare Initiativ-, Beratungs- und Handlungsbereich" der Bundesregierung dar. Danach kann die Bundesregierung Besprechungen aller Art durchführen, ohne Ablauf oder einzelne Argumente veröffentlichen zu müssen, und Akten zurückbehalten, welche sie für vertraulich erklärt[626]. Beachtenswert ist hierbei die Tatsache, dass der pauschale Verweis darauf, dass der Bereich der Willensbildung der Regierung betroffen sei, für ein Verweigern der angeforderten Informationen nicht ausreicht[627]. Erforderlich ist stattdessen eine Abwägung gegenläufiger Belange.

Im Rahmen dieser Abwägung ist zu berücksichtigen, dass bei der Aufklärung möglicher Rechtsverstöße oder sonstiger Missstände, welche im Verantwortungs-

---

622 *Ziemske,* Das parlamentarische Untersuchungsrecht in England – Vorbild einer deutschen Reform? S. 117.

623 BVerfGE 22, 106 (111); 34, 52 (59); 49, 89 (124 f.).

624 *Lennartz/Kiefer,* Parlamentarische Anfragen im Spannungsfeld von Regierungskontrolle und Geheimhaltungsinteressen, in: DÖV 2006, S. 191.

625 BVerfGE 110, 199 (215).

626 BVerfGE 67, 100 (137).

627 BVerfGE 67, 100 (139); 77, 1 (59); 110, 199 (219).

bereich der Bundesregierung liegen, dem Informationsinteresse des Bundestages stets ein besonderes Gewicht zukommt[628].

3. *Resümee*

Entscheidend für die Einrichtung solcher Kontrollausschüsse wird mithin die Frage sein, wie weit die Befugnisse gegenüber der Exekutive reichen. Sowohl der Untersuchungsgegenstand als auch die Beweiserhebungsrechte müssten vorher fixiert werden, was zwar der angedachten Flexibilität im Vergleich zu den britischen select committees widerspräche, aber erforderlich ist zum Schutz des Kernbereichs der exekutiven Eigenverantwortung. Auf diese Art und Weise ließe sich das Ziel der Verbesserung der Transparenz und Rechenschaft für politische Entscheidungen im Sinne des Konzepts der Public Accountability erreichen. Anzumerken ist darüber hinaus, dass es in Großbritannien durch die Errichtung der select committees bisher zu keiner Verschiebung des Verhältnisses zwischen der Regierung und dem Parlament gekommen ist[629] und somit auch in Deutschland erwartet werden kann, dass die Einführung dem verfassungsrechtlichen Prinzip der Gewaltenteilung standhält.

III. Einführung eines parlamentarischen Ombudsmannes

Im Kapitel § 3.E.V wurde dargestellt, dass der Parliamentary Commissioner for Administration oder kurz Parlamentarischer Ombudsmann dafür zuständig ist, Beschwerden der britischen Bürger, die diese an ihren Wahlkreisabgeordneten übermittelt haben, zu bearbeiten. Fraglich ist, ob eine Einrichtung eines Ombudsmannes nach britischem Modell einerseits rechtlich möglich und andererseits für das deutsche parlamentarische Rechtssystem zwecks Kontrolle der politischen Entscheidungen sinnvoll ist. Herkunftsland des Ombudsmannes ist Schweden, wo es erstmals im Jahre 1809 einen solchen Parlamentsbeauftragten gab. Der Begriff Ombudsmann wird in diesem Zusammenhang als eine vom Staat bestellte, unabhängige Stelle benannt, die Beschwerden von Bürgern gegen behördliche Entscheidungen nachgeht bzw. als Hilfsorgan des Parlamentes dieses bei der Ausübung der Kontrolle der Regierung unterstützt[630].

---

628 2 BvE 3/07 vom 17. Juni 2009 (Verweigerung der Herausgabe von Akten im BND-Untersuchungsausschuss).

629 Vgl. dazu Englefield, Commons select committees, S. 17: "It is wholly misleading to suppose that the Government is waiting to take guidance from select committees".

630 *Kruse,* Der öffentlich-rechtliche Beauftragte, S. 169; *Debus,* Der Bürgerbeuftragte – Moderator, Dolmetscher und Lotse an der Schnittstelle zwischen Bürger und Staat, in: Thür. VBl. 2009, S 77 f.; zur historischen bzw. philosophischen Herleitung vgl. *Hansen,* Die Institution des Ombudsman, S. 1-10.

1. Bisherige Bearbeitung von Beschwerden

Artikel 17 GG legt dar, dass Jedermann Eingaben und Beschwerden an die zuständigen Stellen und an die Volksvertretung richten darf[631]. Art. 45 c GG beschränkt die Aufgabe des Petitionsausschusses des Bundestages auf die Behandlung derjenigen Bitten und Beschwerden, welche die Bürger aufgrund ihrer freien Entscheidung nach Art. 17 GG an den Bundestag richten. Der Petitionsausschuss hat daneben kein Selbstbefassungsrecht. Durch diese Aufgabenbeschränkung kommt dem Petitionsausschuss eine ausschließliche Kompetenz für die Behandlung der an den Bundestag gerichteten Petitionen zu[632]. Trotzdem billigt die Verfassung aber auch die Einrichtung von Bürgerbeauftragten durch die Exekutive oder die Legislative, welche die Aufgabe haben, dem Schutz der Rechte und Interessen der Bürger angemessen Rechnung zu tragen. Ein Beispiel hierfür ist der Beauftragte für Menschenrechtsfragen im Bundesministerium der Justiz. Um die ausschließliche Kompetenzzuweisung des Art. 45 c GG für Bitten und Beschwerden nicht zu verletzen, wäre es nicht ausreichend, die Einrichtung eines Ombudsmannes einfachgesetzlich zu regeln. Stattdessen wäre eine Ergänzung der bisherigen Ansätze von Regelungen im Grundgesetz erforderlich[633].

2. Ansätze eines Ombudsmannes

Im Grundgesetz finden sich bereits Ansätze zu Ausgestaltungen, die Ombudsmanncharakter haben. Beispiele hierfür sind der Wehrbeauftragte oder der Beauftragte für Datenschutz und Informationsfreiheit, wobei ausschließlich der Wehrbeauftragte im Grundgesetz, nämlich im Art. 45 b, niedergelegt ist. Der Wehrbeauftragte ist Organ des Bundestages und als solches stehen ihm auch nur die Kompetenzen zu, die auch dem Bundestag als Ganzem zustehen[634]. Seine Aufgaben bestehen einerseits darin, auf Eingabe von Soldaten der Bundeswehr oder auf eigene Initiative immer dann tätig zu werden, wenn ihm Umstände bekannt werden, die auf eine Verletzung der Grundrechte der Soldaten oder der Grundsätze der Inneren Führung schließen lassen und andererseits in der Ausübung parlamentarischer Kontrolle, wobei die nähere Ausgestaltung im WBeauftrG geregelt wird. Erwähnenswert ist, dass der Wehrbeauftragte zwar vom Verteidigungsaus-

631 Im Jahre 2004 gingen beispielsweise 70 Petitionen pro Arbeitstag beim Petitionsausschuss ein; vgl. *http://dip21.bundestag.de/dip21/btd/15/055/1505570.pdf*, S. 9.

632 *Achterberg/Schulte*, in: v. Mangoldt/Klein/Starck, Kommentar zum Grundgesetz, Art. 45 c, Rn. 9; vgl. für die aktuelle Berichterstattung über die Arbeit des Ausschusses *http://www.bundestag.de/bundestag/ausschuesse/a02/index.jsp* (Stand 21.9.2010)

633 *Franke*, Ein Ombudsmann für Deutschland? S. 107.

634 *Schmidt*, Die demokratische Legitimationsfunktion der parlamentarischen Kontrolle, S. 116.

schuss oder vom Bundestag gemäß § 1 II WBeauftrG zur Aufklärung bestimmter Sachverhalte beauftragt werden kann. Allerdings liegt die Durchführung der Aufgabenerledigung gemäß § 5 II WBeauftrG in seinem eigenen Ermessen.

Anders als beim Wehrbeauftragten findet sich im Grundgesetz keine ausdrückliche Regelung über den Datenschutzbeauftragten. Auf Bundesebene beruht die Bestellung eines solchen Beauftragten auf §§ 22 ff. BDSG und § 12 IFG. Der Beauftragte für Datenschutz und Informationsfreiheit wird vom Bundestag ernannt und ist verpflichtet, diesem alle zwei Jahre Bericht über seine grundsätzlich unabhängigen Tätigkeiten zu erstatten. Jeder Bürger hat das Recht, sich an den Datenschutzbeauftragten zu wenden für den Fall, dass er der Ansicht ist, ein staatliches Organ hätte seine Verpflichtung zum Datenschutz oder sein Recht auf Informationsfreiheit verletzt. Bei der Aufklärung dieser Verletzung stehen dem Datenschutzbeauftragten weitreichende Befugnisse zu: alle Behörden sind verpflichtet, ihm Zugang zu ihren Unterlagen zu gewähren und ihn mit Informationen auszustatten[635].

3. *Voraussetzungen für die Einführung eines Ombudsmannes*

Ein deutscher Ombudsmann müsste ebenso als Hilfsorgan des Bundestages eingerichtet und somit im Sinne der Gewaltenteilung nach Art. 20 GG der Legislative zugeordnet werden[636]. Sein möglicher Zuständigkeitsbereich beträfe die parlamentarische Kontrolle und die Bearbeitung von Petitionen als Ergänzung zum bereits bestehenden Petitionsausschuss nach Art. 45 c GG. Das bedeutet, dass ein Ombudsmann seine sachliche Legitimation aus Art. 17 GG erhielte, welcher die Behandlung von an den Bundestag gerichteten Bitten und Beschwerden regelt. Fraglich ist jedoch, ob ein Nicht-Parlamentarier parlamentarische Kontrolle wahrnehmen darf, denn der Ombudsmann dürfte aus Gründen der Neutralität und um eine Unabhängigkeit zum parlamentarischen System zu gewährleisten nicht Abgeordneter des Bundestages sein. Diese Art der Aufgabenwahrnehmung könnte dem Demokratieprinzip des Art. 20 I, II GG widersprechen, da der Grundsatz der Gewaltenteilung verlangt, dass Legislative, Exekutive und Judikative zum Zwecke der gegenseitigen Kontrolle von diesen drei Staatsorganen unabhängig ausgeführt wird. Es ist grundsätzlich nicht möglich, dass ein Beauftragter bzw. Ombudsmann zwischen diesen drei Organen steht[637].

Mit Blick auf Kapitel § 2.D.I kann der Eindruck entstehen, dass parlamentarische Kontrolle wie beispielsweise die Fragerechte nach §§ 100 ff. GO BT oder die Einsetzung eines Untersuchungsausschusses nach Art. 44 GG nur von Parlamentariern vorgenommen werden darf. Die Einrichtung eines Ombudsmannes

635 *Schmidt-Aßmann/Möllers,* in: Craig/Tomkins, The executive and public law, S. 287 f.

636 *Franke,* Ein Ombudsmann für Deutschland? S. 112.

637 *Kruse,* Der öffentlich-rechtliche Beauftragte, S. 102.

würde dieser Annahme entgegenstehen. Festzustellen ist aber, dass zwar der Bundestag das vorrangige Organ der parlamentarischen Kontrolle ist, jedoch der Ombudsmann nicht die erste Institution wäre, welche eine parlamentarische Kontrolle durchführt, ohne Mitglied des Parlamentes zu sein: sowohl der Bundesrechnungshof nach Art. 114 II GG als auch der Wehrbeauftragte nach Art. 45 b GG dürfen die Tätigkeiten von Bundesregierung und Verwaltung überprüfen. Erforderlich ist jedoch, dass der Ombudsmann als Hilfsorgan dem Bundestag zugewiesen ist. Ist dies gewährleistet und hält sich der Ombudsmann ebenso wie der Bundestag an die Grenzen der Kontrolle wie beispielsweise dem Gewaltenteilungsprinzip oder dem Prinzip der Unabhängigkeit der Justiz, widerspräche die Zuweisung von parlamentarischer Kontrolle auf den Ombudsmann nicht dem Demokratieprinzip und wäre daher zulässig[638].

4. Grenzen

Darüber hinaus ist fraglich, ob sonstige Gründe gegen die Einrichtung eines Ombudsmannes sprechen. Es könnte eine Selbstentmachtung des Parlamentes eintreten, indem durch die Übertragung von Aufgaben auf den Ombudsmann die Zuständigkeiten der Abgeordneten als Repräsentant des Bürgers in den Hintergrund geraten und eine Konkurrenzeinrichtung des Petitionsausschusses geschaffen wird. Ein Großteil der Abgeordneten – insbesondere die direkt gewählten Kandidaten und die so genannten Hinterbänkler – vollziehen den Schwerpunkt ihrer Arbeit im Wahlkreis. Wichtige Informationsquelle für die tägliche Arbeit ist mithin der Austausch mit den Bürgern vor Ort und die Kenntnisnahme der Probleme. Durch die Einführung eines Ombudsmannes als Anlaufstelle für Bitten und Beschwerden könnte daher die „Gefahr" bestehen, dass sich die Bürger direkt an diesen wenden und dem einzelnen Parlamentarier wichtige Informationen vorenthalten werden. Doch zum einen ließe sich dieser Verlust der Informationen durch eine gute Wahlkreisarbeit und der Bitte, stets eine Kopie der eingereichten Bitten und Beschwerden zu erhalten, umgehen. Zum anderen kann festgestellt werden, dass das Interesse an der Verbesserung der Bearbeitung von Petitionen durch einen zentralen Ombudsmann grundsätzlich den möglichen Verlust einer Informationsquelle überwiegt[639].

Doch darüber hinaus würde die Einrichtung eines Ombudsmannes eine außerparlamentarische Konkurrenzeinrichtung zum Petitionsausschuss darstellen und auch aus diesem Grund eine Selbstentmachtung des Parlamentes begründen kön-

---

638 *Debus,* Der Bürgerbeauftragte – Moderator, Dolmetscher und Lotse an der Schnittstelle zwischen Bürger und Staat, in: Thür. VBl. 2009, S. 82.

639 *Franke,* Ein Ombudsmann für Deutschland? S. 148.

nen[640]. Doch hier lässt sich ein Vergleich mit dem oben dargestellten Wehrbeauftragten darstellen. Denn dieser arbeitet in Kooperation mit dem Verteidigungsausschuss als Hilfsorgan des Bundestages. Das heißt, es besteht gerade nicht eine Konkurrenz, sondern eine Ergänzung. Würde man den Ombudsmann dementsprechend als zusätzliche Anlaufstelle in Form eines Hilfsorgans der Legislative für die Beschwerden der Bürger einrichten und eine Kooperation mit dem Petitionsausschuss vorschreiben, so besteht grundsätzlich keine Gefahr für eine Selbstentmachtung des Parlaments[641]. Möglich wäre es, beide Einrichtungen so aufzubauen und sachdienlich zueinander abzugrenzen, dass beide ihre jeweiligen Stärken umsetzen können. Denn Petitionsausschuss und Ombudsmann eint die Anstrengung, den Bitten und Beschwerden der Bürger abhelfen zu wollen[642].

5. *Resümee*

Im Ergebnis stehen der Einführung eines Ombudsmannes also keine Hindernisse entgegen. Eine Einführung wäre deshalb möglich und im Sinne des Konzepts der Public Accountability wünschenswert. Aufgabe des Ombudsmannes wäre es, Beschwerden in der Art und Weise nachzugehen, dass er die gerügten Behörden zu einer Stellungnahme auffordert und versucht zu vermitteln. Darüber hinaus müsste ihm genau wie beim Datenschutzbeauftragten eine regelmäßige Berichtspflicht auferlegt werden, um das Parlament informiert zu halten.

IV. Verbesserung der Bürgerbeteiligung

Zur Verbesserung des Verhältnisses zwischen Regierung, Parlament, Ministerialverwaltung und der Öffentlichkeit empfiehlt es sich, die Möglichkeiten der Partizipation an der Entscheidungsfindung zu verbessern. Denn je transparenter die alltägliche Politik gestaltet wird und je leichter die Bürger und Medien die politischen Entscheidungen nachvollziehen können, desto eher werden sich diese einmischen und versuchen, die politische Entscheidungsfindung zu beeinflussen[643]. Grundlage der Beteiligung der Öffentlichkeit beim Konzept der Public Accountability ist die Kenntnisnahme der Berichte der politischen Entscheidungsträger und die daran

640 *Kruse,* Der öffentlich-rechtliche Beauftragte, S. 156.

641 So auch: *Franke,* Ein Ombudsmann für Deutschland? S. 150; a. A. *Achterberg/Schulte,* in: v. Mangoldt/Klein/Starck, Kommentar zum Grundgesetz, Art. 45 c, Rn. 7 und *Kruse,* Der öffentlich-rechtliche Beauftragte, S. 157.

642 *Debus,* Der Bürgerbeauftragte – Moderator, Dolmetscher und Lotse an der Schnittstelle zwischen Bürger und Staat, in: Thür. VBl. 2009, S. 82.

643 *Czerwick,* in: Sarcinelli, Politikvermittlung und Demokratie in der Mediengesellschaft, S. 264; *Kühling,* Erosion demokratischer Öffentlichkeit? In: DVBl. 2008, S. 1099.

anknüpfende Befürwortung oder Missbilligung der berichteten Tätigkeiten. Fraglich ist, ob auch darüber hinaus die bisherigen Beteiligungsformen, wie z. B. die Teilnahme an Bürgerbefragungen oder die Mitarbeit in einer Partei, erweitert werden sollten, welche bereits in einem gewissen Sinne Formen der Public Accountability darstellen.

1. Subjektives Informationsrecht?

Da Öffentlichkeit wesentliche Grundlage der Demokratie im deutschen parlamentarischen Regierungssystem ist, sollte die Mitwirkung am politischen Geschehen nicht auf den Wahlakt beschränkt, sondern durch mehr Transparenz bei der Exekutive und Legislative erreicht werden. Art. 20 II 1 GG stellt klar, dass alle Staatsgewalt vom Volke ausgeht, mithin durch eine verbesserte Informiertheit der Öffentlichkeit diese an Entscheidungen der Exekutive oder Legislative teilhaben kann. Streitig ist jedoch in diesem Zusammenhang, ob aus dem Demokratieprinzip des Art. 20 I, II GG subjektive Informationsrechte nicht nur für die Abgeordneten des Bundestages, sondern auch für die Öffentlichkeit abgeleitet werden können[644]. Dafür spricht, dass die Rückkopplung zwischen Staatsleitung und Staatsvolk durch eine verbesserte Transparenz am effektivsten umgesetzt werden könnte, da hier die Kommunikation der politischen Entscheidungsträger mit der Öffentlichkeit gefördert werden könnte.

Fraglich ist jedoch, wie diesbezüglich mit dem geltenden Geheimhaltungsprinzip umgegangen werden soll. Grundsätzlich wird eine Abwägung der Geheimhaltungsinteressen der Bundesregierung, Ministerialverwaltung oder des Parlamentes – beispielsweise die des § 99 VwGO oder den §§ 3 ff IFG – mit dem Informationsbedürfnis der Öffentlichkeit erforderlich sein. Bisher ist das Prinzip der Geheimhaltung der Grundsatz. Eine rechtzeitigere Information der Bürger und ein Abrücken vom Geheimhaltungsprinzip als Regelfall wären deshalb auch als Ausgleichsmaßnahme gegenüber ökonomisch besser aufgestellten Interessengruppen erstrebenswert. Den Bedenken, die Effizienz der Verwaltung könne unter der erhöhten Transparenz und der allgemeinen Informationsmöglichkeit der Öffentlichkeit leiden, ist entgegenzuhalten, dass die Verwaltungstätigkeit durch einen Austausch im Sinne einer Kommunikation mit den Bürgern eher gefördert als gebremst wird[645].

644 Ablehnend: *Pieroth,* Die planende Verwaltung zwischen Geheimhaltung und Öffentlichkeit, in: JuS 1981, S. 627 und *Kopp,* Verfassungs- und Verwaltungsverfahrensrecht, S. 75, 80, 191; befürwortend: *Scherer,* Datenschutz und Datenzugang, in: JZ 1979, S. 389.

645 *Erichsen,* Das Recht auf freien Zugang zu Informationen über die Umwelt, in: NVwZ 1992, S. 412.

2. *Beteiligungsvorschläge für die kommunale Ebene*

Die Bertelsmann Stiftung hat im Rahmen des Projektes Kommunales Projekt zum Aufbau einer strategischen Steuerung (Kompass) mögliche Beteiligungsbeispiele für Bürger auf kommunaler Ebene erarbeitet. Zentrales Anliegen des Projektes ist es, Transparenz über die Wirkung kommunalpolitischer Ziele durch ein strategisches Berichtswesen herzustellen, kooperative und beteiligungsorientierte Zielfindungsprozesse vor Ort zu gestalten und die politisch-strategische Steuerungsfähigkeit der Kommunalpolitiker zu ermöglichen[646]. Der Projektansatz zeichnet sich insbesondere durch die Einbindung lokaler Akteure vor Ort aus. Danach könnten Bürger als Co-Planer, z. B. bei der Bauleitplanung oder bei der Kulturentwicklungsplanung, Bürger als Berater und Leistungsverstärker der öffentlichen Verwaltung, z. B. bei Befragungen oder beim Beschwerdemanagement und Bürgerprojekte im Bereich von Spielstätten, Sportplätzen, Senioreneinrichtungen oder Beratungsstellen eingeführt werden[647].

Die Modellkommunen sind angetreten, um die zukünftige Entwicklung ihrer Kommunen aktiv zu gestalten und politische Ziele – fraktionsübergreifend – zu definieren. Um diese Ziele zu erreichen, schlagen die Kompass-Modellkommunen einen ambitionierten Weg ein: Gemeinsam mit Kommunalpolitikern, Bürgern, gesellschaftlichen Interessengruppen und Kommunalverwaltung sollen langfristige Strategien für die Kommunen entwickelt werden. Dabei werden neue Formen der Kooperation zwischen den verschiedenen lokalen Akteuren erprobt. Diese Art und Weise der Beteiligung ist jedoch ausschließlich auf die kommunale Ebene begrenzt, denn die Vorschläge der Bertelsmann Stiftung betreffen ausschließlich kommunale Zuständigkeiten.

Bei einer möglichen Partizipation der Bürger im Rahmen dieses Projektes ist zu berücksichtigen, dass diese Beteiligungen nicht mit dem Repräsentationsauftrag der politischen Mandatsträger, der Gemeinwohlverpflichtung oder dem Neutralitätsgebot der Verwaltung kollidieren[648].

3. *Sachverständige Bürger*

Jedoch ist Ansatzpunkt des Konzepts der Public Accountability, dass interessierte Bürger sich aktiv an der Entscheidungsfindung beteiligen und Verantwortung für getroffene Entscheidungen einfordern können. Eine Möglichkeit der Verbesserung

646 Vgl. im Detail: *http://www.bertelsmann-stiftung.de/cps/rde/xbcr/SID-02BE1557-074A1757/bst/xcms_bst_dms_13313_13314_2.pdf* (Stand: 25.09.2010).

647 kompass news, 5/2002, S. 5

648 *Clasen*, Effizienz und Verantwortung. Reformempfehlungen für eine effektive, aufgabengerechte und bürgerkontrollierte Verwaltung, S. 80

des Zugangs zu Informationen bestünde in diesem Sinne für Bürger, wenn sie vergleichbar mit den so genannten Sachverständigen Bürgern der kommunalen Ebene auch im Bundestag in die Ausschüsse zu Anhörungen eingeladen werden oder online eine Stellungnahme zum Beratungsgegenstand abgeben können[649]. Nicht selten können die von den beratenden Vorschriften betroffenen Bürger aufschlussreiche Hinweise zur Wirkungsweise und zu eventuellen Folgen geben. Dabei geht es nicht um eine Einführung eines direktdemokratischen Elements, sondern um die Tatsache, dass Sachverstand auch außerhalb der organisierten Verbände und des institutionalisierten Wissenschaftsbereichs zu finden ist[650].

4. Onlinepetition

In diesem Sinne bereits eingeführt und gut von der Bevölkerung angenommen ist die Möglichkeit, online Petitionen entweder im Falle eigener Betroffenheit einzureichen oder bereits eingereichte Petitionen anderer Bürger durch elektronische Mitzeichnung zu unterstützen[651]. Aktuelles Beispiel ist die Petition über die Ablehnung der Sperrung von bestimmten Internetseiten, welche bereits über 134.000 Unterstützer gefunden hat[652]. Über die online eingereichten Petitionen kann im Anschluss in einem eigenen Forum diskutiert werden[653]. Auf diesem Wege erhält zum einen der Bürger nach Art. 17 GG in Verbindung mit Art. 45 c GG das Recht auf parlamentarische Überprüfung von Maßnahmen des Staates, und zum anderen bekommt das Parlament Kenntnis von Schwierigkeiten mit bestimmten gesetzlichen Regelungen[654]. Dieser informative Austausch entspricht dem Grundprinzip des Konzepts der Public Accountability, da auch der Petitionsausschuss ein Instrument der parlamentarischen Kontrolle mit Schwerpunkt auf Informationsaustausch darstellt[655] und das Vertrauen der Bürger in die demokratischen Struk-

---

649 Auf EU-Ebene wurde das Internet bereits in das Anhörungswesen integriert und kommt auch als Infrastruktur für politische Diskussionen zum Einsatz.
Vgl. das zentrale Webangebot „Your Voice in Europe“ unter *http://ec.europa.eu/yourvoice/consultations/index_de.htm* (Stand 20.9.2010)

650 Vgl. Bericht der TA-Akademie „Internet und Demokratie“, BT-Drs. 15/6015, S. 116.

651 *https://epetitionen.bundestag.de/index.php* (Stand 26.09.2010)

652 *https://epetitionen.bundestag.de/index.php?action=petition;sa=details; petition=3860* (Stand 27.08.2009)

653 *Leuenberger,* Neue “Visitenkarte” für den Bundestag, in: Das Parlament vom 13.10.2008; *Guckelberger,* Neue Erscheindungen des Petitionsrechts: E-Petitionen und öffentliche Petitionen, in: DÖV 2008, S. 86.

654 *Kretschmer,* in: Schmidt-Bleibtreu/Hofmann/Hopfauf, Kommentar zum Grundgesetz, Art. 45 c, Rn. 1.

655 *Guckelberger,* Neue Erscheindungen des Petitionsrechts: E-Petitionen und öffentliche Petitionen, in: DÖV 2008, S. 88; *Kretschmer,* in: Schmidt-Bleibtreu/Hofmann/Hopfauf, Kommentar zum Grundgesetz, Art. 45 c, Rn. 5.

turen durch die Möglichkeit, Vorschläge, politische Ideen oder Missstände den Parlamentariern mitzuteilen, gestärkt wird[656].

5. Resümee

Die Beteiligung der Öffentlichkeit ist mithin zusammengefasst gedacht als Möglichkeit einer öffentlichen Meinungsbildung und eines öffentlichen Diskurses. Denn in diesem Zusammenhang ist Public Accountability verbunden mit der Vorstellung, dass die Öffentlichkeit ein Gegengewicht zu der Macht des politischen Systems darstellen könnte. Durch die vermehrte Bürgerbeteiligung kann es geschehen, dass die Öffentlichkeit eine Medienpräsenz erhalten wird, was zur Folge hat, dass die Politiker gezwungen werden, hierzu Stellung zu nehmen, Informationen auszugeben und die bisherigen Verfahren und Entscheidungen zu begründen. Diese Aufforderung zur Stellungnahme und Begründung ermöglicht somit „Public Accountability", also eine öffentliche Rechenschaft, welche im Gegenzug erneut die Bürgerbeteiligung erhöht und Öffentlichkeitsmeinung beeinflusst. Es entsteht mithin ein Steuerungskreislauf mit den Komponenten Informationsausgabe, Meinungsbildung / Aufarbeitung, Rechenschaftspflicht.

Anders als in Großbritannien werden hierfür jedoch bisher die neuen Medien nicht ausreichend genutzt. In Großbritannien spielen insbesondere Onlinekonsultationen eine herausragende Rolle und zwar sowohl in Bezug auf Vorhaben der Regierung als auch auf Aktivitäten des Parlaments. Darüber hinaus bestehen online diverse Recherche- und Informationsmöglichkeiten, die es in einem solchen Umfang in Deutschland erst noch einzurichten gilt[657]. Aus diesem Grund sollen im Folgenden sonstige Eingliederungsmöglichkeiten neben der Verbesserung der Bürgerbeteiligung erläutert werden.

V. Verbesserung der Öffentlichkeitsarbeit

Wie bereits in der Einleitung zu Kapitel § 4 gefordert, benötigt die Öffentlichkeit vermehrt Informationen der politischen Entscheidungsträger und eine verbesserte Transparenz, um ihrem Verfassungsanspruch der Volkssouveränität gemäß Art. 20 II GG gerecht werden und sich eine Grundlage für die nächste Wahlent-

---

656 *Mehde,* Rechtliche und rechtspolitische Potentiale von Petitionsrecht und Ombudsmanneinrichtungen, in: ZG 2001, S. 158.

657 In Niedersachsen wurde im Jahre 2008 im Rahmen eines Gesetzesvorhabens erstmals eine Onlinekonsultation durchgeführt. Allerdings war weder die Ansicht der anderen Stellungnahmen noch eine Diskussion in einem onlineforum möglich. Vgl. *www.dienstrechtsreform.niedersachsen.de* (20.8.2009).

scheidung schaffen zu können. Erforderlich ist sowohl die Information, als auch die Kommunikation, da die politische Willensbildung nicht als „Einbahnstraße" gesehen werden darf[658]. Zu beachten ist dabei, dass Öffentlichkeitsarbeit die Politik zwar nicht verändern kann. Aber sie kann Politik nachvollziehbarer machen und schafft es, die Menschen näher an die wirklichen parlamentarisch-politischen Prozesse heranzuführen[659]. Dies hat das Bundesverfassungsgericht bereits in seinem ersten Urteil zur Öffentlichkeitsarbeit der Bundesregierung herausgestellt, in dem es dargelegt, dass sich die Willensbildung der Staatsorgane und die des Volkes regelmäßig in einer Wechselwirkung vollziehen[660].

Das heißt, das Scharnier zwischen Willensbildung der politischen Entscheidungsträger und Willensbildung des Volkes bzw. zwischen parlamentarischer Effizienz und politischer Transparenz ist die Öffentlichkeitsarbeit in Form von Information und Kommunikation[661]. Diese so genannte Responsivitätsfunktion der Öffentlichkeitsarbeit hat den Zweck, politische Entscheidungen zu legitimieren und auf die Erwartungen der Bürger hinsichtlich der Tätigkeiten der politischen Entscheidungsträger eingehen zu können[662]. Denn sofern keine aktive Berichterstattung der politischen Organe über ihre Tätigkeiten erfolgt, bleibt der Öffentlichkeit nur der Besuch öffentlicher Sitzungen oder das Verlassen auf die politische Berichterstattung durch die Medien[663]. Dies könnte ein „Zerrbild parlamentarischer Wirklichkeit" ergeben[664], da die Massenmedien als Filter fungieren, die bestimmen, was aus der Vielfalt der Meinungen und Themen als öffentlich wahrnehmbar und relevant erscheint. Notwendig ist daher – wie in Kapitel § 2.D.II.4.a) erläutert – eine Öffentlichkeitsarbeit, welche den Zweck verfolgt, die Öffentlichkeit zu informieren und den Bürger zu befähigen, sich am politischen Geschehen beteiligen und die politischen Entscheidungen kontrollieren zu können[665]. Dabei sind sowohl der Bundestag inklusive seiner Fraktionen und Abgeordneten als auch die Regierung und die Ministerialverwaltung verpflichtet, ihre Absichten und Handlungen der Öffentlichkeit darzulegen und zu erläutern[666].

---

658 *Engelbert/Kutschka,* Staatliche Öffentlichkeitsarbeit und Demokratieprinzip, in: NJW 1993, S. 1234; *Mandelartz,* Öffentlichkeitsarbeit der Regierung, in: DÖV 2009, S. 510.

659 *Sarcinelli,* Öffentlichkeitsarbeit der Parlamente, in: ZParl 1993, S. 465.

660 BVerfGE 44, 125 = BVerfG NJW 1977, 751.

661 *Sarcinelli,* Öffentlichkeitsarbeit der Parlamente, in: ZParl 1993, S. 469.

662 *Czerwick,* in: Sarcinelli, Politikvermittlung und Demokratie in der Mediengesellschaft, S. 254 f.

663 Auch das Bundesverfassungsgericht ist der Ansicht, dass „Informationen heutzutage in erster Linie über die Medien an die Öffentlichkeit vermittelt werden"; vgl. BVerfGE 103, 44 (66).

664 *Sarcinelli,* Öffentlichkeitsarbeit der Parlamente, in: ZParl 1993, S. 472.

665 *Engelbert/Kutscha,* Staatliche Öffentlichkeitsarbeit und Demokratieprinzip, in: NJW 1993, S. 1235 f.

666 BVerfGE 44, 125 (147); 63, 230 (242 f.); 105, 279 (301 ff.).

Zu beachten ist, dass bisher die Vermittlung der politischen Geschehnisse von oben nach unten verläuft, also von den politischen Akteuren zu den Bürgern. Ziel dieser Vorgehensweise ist die Beeinflussung der öffentlichen Meinung, um nicht nur eine größtmögliche Zustimmung zum eigenen Handeln zu erhalten[667], sondern auch, um die Vorgaben der Herstellung von politischer Transparenz und der Rechtfertigung des eigenen Handelns zu erfüllen[668]. Die bereits vorgestellte Absicht des Konzepts der Public Accountability, die Bürger aktiv in die Politikgestaltung mit einzubeziehen, indem sie Stellungnahmen zu Gesetzesvorhaben oder politischen Entscheidungen abgeben können, ist bisher nicht realisiert. Unter anderem wäre eine Verbesserung der Berichterstattung über die Arbeit des Bundestages und der Bundesregierung allein aus diesem Grunde wünschenswert. Denn an bestimmten allgemein interessierenden Debatten besteht ein erheblicher Bedarf. Früher wurden alle Bundestagsdebatten im ersten oder zweiten Fernsehprogramm übertragen. Erste Schritte zur Reaktivierung dieser Berichterstattung wurden inzwischen zwar durch die Übertragung ausgewählter Plenardebatten auf Phoenix oder das Zur-Verfügung-Stellen der Plenarprotokolle auf der Homepage des Bundestages gemacht. Die Möglichkeiten der Neuen Medien werden jedoch nicht ausreichend genutzt. Zwar hat fast jeder Abgeordnete und jedes Verfassungsorgan eine eigene Homepage. Anders als in Großbritannien besteht aber weder die Möglichkeit der Onlinekonsultation, der Abgabe von Stellungnahmen zu aktuellen Vorhaben noch die Möglichkeit zu einer Diskussion in einem Onlineforum. Einzelne Abgeordnete haben inzwischen Webblogs[669], doch insgesamt wäre eine Fortentwicklung der Öffentlichkeitsarbeit wünschenswert. Dabei wird entscheidend sein, dass das Interesse sowohl der Medien als auch der Öffentlichkeit richtig erkannt und gegebenenfalls gefördert wird[670].

VI. Einfachgesetzliche Eingliederungen

Nachdem oben in Kapitel § 4.A.IV festgestellt wurde, dass sich das parlamentarische Informationsrecht aus dem Demokratieprinzip des Art. 20 I, II GG ergibt, stellt sich die Frage, ob die konkrete Umsetzung des Informationsrechtes daneben einer einfachgesetzlichen Regelung bedarf und wie eine solche verfassungsrechtlich zu bewerten ist. Beispielsweise verpflichteten frühere Fassungen

---

667 *Czerwick*, in: Sarcinelli, Politikvermittlung und Demokratie in der Mediengesellschaft, S. 254 mit Verweis auf *Jarren*, Kann man mit Öffentlichkeitsarbeit die Politik retten? In: ZParl 1994, 253 ff.

668 *Pfetsch*, in: Sarcinelli, Politikvermittlung und Demokratie in der Mediengesellschaft, S. 238.

669 Siehe beispielsweise *http://www.liberale.de/Blogs/50c24/index.html* (Stand 20.8.2010).

670 So auch die Ad-hoc Kommission „Parlamentsreform“, BT-Drs. 10/3600, S. 19.

der Geschäftsordnung des Bundestages die Bundesregierung, dem Bundestag die Ausführungen seiner Beschlüsse schriftlich zu berichten[671]. Diese Vorschrift wurde jedoch später als entbehrlich angesehen und gestrichen.

Das Informationsfreiheitsgesetz eignet sich nicht als Grundlage für einen parlamentarischen Informationsanspruch, weil es für den Bereich der Wahrnehmung parlamentarischer Angelegenheiten nicht gilt[672]. Doch davon abgesehen sind bereits jetzt verschiedene Rechte des Bundestages gegenüber der Bundesregierung auf Vorlage von Berichten oder Informationsübermittlung einfachgesetzlich geregelt. Beispielsweise zu nennen sind die BHO, das PetAG oder das EUZBBG, welche ihre verfassungsrechtliche Grundlage in Art. 23 III, 45 c II bzw. 109 III GG haben. Darüber hinaus gibt es eine Anzahl von einfach-gesetzlichen Berichtspflichten, die keine Grundlage im Grundgesetz haben. Beispiele hierfür sind § 35 S. 3 BAföG (Bericht über die Entwicklung der Bedarfssätze), § 154 SGB VI (Rentenversicherungsbericht), § 26 I BDSG (Tätigkeitsbericht des Bundesdatenschutzbeauftragten) oder § 4 PkGrG (Unterrichtungspflicht über nachrichtendienstliche Tätigkeiten).

Danach wäre eine grundsätzliche Informationspflicht der Bundesregierung in Form von Berichten beispielsweise niedergelegt in einem Parlamentsinformationsgesetz[673] unbedenklich, selbst wenn im Grundgesetz neben dem Demokratieprinzip keine ausdrückliche Ermächtigung aufgenommen werden sollte[674]. Doch die verfassungsrechtliche Problematik wird an den bereits jetzt niedergelegten Berichtspflichten wie beispielsweise der Verpflichtung aus § 4 PkGrG deutlich. Danach wird die Bundesregierung als Kollegialorgan von einem anderen Verfassungsorgan, in diesem Fall dem Bundestag, in die Pflicht genommen zu berichten. Sofern die Bundesregierung aber durch einfaches Recht verpflichtet wird, dem Bundestag zu berichten, könnte ohne Rückgriff auf bestehende Regelungen des Grundgesetzes eine materielle Verfassungsänderung vorliegen. Genauer gesagt, darf das Parlament als Gesetzgeber nicht die Balance der Gewalten eigenmächtig verschieben, das heißt, es darf nicht ohne Änderung der Verfassung die eigenen

---

671 § 115 GO BTag in der Fassung vom 22.Mai 1970 lautete: (1) Die Bundesregierung gibt dem Bundestag über die Ausführung seiner Beschlüsse schriftlich Auskunft. Ist die Ausführung der Beschlüsse in angemessener Frist nicht möglich, dann erstattet die Bundesregierung einen Zwischenbericht. (2) Der Bundestag kann die Auskunft binnen einer von ihm bestimmenden Frist verlangen.

672 Vgl. BT-Drs. 15/4493.

673 Vgl. hierzu beispielsweise die Empfehlung der Konferenz der Landtagsdirektoren vom 23.3.1992 zu den Vorschlägen der Kommission der Landtagsdirektoren zu Fragen der Zweckmäßigkeit und zum möglichen Inhalt eins Parlamentsinformationsgesetzes (eingesetzt durch die 68. Konferenz der Präsidentinnen und Präsidenten der deutschen Landesparlamente am 7.5.1991).

674 *Schneider/Zeh,* Parlamentsrecht und -praxis, S. 1428.

Rechte durch einfachgesetzliche Regelungen ausweiten[675]. Die bereits eingeführten Berichtspflichten sind nur deshalb verfassungsgemäß, weil sie sich an die Funktionstrennung halten und keine Verschiebung der in Art. 20 II 2 GG statuierten Gewalten bedingen[676]. Eine neue einfachgesetzliche Regelung, welche dem Parlament gegenüber der Bundesregierung ein allgemeines Informationsrecht zugesteht, dürfte in Form einer Verpflichtung ohne Änderung des Grundgesetzes aber nicht zulässig sein[677]. Möglich wäre es jedoch, die einfachgesetzlichen Berichtsersuchen als Bitte ähnlich einem schlichten Parlamentsbeschlusses, und nicht als rechtlich verpflichtend anzusehen, um die rechtliche Zulässigkeit zu gewährleisten[678].

D. Grenzen des Konzepts der Public Accountability

Nachdem eine mögliche Übertragung des Konzeptes in das deutsche Rechtssystem erläutert wurde, gilt es abschließend zu klären, ob es Gründe gibt, die gegen die Einführung des Konzeptes der Public Accountability sprechen.

I. Informationsflut aufgrund zu vieler Berichte

Transparenz der politischen Entscheidungen durch vermehrte Veröffentlichung von Berichten und durch einen gesteigerten Informationsaustausch der politisch Beteiligten mit der Öffentlichkeit ist erstrebenswert, da auf diesem Wege dokumentiert wird, dass sowohl die von der parlamentarischen Mehrheit getroffenen Beschlüsse umgesetzt werden und im vorgegebenen Ressourcenrahmen bleiben, als auch die Öffentlichkeit insgesamt die Möglichkeit hat, das Handeln der Bundesregierung, der Ministerialverwaltung und des Parlaments zu verfolgen und zu beurteilen. Doch könnte sich die Freude über eine gesteigerte Informationsgewinnung dahingehend wandeln, dass die Beschwerde aufgeführt wird, dass sich das eingeführte strategische Berichtswesen zu sehr ausdehnt und eine Informationsflut entsteht. Als Folge dieser Beschwerde erscheint die Gefahr, dass es weder dem einzelnen Parlamentarier noch dem Bürger zumutbar ist, diese Informationsflut zu bewältigen und in der Konsequenz faktisch ein Informationsdefizit entsteht[679]. Fraglich ist also, ob eine Stellungnahme dahingehend genannt wird, die bisherige

675 *Waechter,* Berichtspflichten der Regierung aus einfachem Gesetzesrecht, in: ZG 1996, S. 85.

676 *Brüning,* Der informierte Abgeordnete, in: Der Staat 43 (2003), S. 534 f.

677 So auch: *Teuber,* Parlamentarische Informationsrechte, S. 249.

678 *Waechter,* Berichtspflichten der Regierung aus einfachem Gesetzesrecht, in: ZG 1996, S. 92 f.

679 *Clasen,* Effizienz und Verantwortlichkeit. Reformempfehlungen für eine effektive, aufgabengerechte, und bürgerkontrollierte Verwaltung, S. 78; *Schenker-Wicki,* in: Hill, Die Zukunft des öffentlichen Sektors, S. 158.

Struktur der Informationsgewinnung habe sich – zumindest für die Parlamentarier – bewährt[680] und eine Verbesserung sei nicht erforderlich.

Zwar ist einzugestehen, dass bereits jetzt das Berichtswesen ein solches Ausmaß hat, das der einzelne Abgeordnete nicht immer im Stande sein wird, alle Informationen zu verarbeiten[681]. Jedoch haben sowohl der Parlamentarier als auch die Öffentlichkeit die Möglichkeit zu sondieren, indem sie alle Informationen, die für die eigene Tätigkeit von Bedeutung oder Interesse sind, recherchieren, bewerten und dadurch einen Einblick in Regierungstätigkeiten erlangen. Es ist Aufgabe des einzelnen Abgeordneten und des Parlamentes insgesamt, die angebotenen Informationen zu sortieren und zu bewerten bzw. strukturiert beispielsweise auf der Homepage des Bundestages oder der Bundesregierung darzustellen. Denn neben der Information des Abgeordneten wird so auch die Öffentlichkeit informiert. Vor allem Fachverbände, Interessenvertreter und gesellschaftliche Organisationen werden auf diese Art und Weise zu Mithelfern der parlamentarischen Kontrolle[682]. Dem Argument der Informationsflut kann also durch selbstständiges und bewusstes Recherchieren und Handeln begegnet werden.

II. Schutzwürdige Geheimhaltungsinteressen

Fraglich ist des Weiteren, ob und in welchem Maße eine verbesserte Information sowohl der Parlamentarier als auch der Öffentlichkeit mit rechtlich schutzwürdigen Geheimhaltungsinteressen kollidiert. Beispielsweise haben diejenigen Bundesländer, die bereits einen parlamentarischen Informationsanspruch in ihrer Verfassung niedergelegt haben, geregelt, dass die Regierung die Information des Parlamentes dann ablehnen kann, wenn „Staatsgeheimnisse" oder „überwiegende Belange des Geheimschutzes" entgegenstehen oder *„soweit dadurch die Funktionsfähigkeit und Eigenverantwortung der Landesregierung wesentlich beeinträchtigt würden oder zu befürchten ist, dass durch das Bekanntwerden von Tatsachen dem Wohl des Landes oder des Bundes Nachteile zugefügt oder schutzwürdige Interessen Dritter verletzt werden"*[683].

Konsequenz aus der Ausklammerung der geheimhaltungsbedürftigen Tatsachen ist, dass nicht die Regierungstätigkeit insgesamt einer parlamentarischen Kontrolle unterliegt, sondern dass grundsätzlich kein eigenständiger Bereich durch das Raster der Kontrolle fällt. Das bedeutet, dass es der Regierung unter-

---

680 *Jessen,* Neuere Ansätze parlamentarischer Steuerung und Kontrolle, S. 79.

681 *Schmidt,* Die demokratische Legitimationsfunktion der parlamentarischen Kontrolle, S. 106.

682 *Brüning,* Der informierte Abgeordnete, in: Der Staat 43 (2003), S. 531.

683 Vgl. Art. 89a III 1 Nr. 1 Alt. 1 RhPfVerf; Art. 51 II Var. 3 SächsVerf; Art. 24 III 1 NdsVerf; Art. 53 IV 1 Var. 2 SachsAnhVerf.

sagt ist, ganze Aufgabenkreise für geheimhaltungsbedürftig zu erklären, um sich nicht einer parlamentarische Kontrolle stellen zu müssen. Daraus kann der Schluss gezogen werden, dass sich eine Wirkung der stattfindenden Kontrolle in vielfältiger Art und Weise zeigen kann, beispielsweise durch eine verbesserte Begründung oder eine präzisere Ausführung von Regierungsmaßnahmen. Maßgeblich ist dabei, dass sich die Wirkungen der parlamentarischen Kontrolle aus der Tätigkeit des Bundestages heraus ergeben und nicht von einem eigens getroffenen Parlamentsbeschluss abhängig sind[684].

III. Missbrauch des parlamentarischen Informationsanspruchs

Sinn und Zweck eines parlamentarischen Informationsverlangens ist die Ermöglichung seiner Mitwirkung an den Verhandlungen des Bundestages, Art. 38 GG. Die Bundesregierung darf den einzelnen Abgeordneten mithin nicht diejenigen Informationen vorenthalten, die Voraussetzung für eine sachverständige Beurteilung der verhandelnden Gegenstände sind[685]. Allerdings darf die Ausübung eines parlamentarischen Informationsverlangens keinen Missbrauch darstellen. Ein solcher käme insbesondere dann in Betracht, wenn das Parlament insgesamt bzw. Teile der Opposition Auskunft nur aus dem Grunde verlangt, um der Bundesregierung Schaden zuzufügen[686].

Erforderlich ist deshalb eine Abwägung der Interessen. Einerseits ist das Informationsverlangen des Parlaments zu gewährleisten und andererseits die Funktionsfähigkeit der Regierungsarbeit sicherzustellen. Dabei darf sich die Bundesregierung jedoch nicht zu schnell auf ihre Missbrauchseinrede berufen, sondern muss bemüht sein, dem Auskunftsverlangen der Abgeordneten Rechnung zu tragen. Verweigert die Regierung den Antrag des Parlamentes auf Auskunftserteilung, so hat sie hierfür die Gründe zu nennen, damit die Ablehnung nachvollziehbar ist und das Parlament die Möglichkeit hat, sich gegen die Auskunftsverweigerung zu wehren[687].

684 *Ellwein/Görlitz,* Parlament und Verwaltung, S. 48.

685 BVerfGE 70, 324 (355).

686 *Teuber,* Parlamentarische Informationsrechte, S. 218.

687 VerfGH NRW in: NVwZ 1994, S. 678 (684); *Bodenheim,* Das parlamentarische Fragerecht unter dem Grundgesetz, in: ZParl 1980, S. 52 f.

IV. Kernbereich exekutiver Eigenverantwortung und Gewaltenteilung

Eine weitere Grenze der möglichen Einführung des Konzeptes der Public Accountability ergibt sich aus dem Kernbereich der exekutiven Eigenverantwortung und dem daraus folgenden Prinzip der Gewaltenteilung. Der Begriff des Kernbereichs legt dar, dass jede der drei Staatsgewalten einen gesicherten Kernbereich inne hat und nicht berechtigt ist, in den jeweiligen Kernbereich einer anderen Staatsgewalt zu greifen[688]. Ausgangspunkt der Grenzlegung ist dabei das Prinzip der Gewaltenteilung. Wie bereits in Kapitel § 1 dargestellt, werden gemäß Art. 20 II 2 GG drei Teilbereiche staatlicher Aufgaben unterschieden: die Gesetzgebung, die vollziehende Gewalt und die Rechtsprechung. Diese Aufgaben werden jeweils gesonderten Organen zugesprochen, weshalb das Gewaltenteilungsprinzip die Funktion hat, die Staatsgewalt zu mäßigen und die Freiheit des Einzelnen zu schützen[689]. Die Mäßigung der jeweils anderen Gewalten erfolgt jedoch nicht in Form eines Nebeneinanderstehens der drei Organe. Stattdessen setzt die Staatsleitung ein gewisses Maß an Kooperation voraus[690]. Kooperation bedeutet in diesem Zusammenhang Austausch an Informationen und Zusammenarbeit, jedoch nur unter dem Vorbehalt der Wahrung des Kernbereichs der jeweils anderen Organe[691]. Diese Wahrung des Kernbereichs umfasst auch den Schutz vor informatorischen Eingriffen während der Entscheidungsfindung der anderen Verfassungsorgane. Erst nach Abschluss der jeweiligen Entscheidung darf auf Information gedrungen werden, um Eingriffe durch Dritte zu vermeiden[692].

Wie bereits im Kapitel § 2.D.3.b)cc) dargestellt, hat das Bundesverfassungsgericht als „Kernbereich exekutiver Eigenverantwortung" den auch von parlamentarischen Untersuchungsausschüssen grundsätzlich nicht ausforschbaren Initiativ-, Beratungs- und Handlungsbereich eingestuft[693]. Dazu gehört insbesondere die Willensbildung innerhalb der Regierung. Diese umfasst sowohl die Erörterungen im Kabinett als auch die Vorbereitung von Kabinetts- und Ressortentscheidungen, die sich in ressortübergreifenden und internen Abstimmungsprozessen vollzieht. In diesen Fällen besteht regelmäßig keine Pflicht, den parlamentarischen Informationswünschen zu entsprechen. Die Informationen könnten ansonsten zu einem Mitregieren Dritter bei Entscheidungen führen, die in der alleinigen Kompetenz der Regierung liegen. Zum Kernbereich der exekutiven Eigenverantwortung

688 BVerfGE 9, 268 (280); st. Rspr.

689 BVerfGE 9, 268 (279 f.); 67, 100 (130).

690 *Sommermann,* in: v. Mangoldt/Klein/Starck, Kommentar zum Grundgesetz, Art. 20, Rn. 212.

691 BVerfG E 9, 268 (280).

692 2 BvE 3/07 vom 17.06.2009; *Lennartz/Kiefer,* Parlamentarische Anfragen im Spannungsfeld von Regierungskontrolle und Geheimhaltungsinteressen, in: DÖV 2006, S. 191.

693 BVerfGE 67, 100 (139); BVerfGE 110, 199 (214).

kann auch die Entscheidung gehören, ob das Kabinett sich beim beratenden Thema auf eine bestimmte Position festlegen möchte oder nicht[694]. Nach Ansicht des Bundesverfassungsgerichts muss deshalb ein Informationsinteresse umso gewichtiger sein, je tiefer es in den innersten Bereich der Willensbildung der Bundesregierung eindringt.[695]

Denn erforderlich bei der parlamentarischen Kontrolle ist trotz aller Effektivitätsverbesserungswünsche stets der Funktionsvorrang der vollziehenden Gewalt. Mithin enden die Möglichkeiten der parlamentarischen Kontrolle dort, wo sie in die Funktionsfähigkeit der Exekutive eingreifen. Dies ist jedoch schon dann vorstellbar, wenn die exekutive Willensbildung in Frage gestellt wird[696], weil die Qualität der politischen Entscheidungen davon lebt, dass die optionalen Ergebnisse erst diskutiert und die wesentlichen Argumente ausgetauscht werden, bevor eine Entscheidung getroffen wird. Wären beispielsweise die Kabinettssitzungen öffentlich oder im Nachhinein nachlesbar, würde – wie bereits dargestellt – die offene Diskussion mit großer Wahrscheinlichkeit eingeschränkt, da die Teilnehmer befürchten müssten, durch das Parlament für ihre geäußerten Erwägungen zur Rechenschaft gezogen zu werden. Müssten die Regierungsmitglieder dies befürchten, würden sie eventuell ihre Diskussionsbeiträge in der Kabinettssitzung unterlassen und in informellen Gesprächen im Vorfeld der offiziellen Sitzung kundtun. Gerade dies wäre aber im Hinblick auf die Funktionsfähigkeit der Exekutive nicht erstrebenswert[697]. Dies hat auch seinen Niederschlag in § 22 GO BReg gefunden. Danach sind die Sitzungen des Kabinetts vertraulich. Die Entscheidungsvorbereitungen der Exekutive und die parlamentarische Kontrolle dürfen aus diesem Grunde nicht parallel verlaufen, da abgesehen von einem möglichen Rückzug der Diskussionsteilnehmer in informelle Gesprächsrunden, eine Verwischung der Verantwortlichkeiten zu befürchten ist[698] und somit der Kernbereich der exekutiven Eigenverantwortung verletzt wäre.

Darüber hinaus können zum Kernbereich der exekutiven Eigenverantwortung auch Fälle gehören, die in der Natur der Sache der Vertraulichkeit unterliegen. Beispiele für eine solche Vertraulichkeit sind Besprechungen mit ausländischen Staatsgästen, Fragen der inneren Sicherheit oder der Austausch mit den Minis-

694 2 BvE 3/07 vom 17.06.2009; *Lennartz/Kiefer,* Parlamentarische Anfragen im Spannungsfeld von Regierungskontrolle und Geheimhaltungsinteressen, in: DÖV 2006, S. 191.

695 BVerfGE 110, 199 (215).

696 *Schmidt,* Die demokratische Legitimation der parlamentarischen Kontrolle, S. 94.

697 *Busse,* Der Kernbereich exekutiver Eigenverantwortung im Spannungsfeld der staatlichen Gewalten, in: DÖV 1989, S. 49.

698 *Busse,* Der Kernbereich exekutiver Eigenverantwortung im Spannungsfeld der staatlichen Gewalten, in: DÖV 1989, S. 51.

terpräsidenten der Länder. Als vertraulich gelten auch Vertragsunterlagen[699]. Die Anerkennung eines unausforschbaren Kernbereichs der exekutiven Eigenverantwortung ist deshalb im Interesse der Funktionsfähigkeit der Regierung geboten.

E. Ergebnis

Zentrale Anlaufstelle für die Umsetzung des Konzeptes der Public Accountability in Deutschland ist der Bundestag. Zwar wird oftmals bemängelt, dass aufgrund der parteipolitischen Identität von Parlamentsmehrheit und Regierung eine parlamentarische Kontrolle nicht durchgehend gewährleistet sei, da die Parlamentsmehrheit ein Interesse am Erhalt der bestehenden Regierung habe und es somit der Opposition überlassen bleibe, die Kontrolltätigkeiten durchzuführen. Diese sei oftmals nicht in der Lage, effektiv die Tätigkeiten der Regierung zu kontrollieren, da ihr die erforderliche Mehrheit zur Durchsetzung der Kontrollmittel fehle[700]. Doch gerade dieses Aufeinandertreffen von konkurrierenden Parteien im Bundestag stellt die Merkmale des Konzepts der Public Accountability in Form von Kontrolle, Transparenz, Nachvollziehbarkeit von politischen Entscheidungen und dem übergreifenden Einfordern von Informationen sicher.

Festzustellen ist, dass sich die bestehenden Kontrollmechanismen bewährt haben, jedoch einige Schwächen aufweisen, die durch die Einführung von so genannten select committees, einem parlamentarischen Ombudsmann, einem strategischen Berichtswesen oder der Verbesserung der Bürgerbeteiligung beseitigt werden können.

Grundlage für diese Verbesserung der politischen Kontrolle ist eine umfassende Information nicht nur der Parlamentarier, sondern auch der Öffentlichkeit. Denn nur so wird es dem Abgeordneten des Bundestages möglich sein, die ihm verfassungsrechtlich auferlegten Aufgaben zu erfüllen. Und nur so wird es der Öffentlichkeit möglich sein, die politischen Entscheidungen zu kontrollieren und sich aktiv einzubringen[701]. Dieser so wesentliche Informationsanspruch hat seine Grundlage im Demokratieprinzip des Art. 20 GG.

Erforderlich ist mithin ein Konzept, welches die öffentliche Transparenz und Rechenschaftspflicht durch Inanspruchnahme eines strategischen Berichtswesens

699 *Linck,* Berichte der Regierung an das Parlament, in: DÖV 1979, S. 120; *Lennartz/Kiefer,* Parlamentarische Anfragen im Spannungsfeld von Regierungskontrolle und Geheimhaltungsinteressen, in: DÖV 2006, S. 191 f.

700 *Franke,* Ein Ombudsmann für Deutschland? S. 140 mit Verweis auf *Schneider/Zeh,* Parlamentsrecht und Parlamentspraxis in der Bundesrepublik Deutschland, § 38 Rn. 41 f und *Gehrig,* Parlament – Regierung – Opposition, S. 100.

701 *Teuber,* Parlamentarische Informationsrechte, S. 303 f.

stärkt, um eine Verbesserung der Verantwortlichkeit der politischen Entscheidungsträger und einen gedanklichen Austausch zwischen der interessierten Öffentlichkeit und den politischen Entscheidungsträgern erreichen zu können. Denn die vermehrte Veröffentlichung von Berichten gewährleistet eine größere Transparenz und Nachvollziehbarkeit der politischen Handlungen und bedeutet daher eine Art Selbstbindung sowohl der Regierung als auch der Ministerien[702]. Denn Ziel des strategischen Berichtswesens ist es, den Parlamentariern und der Öffentlichkeit ein Informationsangebot in einer für die Abgeordneten und die Bürger verständlichen Form bereitzustellen. Das Berichtswesen gibt der Informationsbereitstellung dabei Kontinuität und Form. Allerdings ist die Öffentlichkeit frei, von den bereit gestellten Informationen Gebrauch zu machen. Doch die Verbesserung der politischen Kontrolle ist die Möglichkeit der Kenntnisnahme der getroffenen Entscheidungen durch Parlamentarier und Öffentlichkeit.

Berichterstatter und somit neue Kontrollinstanzen könnten ein parlamentarischer Ombudsmann oder select committees sein. Beide gewährleisten in Großbritannien eine transparente politische Kontrolle. Und beide wären in Deutschland eine sinnvolle und rechtlich mögliche Ergänzung der bisherigen Kontrolle politischer Entscheidungen. Hinzu kommt die Verbesserung der Bürgerbeteiligung insbesondere über das Nutzen der neuen Medien. Durch wenig Aufwand wäre es möglich, von der Partizipation und dem Wissen vieler Bürger zu profitieren.

Als bisheriges Ergebnis ist somit festzuhalten, dass Transparenz und Nachvollziehbarkeit von Politik im Kontext komplizierter Sachverhalte nicht nur daran gemessen werden sollten, ob die wesentlichen Informationen zugänglich sind. Um Public Accountability zu gewährleisten, sollten die Informationen vielmehr so weit aufbereitet und nachvollziehbar sein, dass es interessierten Bürgern möglich ist, das Handeln der Entscheidungsträger zu beurteilen und letztlich auch zu kontrollieren. Dies kann einerseits durch die Einführung eines strategischen Berichtswesens inklusive der erweiterten Nutzung der neuen Medien geschehen. Andererseits kann die Einführung von select committees als Ergänzung zu den bisher möglichen Untersuchungsausschüssen nach Art. 44 GG oder eines parlamentarischen Ombudsmann in Erweiterung des Art. 45 c GG für die Öffentlichkeit eine mittelbare und für die Abgeordneten des Bundestages eine direkte Verbesserung der Kontrolle der politischen Entscheidungen bewirken.

Und letztlich wäre es möglich, die alte Fassung des § 115 GO BT in der Fassung vom 22.Mai 1970 wieder in die aktuelle Geschäftsordnung aufzunehmen. Diese lautete:

702 *Derlien*, Das Berichtswesen der Bundesregierung – Ein Mittel der Kontrolle und Planung, in: ZParl 1975, S. 47.

„(1) Die Bundesregierung gibt dem Bundestag über die Ausführung seiner Beschlüsse schriftlich Auskunft. Ist die Ausführung der Beschlüsse in angemessener Frist nicht möglich, dann erstattet die Bundesregierung einen Zwischenbericht.

(2) Der Bundestag kann die Auskunft binnen einer von ihm bestimmenden Frist verlangen".

Da jedoch der § 115 GO BT inzwischen die Beratung der Berichte des Wehrbeauftragten statuiert, wäre es erforderlich, die Vorschrift an anderer Stelle, beispielsweise vor der Behandlung der Petition, mithin vor § 108 GO BT, zu setzen.

§ 5 Fazit

In einer repräsentativen Demokratie wie in Deutschland oder Großbritannien ist grundlegendes Konzept die Volkssouveränität. Das heißt, die Ausübung jeglicher Staatsgewalt bedarf einer demokratischen Legitimation und muss auf das Volk zurückzuführen sein. Dabei lebt Demokratie von der aktiven Teilhabe der Bürger am politischen Prozess. Mit aktiver Teilhabe ist hier nicht nur der Gang zur Wahl alle vier Jahre gemeint, sondern auch die unmittelbare Einflussnahme auf politische Entscheidungen. Diese gewünschte Einflussnahme soll das Konzept der Public Accountability vermitteln. Denn bei der politischen Kultur sowohl in Deutschland als auch in Großbritannien ist eine tiefgreifende Spaltung zu beobachten: entweder haben die Bürger kein Interesse an der Politik und gehen noch nicht einmal zur Wahl. Oder die Tätigkeiten der politischen Entscheidungsträger gehen ihnen nicht weit genug, und sie möchten sich in unterschiedlichen Formen aktiv einbringen und unmittelbar am politischen Geschehen mitwirken.

Public Accountability ist somit eine Verpflichtung für diejenigen, die politische Entscheidungen treffen. Das ureigenste Merkmal ist die Auflage, das politische Handeln zu erklären und Rechenschaft für getroffene Entscheidungen abzugeben. Denn Ziele des Konzepts der Public Accountability sind Transparenz, Zugang zu Informationen, Nachvollziehbarkeit und Öffentlichkeit, um so die größtmögliche Kontrolle, Legitimität und Effektivität der politischen Entscheidungen erwirken zu können[703]. Auf diese Art und Weise kommt die Verbindung mit der Demokratie ins Spiel, denn die politischen Entscheidungsträger treffen ihre Entscheidungen nicht nur aus einer beruflichen Verpflichtung heraus, sondern im Namen des öffentlichen Wohls[704] und um dem Prinzip der Volkssouveränität zu entsprechen.

Funktion des Konzepts der Public Accountability ist zuallererst die Durchführung einer politischen Kontrolle, denn jedes Glied in der dargestellten Delegationskette hat die Aufgabe, die Zweck- und Rechtmäßigkeit der Tätigkeiten der anderen Organe zu überprüfen. Doch daneben gibt es weitere Funktionen. Durch die regelmäßige Kontrolle und die Veröffentlichung der Handlungen und Entscheidungen steigert die Public Accountability die Integrität der politischen Entscheidungsträger, vermindert den Missbrauch von Macht und die Politikverdrossen-

703 PA-Draft der TA Akademie, S. 4.

704 *Turpin*, British government and the constitution, S. 75.

heit. Die Öffentlichkeit hat die Möglichkeit, politische Entscheidungen nachzuvollziehen, sich einzubringen und in der Folge die getroffenen Entscheidungen durch eine Wahlentscheidung zu bewerten. Schließlich soll das Konzept der Public Accountability einen Lerneffekt dadurch bewirken, dass aufgedeckte Fehler nicht wiederholt werden. Alles in allem wird so die Legitimität des politischen Handelns gewährleistet[705].

Maßgebliche Zielsetzung einer Einführung des Konzeptes der Public Accountability in Deutschland ist – wie bereits in Kapitel § 4.C vorgestellt – eine gesteigerte Bürgerbeteiligung bei der Gestaltung der tagtäglichen Politik und eine Verbesserung der Kontrolle politischer Entscheidungen. Grundlage für diese Verbesserung der politischen Kontrolle ist eine umfassende Information nicht nur der Parlamentarier, sondern auch der Öffentlichkeit. Denn nur so wird es dem Abgeordneten des Bundestages möglich sein, die ihnen verfassungsrechtlich auferlegten Aufgaben zu erfüllen. Und nur so wird es der Öffentlichkeit möglich sein, die politischen Entscheidungen zu kontrollieren und sich aktiv einzubringen[706]. Dieser so wesentliche Informationsanspruch hat seine Grundlage im Demokratieprinzip des Art. 20 I, II GG.

Berichterstatter und somit neue Kontrollinstanzen könnten ein parlamentarischer Ombudsmann oder select committees sein. Beide gewährleisten in Großbritannien eine transparente politische Kontrolle. Beide wären in Deutschland eine sinnvolle und rechtlich mögliche Ergänzung der bisherigen Kontrolle politischer Entscheidungen. Hinzu kommt die Verbesserung der Bürgerbeteiligung insbesondere über das Nutzen der neuen Medien. Durch wenig Aufwand wäre es möglich, von der Partizipation und dem Wissen vieler Bürger zu profitieren.

Andererseits werden zu erwartende kritische Stimmen der Ansicht sein, dass zu viel Rechenschaftslegung und Transparenz sich auch negativ auf das politische Handeln auswirken kann. Denn was passiert, wenn die hohen Erwartungen der Bevölkerung nicht erfüllt werden? Und garantiert Transparenz eine bessere Darstellung in den Medien? Es könnte die Gefahr einer Übertreibung der Ausübung der Prinzipien der Public Accountability mit der Folge bestehen, dass genau das Gegenteil vom eigentlichen Zweck eintritt: die Politiker ziehen sich vermehrt in informelle Runden zurück, die Bürger sind aufgrund der Menge an Informationen, welche jedoch eventuell immer noch nicht gerade die Auskunft beinhalten, welche sich der Bürger versprochen hat, verdrossen und die Presse zieht sich aus den vielfältigen zur Verfügung gestellten Informationen die negativen heraus.

---

705 *Bovens/Schillemans/T'Hart,* Does Public Accountability work? In: Public Administration 2008, S. 225, 230; *Schenker-Wicki,* in: Hill, Die Zukunft des öffentlichen Sektors, S. 154.

706 *Teuber,* Parlamentarische Informationsrechte, S. 303 f.

Darüber hinaus bereiten die ausgelagerten Behörden, die befristet eingestellten Berater oder auch die britische core executive Probleme, ein Verantwortlichkeitssystem aufrecht zu erhalten und gerade die Grundidee des Konzepts der Public Accountability, die Transparenz und Nachvollziehbarkeit von politischen Entscheidungen, zu gewährleisten. Zwar bietet das umfangreiche Berichtswesen in Großbritannien eine gute Basis für das Erreichen des Ziels. Doch auch das Berichtswesen selbst kann die politische Arbeit in der Gestalt behindern, dass die Mitarbeiter nur noch zu Berichten und nicht länger zum eigentlichen Handeln kommen.

Um möglichen Bedenken zu begegnen, ist in diesem Zusammenhang der Blick auf die Situation in Großbritannien hilfreich, da politische Kontrolle sich dort in den letzten fünfzig Jahren insbesondere mit Hilfe der ausführlichen Fragestunden im Plenum, der select committees, der Arbeit des parlamentarischen Ombudsmannes, der sunset-legislation und des National Audit Office zu einer nicht mehr wegzudenkenden Aufgabe für Parlamentarier und Öffentlichkeit entwickelt hat. Der parlamentarische Ombudsmann bearbeitet Beschwerden von Bürgern, welche ihm die Abgeordneten übermittelt haben. Das National Audit Office stellt allen Interessierten eine große Menge an Informationen zur Verfügung[707]. Diese Menge an Kenntnisgabe von Informationen wäre im Rahmen der täglichen Arbeit des House of Commons nicht leistbar. Darüber hinaus ist ein wichtiges Kontrollinstrument das Public Accounts Committee des House of Commons, da das National Audit Office mit Hilfe dieses Ausschusses seine Informationen erlangt. Dieser Ausschuss wird grundsätzlich von einem Mitglied der Opposition geleitet und leistet einen ausgeprägten Beitrag zur politischen Kontrolle in Großbritannien[708]. Doch auch die select committees haben zu einer erhöhten Transparenz in den politischen Abläufen beigetragen. Es wird berichtet, dass die select committees

> *„eine wichtige Funktion als Kommunikationskanäle in der repräsentativen Demokratie (erfüllen). Denn obwohl ihre Berichte nur selten im Plenum diskutiert werden, konnte verschiedener Einfluss auf die Durchführung politischer Entscheidungen und Verwaltungsabläufe nachgewiesen werden“*[709].

Genau wie in Deutschland herrscht jedoch auch im House of Commons die widersprüchliche Situation, dass die politische Mehrheit einerseits die Regierung so lange wie möglich an der Macht belassen möchte, anderseits zur parlamentarischen Kontrolle verpflichtet ist[710]. Diesen Konflikt versucht die britische Regierung in der Art und Weise zu lösen, dass sie von sich aus das Parlament frühzeitig in Ent-

---

707 Vgl. *www.nao.org.uk* (Stand 20.8.2009).

708 *Ling,* The NAO and Parliamentary scrutiny: a new audit for new times? S. 4.

709 *Saalfeld,* Großbritannien. Eine politische Landeskunde, S. 133.

710 *Turpin,* British Government and the Constitution, S. 424.

scheidungen mit einbindet, Berichte abgibt und Verhandlungen führt. Hauptansprechpartner zwischen Legislative und Exekutive sind daher die Minister, die sowohl einer individuellen als auch einer kollektiven Verantwortlichkeit gegenüber dem Parlament unterliegen.

Diese positiven Effekte des britischen Konzepts der Public Accountability gilt es auch in Deutschland zu realisieren. Ansatzpunkt für die Einfügung des Konzepts der Public Accountability in das deutsche Rechtssystem ist das Demokratieprinzip gemäß Art. 20 I, II GG. Denn das Demokratieprinzip verlangt eine hinreichende Legitimation der Staatsgewalt durch das Volk[711], welches als Souverän nicht selbst verantwortlich ist. Zwar geht gemäß Art. 20 II 1 GG alle Staatsgewalt vom Volk aus. Doch wird diese Staatsgewalt auf das Parlament als Legislativ- und Kontrollorgan übertragen. Dabei ist im Rahmen der parlamentarischen Kontrolle für die Abgeordneten der Grad ihrer Informiertheit von entscheidender Bedeutung. Denn nur wenn er über die parlamentarischen Vorhaben so umfassend wie möglich unterrichtet ist und sich deshalb auf sie einstellen kann, vermag er seine politischen Wirkungsmöglichkeiten voll auszuschöpfen[712]. Da die Abgeordneten des Bundestages gemäß Art. 20 II GG die Willensbildung des Volkes zu vollziehen haben, gilt das Bedürfnis nach Informiertheit mittelbar auch für die Bürger, denn die Kontrolle durch den Bundestag wird immer auch stellvertretend für das Volk wahrgenommen und hat deswegen vor dem Volk stattzufinden.

Dass Bundesregierung und Bundestag und somit mittelbar auch die Öffentlichkeit einen unterschiedlichen Informationsstand hinsichtlich der zu treffenden politischen Entscheidungen haben, ist grundsätzlicher Natur. Zwar steht den Abgeordneten die Bundestagsverwaltung zur Seite, doch eine der Ministerialverwaltung mit ihren Fachressort und vielen untergeordneten Behörden vergleichbare Einrichtung hat das Grundgesetz dem Bundestag vorenthalten. Aufgrund dessen ist im Regelfall Adressat eines Informationsbegehrens die Bundesregierung, weil sie das zur Sammlung, Sichtung und Aufbereitung der für die Bewältigung der Staatsaufgaben notwendigen Informationen geeignete und ausgestattete Staatsorgan ist[713]. Die Regierung unterliegt deshalb im Hinblick auf Tatsachen grundsätzlich einer Informationsbeschaffungspflicht[714]; sie ist dagegen nicht zur Herstellung eines Meinungsbildes verpflichtet. Als Adressat dieser Berichtspflichten wird die Bundesregierung aber mit großer Wahrscheinlichkeit versuchen, das eigene Handeln in ein „gutes Licht" zu stellen. Dabei hat sie vielfältige Möglichkeiten, einen Bericht so zu formulieren, dass sich keine Angriffsflächen bieten. Und obwohl

---

711 BVerfGE 93, 37 (66 f.).

712 BVerfGE 44, 308 (320).

713 *Brüning*, Der informierte Abgeordnete, in: Der Staat 43 (2003), S. 536.

714 *Pieroth*, in: Jarass/Pieroth, Grundgesetz für die Bundesrepublik Deutschland, Art. 20, Rn. 13.

dies insbesondere bei der Opposition für andere Ansichten und Diskussion sorgen wird, werden die Berichte dennoch ihren ursprünglichen Nutzen nicht verlieren. Denn sie entfalten ihre Wirkung durch die Kenntnisnahme der Fachöffentlichkeit, welche am ehesten Missstände aufzeigen und diese der interessierten Öffentlichkeit mitteilen kann. Auf diese Art und Weise werden Diskussionen befördert und politische Auseinandersetzungen angeregt[715]. Das ist der Zweck des Konzeptes der Public Accountability.

Bereits die Ad-hoc Kommission Parlamentsreform aus dem Jahre 1985 hat die Bundesregierung aufgefordert, den Parlamentariern mehr Informationen über ihre Tätigkeiten zu liefern, indem sie vorschlug, dass die Bundesregierung bei Gesetzesanträgen dem im Vorblatt unter dem Begriff „Alternativen" ausgedrückten Informationsanspruch des Bundestages dadurch stärker Rechnung trägt, dass sie die fachlichen Grundlagen der Entscheidung für ihren Entwurf darstellt und gegebenenfalls offenlegt oder zugänglich macht. Dabei wollte die Kommission dem Bedarf des Bundestages nicht durch Vorschläge für rechtliche Regelungen gerecht werden. Sie war der Auffassung, dass die Verantwortungsbereiche von Parlament und Regierung im Grundsatz getrennt bleiben müssen und dass der Regierung ein interner Raum für Vorüberlegungen und Voruntersuchungen vorbehalten sein muss. Es wurde nicht als wünschenswert angesehen, dass die Mitglieder des Bundestages sich in das Vorstadium von Entwürfen und Vorhaben einschalten und dadurch die Verantwortlichkeiten verwischen. Andererseits entfallen diese Bedenken, wenn die Regierung sich entschieden hat, insbesondere wenn sie einen Gesetzentwurf vorlegt. Dann ist der Zeitpunkt gekommen, den Gesetzgeber über die Gründe zu informieren, die gegen anderweitige Zielsetzungen und Regelungsmöglichkeiten und für die Regierungsvorlage sprechen, sowie die dafür maßgeblichen fachlichen Entscheidungsgrundlagen darzustellen oder offenzulegen. Nach Ansicht der Kommission muss eine ordnungsgemäße Vorlage an den Bundestag einen Nachvollzug der fachlichen Erkenntnisse und der daraus ableitbaren Folgerungen ermöglichen[716].

Grundlage der Erfüllung dieses Informationsbedürfnisses ist ein strategisches Berichtswesen, welches zum Ziel hat, den Parlamentariern und der Öffentlichkeit ein Informationsangebot in einer für die Abgeordneten und die Bürger verständlichen Form bereitzustellen. Das Berichtswesen gibt der Informationsbereitstellung dabei Kontinuität und Form. Wie intensiv die Inanspruchnahme der Öffentlichkeit, z. B. durch die Wahrnehmung von Akteneinsichtsrechten ausfallen

715 *Brüning*, Der informierte Abgeordnete, in: Der Staat 43 (2003), S. 530 mit Verweis auf *Wächter*, Berichtspflichten der Regierung aus einfachem Gesetzesrecht, in: ZG 1996, S. 89 und *Maiwald*, Berichtspflichten gegenüber dem Deutschen Bundestag, S. 95 ff.

716 Ad-hoc Kommission Parlamentsreform, BT-Drs. 10/3600, S. 14.

wird, bleibt abzuwarten. Doch auch für den Fall, dass nur wenige interessierte Bürger von ihrem zukünftigen Recht auf Einsicht der Akten Gebrauch machen werden, könnte der Effekt der Politik der „offenen Akten“ bereits eine positive Wirkung darstellen, weil damit in Konfliktfällen die Behauptung unsachgemäßen oder parteilichen Verwaltungshandelns überprüfbar und im Zweifel auch widerlegbar werden wird[717]. Die bei Anwendung der angeführten Maßnahmen erwartete Transparenz und höhere Verantwortlichkeit bilden die Grundlage einer generalisierten Verwaltungskontrolle durch die Öffentlichkeit und somit einer Public Accountability.

Transparenz im Sinne des Konzepts der Public Accountability bedeutet nicht, dass jede politische Entscheidung öffentlich getroffen werden soll, denn das wäre allein aufgrund der Tatsache, dass die Opposition eine solche Chance nutzen und die Vorbereitungen der Regierung zunichtemachen würde, kontraproduktiv. Transparenz bedeutet stattdessen, dass Berichte durch die politischen Entscheidungsträger bereit gestellt werden, um alle Interessierten zu informieren und ihr Handeln zu erklären[718]. Doch in diesem Sinne ist der Informationspflicht der Bundesregierung auch eine Grenze gezogen. Ein Bericht der Bundesregierung darf seitens des Bundestages nicht eingefordert werden, wenn es für die Erfüllung der parlamentarischen Aufgaben nicht erforderlich ist, da ansonsten die Regierung zu einem Hilfsorgan des Bundestages herabgestuft werden würde[719].

Dies widerspräche dem Prinzip der Eigenständigkeit von Regierung und Parlament und somit auch der organadäquaten und funktionsgerechten Kompetenzordnung, da wichtige Grundlage der parlamentarischen Demokratie die Funktionsfähigkeit jedes Staatsorgans im Sinne des Art. 20 II 2 GG ist. Immer dann, wenn der Funktionsfähigkeits- und Eigenverantwortlichkeitsbereich der Regierung in einem gegenüber dem Funktionsinteresse des Parlaments nicht mehr zumutbaren Ausmaß beeinträchtigt ist, steht der Regierung ein Informationsverweigerungsrecht zu[720]. Das heißt, die Bundesregierung ist nur dann befähigt, ihre im Grundgesetz niedergelegten Pflichten zu erledigen, wenn sie unabhängig und ohne Einflussnahme von außen ihre Entscheidungen treffen kann[721].

Wichtigste Grenze der Umsetzung des Konzepts der Public Accountability ist mithin der Kernbereich exekutiver Eigenverantwortung, welcher frei bleibt von

---

717 *Clasen*, Effizienz und Verantwortung. Reformempfehlungen für eine effektive, aufgabengerechte und bürgerkontrollierte Verwaltung, S.80

718 *Barker,* Accountability and Responsibility of Government and Public Bodies, in: The Political Quarterly 2001, S. 135.

719 *Brüning,* Der informierte Abgeordnete, in: Der Staat 43 (2003), S. 537 mit Verweis auf: *Linck,* Zur Informationspflicht der Regierung gegenüber dem Parlament, DÖV 1983, S. 959.

720 *Teuber,* Parlamentarische Informationsrechte, S. 310.

721 *Magiera,* in: Schneider/Zeh, Parlamentsrecht und Parlamentspraxis, § 52 Rn. 74 ff.

der Einwirkung der Parlamentarier oder der Öffentlichkeit. Das interne Beratungsverfahren der Bundesregierung, das einen „*grundsätzlich nicht ausforschbaren Initiativ-, Beratungs- und Handlungsbereich einschließt*"[722], nicht aber die zugrunde liegende Sachmaterie, ist daher geschützt[723]. Ausschlaggebend für die Notwendigkeit eines exekutiven Kernbereichs ist nach Ansicht des Bundesverfassungsgerichts die Grundentscheidung des Grundgesetzes für die Gewaltenteilung, welche ein System der gegenseitigen Mäßigung und Kontrolle statuiert. Eine solche Begrenzung der Gewalten kann jedoch nur funktionieren, wenn jede Staatsgewalt auch einen Verantwortungsbereich hat, in den die anderen Staatsgewalten nicht eingreifen können. Denn wenn sich eine Staatsgewalt in alle Aufgaben einer anderen Staatsgewalt einmischen kann, wäre deren Eigenständigkeit und Funktionsfähigkeit zu sehr eingeschränkt, was kein vom Grundgesetz gebilligter Zustand sein kann[724].

Ein Kernbereich der Eigenverantwortlichkeit ist somit anzuerkennen[725]. Festzustellen ist also, dass zu viel Transparenz, wie es das Konzept der Public Accountability vorsieht, um eine begleitende und anregende Kontrolle darzustellen, im parlamentarischen System in Deutschland nach Ansicht des Bundesverfassungsgerichts nicht zulässig ist, da es die Grenzen des exekutiven Kernbereichsschutzes verletzen würde.

Als Fazit ist somit darzutun, dass die Effektivität einer Public Accountability von politischen Entscheidungsträgern gegenüber der Öffentlichkeit davon abhängt, inwiefern eine Kontrolle der Tätigkeiten der Entscheidungsträger gelingt und inwiefern sie auf die Wünsche und Forderungen der Öffentlichkeit eingehen. Maßgeblich dafür sind der Zugang zu den grundlegenden Informationen für alle Interessierte und der Dialog der beteiligten Parteien. Die politischen Entscheidungsträger sollten sich mithin nicht über die Politikverdrossenheit ihrer Wähler beschweren, sondern versuchen, sich zu öffnen, Politik transparenter zu gestalten und sich nicht vor einem Austausch mit den Fragen und Anregungen der Bürger scheuen.

Insgesamt kann festgestellt werden, dass Public Accountability eine immer größere Rolle spielen und für das Funktionieren und die Legitimität des politischen Systems im Zusammenspiel mit der Integration der öffentlichen Interessen maßgeblich sein wird. Nutznießer aktiven bürgerschaftlichen Engagements sind nicht nur die Bürger selbst, sondern auch das Gemeinwesen in seiner Gesamtheit. Die Förderung und Verstärkung bürgerschaftlichten Engagements wird dem Staat eine effizientere Wahrnehmung seiner Kernaufgaben ermöglichen.

---

722 BVerfGE 67, 100 (139).

723 *Brüning,* Der informierte Abgeordnete, in: Der Staat 43 (2003), S. 538 f.

724 BVerfGE 34, 52 (59); 45, 127 (160).

725 *Hirsch,* Die Kontrolle der Nachrichtendienste: vergleichende Bestandsaufnahme, Praxis und Reform, S. 52.

Literaturverzeichnis

Achterberg, Norbert — Parlamentsrecht, Tübingen 1984.

v. Arnim, Hans Herbert — Parteien in der Kritik, in: DÖV 2007, S. 221 ff.

v. Arnim, Hans Herbert — Vom schönen Schein der Demokratie. Politik ohne Verantwortung – am Volk vorbei, München 2000.

Badura, Peter — Die parlamentarische Demokratie, in: Isensee/Kirchhof (Hrsg.), Handbuch des Staatsrechts, Band II, § 25, Heidelberg 2004.

Badura, Peter — Die parlamentarische Verantwortlichkeit der Minister, in: ZParl 1980, S. 573 ff.

Bandemer, Stephan von/ *Hilbert,* Josef — Vom expandierenden zum aktivierenden Staat, in: Blanke/von Bandemer/Nullmeier/Wewer (Hrsg.), Handbuch der Verwaltungsreform, S. 17-24, 2. Auflage, Opladen 2001.

Barberis, Peter — The new Public Management and a new Accountability, in: Public Administration 1998, S. 451 ff.

Barker, Anthony — Accountability and Responsibility of Government and Public Bodies, in: The Political Quarterly 2001, S. 132 ff.

Bealy, Frank — Democracy in the Contemporary State, Oxford 1988.

Behn, Robert D. — Rethinking democratic accountability, Washington 2001.

v. *Beyme*, Klaus — Der Gesetzgeber: Der Bundestag als Entscheidungszentrum, Opladen 1997.

Bischoff, Friedrich/ *Bischoff*, Michael — Parlament und Ministerialverwaltung, in: Schneider/Zeh (Hrsg.), Parlamentsrecht und Parlamentspraxis in der Bundesrepublik Deutschland, Berlin 1989.

Böckenförde, Ernst-Wolfgang — Demokratie als Verfassungsprinzip, in: Isensee/Kirchhof (Hrsg.), Handbuch des Staatsrechts, Band II, § 24, Heidelberg 2004.

Bodenheim, Dieter — Das parlamentarische Fragerecht unter dem Grundgesetz, in: ZParl 1980, S. 38 ff.

Bovens, Mark — From financial accounting to public accountability, in: Hill (Hrsg.), Bestandsaufnahme und Perspektiven des Haushalts- und Finanzmanagements, S. 183-191, Speyer 2005.

Bovens, Mark — Public Accountability, in: Ferlie/Lynn/Pollitt (Hrsg.), The Oxford Handbook of Public Management, S. 182-205, Oxford 2005.

Bovens, Mark/ *Schillemans*, Thomas/ *T'Hart*, Paul — Does Public Accountability work? In: Public Administration 2008, S. 225 ff.

Boyne, George/ *Gould-Williams*, Julian/ *Law*, Jennnifer/ *Walker*, Richard — Plans, Performans, Information and Accountability: the case of best value, in: Public Administration 2002, S. 691 ff.

Brandt, Edmund — Vertrauenserfordernis, Misstrauensvotum und parlamentarisches Regierungssystem, Berlin 1979.

Brüning, Christoph — Der informierte Abgeordnete, in: Der Staat 43 (2003), S. 511 ff.

Burton, Paul/ *Duncan*, Sue — Democracy and Accountability in public bodies. New agendas in British Governance, in: Policy Politics 1996, S. 5 ff.

Busch, Eckart — Der Wehrbeauftragte – Organ der parlamentarischen Kontrolle. Heidelberg 1991.

Busse, Volker — Der Kernbereich exekutiver Eigenverantwortung im Spannungsfeld der staatlichen Gewalten, in: DÖV 1989, S. 45 ff.

Butzer, Hermann — Der Bereich des schlichten Parlamentsbeschlusses, in: AÖR 119 (1994), S. 61 ff.

Chanos, Antonis — Möglichkeiten und Grenzen der Befristung parlamentarischer Gesetzgebung, Berlin 1999.

Clasen, Ralf — Effizienz und Verantwortung. Reformempfehlungen für eine effektive, aufgabengerechte und bürgerkontrollierte Verwaltung, Berlin 1995.

Crowe, Jessica — Parliamentary Scrutiny in the Nations of Britain. Centre for Public Scrutiny, London 2008.

Czerwick, Edwin — Parlamentarische Politikvermittlung – zwischen Basisbezug und Systembezug, in: Sarcinelli (Hrsg.), Politikvermittlung und Demokratie in der Gesellschaft, S. 253-272.

Day, Patricia/ *Klein*, Rudolf — Accountabilities. Five Public Services, London 1987.

Debus, Anne — Der Bürgerbeauftragte – Moderator, Dolmetscher und Lotse an der Schnittstelle zwischen Bürger und Staat, in: Thür. VBl. 2009, S. 77 ff.

Derlien, Hans-Peter — Das Berichtswesen der Bundesregierung – ein Mittel zur Kontrolle und Planung, in: ZParl 1975, S. 42 ff.

Devellennes, Charles — Ombudsmen as independent scrutineers. Centre for Public Scrutiny, London 2006.

Dicey, Albert Venn — An Introduction to the study of the Law of the Constitution, 10. Auflage, London 1959.

Dreier, Horst (Hrsg.) — Grundgesetz. Kommentar, Tübingen 2006.

Dreier, Horst — Verantwortung im demokratischen Verfassungsstaat, in: ARSP 74 (2000), S. 9 ff.

Drewry, Gavin — The citizen and the new contractual public management, in: Osborne, Public Management, S. 429-450, London 2002.

Edinger, Florian — Wer misstraut wem? Die Entscheidung des Bundesverfassungsgerichts über die Vertrauensfrage des Bundeskanzlers und die Bundestagsauflösung 2005, in: ZParl 2006, S. 28 ff.

Ellwein, Thomas — Regierung und Verwaltung,
Stuttgart 1970.

Ellwein, Thomas — Über politische Verantwortung,
Konstanz 1978.

Ellwein, Thomas/ *Görlitz*, Axel — Parlament und Verwaltung. Gesetzgebung und Politische Kontrolle,
Stuttgart 1967.

Engelbert, Anke/ *Kutschka*, Martin — Staatliche Öffentlichkeitsarbeit und Demokratieprinzip,
in: NJW 1993, S. 1233 ff.

Engelken, Klaas — Kann ein Volksbegehren Sperrwirkung für Gesetzgebung und Regierung haben?
In: DVBl. 2005, S. 415 ff.

Englefield, Dermond — Commons select committees: catalysts for progress?
London 1984.

Erichsen, Hans-Uwe — Das Recht auf freien Zugang zu Informationen über die Umwelt,
in: NVwZ 1992, S. 409 ff.

Falconer, Peter — Charterism and Consumerism,
in: Pyper, Aspects of Accountability in the British System of government, S. 191 ff.

Fauser, Bernd — Die Stellung der Regierungsmitglieder und ihrer Vertreter im Parlament,
Bonn 1973.

Feldkamp, Michael — Chronik der Vertrauensfrage und der Bundestagsauflösung in 2005,
in: ZParl 2006, S. 19 ff.

Franke, Markus — Ein Ombudsmann für Deutschland,
Würzburg 1998.

Gallus, Alexander/ *Lühe*, Marion — Öffentliche Meinung und Demoskopie, Opladen 1998.

Gehrig, Norbert — Parlament – Regierung – Opposition, München 1969.

Glauben, Paul/ *Brocker*, Lars — Das Recht der parlamentarischen Untersuchungsausschüsse in Bund und Ländern, Köln 2005.

Gleumes, Karl — Der Wehrbeauftragte – Hilfsorgan des Bundestages bei der Ausübung der parlamentarischen Kontrolle. Berlin 2005.

Gray, Andrew — Management, Accountability and Public Sector Reform, in: Osborne (Hrsg.), Public Management, London 2002.

Greve, Friedrich — Die Ministerverantwortung im konstitutionellen Staat unter besonderer Berücksichtigung der Verfahren gegen den Minister von Scheele im Herzogtum Holstein 1855/1856, Berlin 1977.

Guckelberger, Annette — Neue Erscheinungen des Petitionsrechts: E-Petitionen und öffentliche Petitionen, in: DÖV 2008, S. 85 ff.

Gusy, Christoph — Parlamentarische Kontrolle, in: JA 2005, S. 395 ff.

Hamilton, Alexander — The Utility of the Union as a Safeguard against Domestic Faction and Incorrection, in: Madison/Hamilton/Jay (Hrsg.), The Federalist Papers, S. 118-121, New York 1787.

Hansen, Jürgen — Die Institution des Ombudsman, Frankfurt am Main 1972.

Hartmann, Jürgen — Verbände in der westlichen Industriegesellschaft. Ein international vergleichendes Handbuch,
Frankfurt/Main 1985.

Heidbrink, Ludger/
Hirsch, Alfred — Der Staat in der Verantwortungsgesellschaft, in: Heidbrink/Hirsch (Hrsg.), Staat ohne Verantwortung? Zum Wandel der Aufgaben zwischen Staat und Politik, S. 11-36,
Frankfurt am Main 1985.

Hellstern, Gerd-Michael/
Wollmann, Hellmut — Wirksamere Gesetzesevaluierung,
in: ZParl 1980, S. 547 ff.

Hesse, Konrad — Grundzüge des Verfassungsrechts in der Bundesrepublik Deutschland,
20. Auflage, Heidelberg 1999.

Heußner, Hermann/
Jung, Otmar — Mehr direkte Demokratie wagen. Volksbegehren und Volksbescheid: Geschichte – Praxis – Vorschläge,
München 1999.

Hirsch, Alexander — Die Kontrolle der Nachrichtendienste: eine vergleichende Bestandsaufnahme, Praxis und Reform,
Berlin 1996.

Hölscheid, Sven — Information der Parlamente durch die Regierung,
in: DÖV 1993, S. 593 ff.

Holtmann, Everhard/
Patzelt, Werner J./
Trittel, Christina — Wer kontrolliert wen und mit welchem Effekt? In: Holtmann/Patzelt (Hrsg.), Kampf der Gewalten, S. 7-16,
Wiesbaden 2004.

Hondeghem, Anne — Ethics and Accountability in a context of Governance and New Public Management. EGPA Yearbook,
2. Auflage, Amsterdam 1998.

Hübner, Emil/ *Münch*, Ursula — Das politische System Großbritannien. Eine Einführung, München 1999.

Hutchings, Vinceton — Public Opinion and Democratic Accountability, Princeton 2003.

Ismayr, Wolfgang — Berichte der Bundesregierung im Prozess parlamentarischer Willensbildung, in: ZParl 1990, S. 553 ff.

Jacobsen, Momme — Zur Verbindlichkeit der Volksgesetzgebung, in: DÖV 2007, S. 949 ff.

Jann, Werner/ *Reichard*, Christoph/ *Naschold*, Frieder — Innovation, Effektivität, Nachhaltigkeit. Internationale Erfahrungen zentralstaatlicher Verwaltungsreformen, Berlin 1999.

Jarass, Hans/ *Pieroth*, Bodo (Hrsg.) — Grundgesetz für die Bundesrepublik Deutschland. Kommentar, 10. Auflage, München 2009.

Jarren, Otfried — Kann man mit Öffentlichkeitsarbeit die Politik „retten"? in: ZParl 1994, S. 653 ff.

Jennings, Ivor — Cabinet Government, 3. Auflage, Cambrigde 1969.

Jessen, Kai-Olaf — Neuere Ansätze parlamentarischer Steuerung und Kontrolle, Speyer 2001.

Kastendiek, Hans/ *Stinshoff*, Richard — Verfassungsdenken und Verfassungspolitik, in: Kastendiek/Sturm (Hrsg.), Länderbericht Großbritannien, S. 118 ff., 3. Auflage, Bonn 2006.

Kastendiek, Hans/ *Stinshoff*, Richard — Verfassungsdenken und Verfassungspolitik, in: Kastendiek/Sturm (Hrsg.), Länderbericht Großbritannien, S. 118 ff., 3. Auflage, Bonn 2006.

Kaufmann, Erich — Die Grenzen der Verfassungsgerichtsbarkeit, in: VVDStRL Heft 9, 1952, S. 1-16.

Kirchhof, Paul — Entparlamentarisierung der Demokratie? Festschrift für Peter Graf Kielmannsegg, Wiesbaden 2004.

Klemmt, Rainer — Die Verantwortung der Minister in Großbritannien. Eine Studie zur Kontrolle der Regierung im parlamentarischen Regierungssystem, Tübingen 1983.

Kloepfer, Michael/ *Schärdel*, Florian — Die Perspektiven der Volksgesetzgebung, in: DVBl. 2008, S. 1333 ff.

Kloepfler, Michael/ *v. Lewinski*, Kai — Das Informationsfreiheitsgesetz des Bundes, in: DVBl. 2005, S. 1277 ff.

König, Klaus — Evaluation als Kontrolle der Gesetzgebung, Speyer 1983.

Kopp, Ferdinand — Verfassungs- und Verwaltungsverfahrensrecht, München 1971.

Krebs, Walter — Kontrolle in staatlichen Entscheidungsprozessen, Heidelberg 1984.

Kröger, Klaus — Die Ministerverantwortung in der Verfassungsordnung der Bundesrepublik Deutschland, Frankfurt/Main 1972.

Krüger, Hartmut — Die Risikoübernahme und die Verantwortlichkeit als rechtliche Legitimation zur Ausübung der Leitungsmacht, in: BayVBl. 1996, S. 741 ff.

Kruse, Julia — Der öffentlich-rechtliche Beauftragte. Ein Beitrag zur Systematisierung der deutschen Variante des Ombudsmannes, Berlin 2007.

Kühling, Jürgen — Erosion demokratischer Öffentlichkeit? In: DVBl. 2008, S. 1098 ff.

Kugelmann, Dieter — Das Informationsfreiheitsgesetz des Bundes, in: NJW 2005, S. 3609 ff.

Kugelmann, Dieter — Informationsfreiheit als Element moderner Staatlichkeit, in: DÖV 2005, S. 851 ff.

Kunig, Philipp — Politische Kontrolle der Bundesregierung durch das Parlament, in: Jura 1993, S. 220 ff.

Langner, Peter — Zero-Base Budgeting und Sunset-Legislation, Baden-Baden 1983.

Leibholz, Gerhard — Das Bundesverfassungsgericht 1951-1971, Karlsruhe 1971.

Lennartz, Jürgen/ *Kiefer*, Günther — Parlamentarische Anfragen im Spannungsfeld von Regierungskontrolle und Geheimhaltungsinteressen, in: DÖV 2006, S. 185 ff.

Leuenberger, Saskia — Neue „Visitenkarte“ für den Bundestag, in: Das Parlament vom 13.10. 2008.

Linck, Joachim — Zur Informationspflicht der Regierung gegenüber dem Parlament, in: DÖV 1983, S. 957 ff.

Linck, Joachim — Berichte der Bundesregierung an das Parlament, in: DÖV 1979, S. 116 ff.

Ling, Tom — The NAO and Parliamentary scrutiny: a new audit for new times? Centre for Public Scrutiny, London 2006.

Loeser, Roman — Das Berichtswesen in der öffentlichen Verwaltung, Baden-Baden 1991.

Loewenstein, Karl — Verfassungslehre, 2. Auflage, Tübingen 1969.

Luhmann, Niklas — Organisation und Entscheidung. 2. Auflage, Wiesbaden 2006.

Magiera, Siegfried — Rechte des Bundestages und seiner Mitglieder gegenüber der Bundesregierung, in: Schneider/Zeh (Hrsg.), Parlamentsrecht und Parlamentspraxis in der Bundesrepublik Deutschland, § 52. Berlin 1989.

Maiwald, Christian — Berichtspflichten gegenüber dem Deutschen Bundestag, Frankfurt/Main 1993.

Mandelartz, Herbert — Öffentlichkeitsarbeit der Regierung – Begriff, Instrumente und Begrenzungen in der Vorwahlzeit, in: DÖV 2009, S. 509 ff.

v. *Mangoldt*, Hermann/ *Klein*, Friedrich/ *Starck*, Christian (Hrsg.) — Kommentar zum Grundgesetz, 5. Auflage, München 2005.

Martin, Jane — Public Accountability in Practice: the need for Public scrutiny, Centre for Public Scrutiny, London 2004.

Masey, Andrew/ *Pyper*, Robert — Public Management and Modernization in Britain, London 2005.

Masing, Johannes — Politische Verantwortung und rechtliche Verantwortlichkeit,
in: ZRP 2001, S. 36 ff.

Maunz, Theodor/
Dürig, Günter (Begründer) — Grundgesetz Kommentar. 7 Bände (Loseblatt), München 1958 – heute.

Mayntz, Renate — Gesetzgebung und Bürokratisierung,
Bonn 1980.

McConnell, Alan — Popular Accountability,
in: Pyper (Hrsg.), Aspects of Accountability in the British System of government,
Eastham 1996.

Mehde, Veith — Die Ministerverantwortung nach dem Grundgesetz,
in: DVBl. 2001, S. 13 ff.

Mehde, Veith — Rechtliche und rechtspolitische Potentiale von Petitionsrecht und Ombudsmanneinrichtungen,
in: ZG 2001, S. 145 ff.

Memminger, Gerhard — Parlamentarische Kontrolle der Regierung durch Untersuchungsausschüsse,
in: DÖV 1986, S. 15 ff.

Meyn, Karl-Ulrich — Kontrolle als Verfassungsprinzip,
Baden-Baden 1982.

Moran, Michael — Politics and Governance in the UK,
Basingstoke 2005.

Münch, Ingo von/
Kunig, Philip
(Hrsg.) — Grundgesetz-Kommentar.
5. Auflage, München 2001.

Mulgan, Richard — Comparing accountability in the public and private sector,
in: Australian Journal of Public Administration 2000, S. 87 ff.

Mulgan, Richard — Accountability: an ever-expanding concept? In: Public Administration 2000, S. 554 ff.

Murphy, Shaun — Accountability to the citizen, in: Boyle/McNamara (Hrs.), Governance and Accountability, Dublin 2007.

Nida-Rümelin, Julian — Politische Verantwortung, in: Heidbrink/Hirsch (Hrsg.), Staat ohne Verantwortung? S. 55-86, Frankfurt am Main 2007.

Nödl, Andreas — Parlamentarische Kontrolle, Wien 1995.

Obst, Claus-Henning — Chancen direkter Demokratie in der Bundesrepublik Deutschland. Zulässigkeit und politische Konsequenzen, Köln 1986.

Oliver, Dawn — Law, politics and public accountability. The search for a new Equilirium, in: Public Law 1994, S. 238 ff.

Patzelt, Werner — Unverstandenes Parlament – unaufgeklärte Journalisten. Symposium des Sächsischen Landtages. Heft 32, Dresden 2004.

Pfetsch, Barbara — Regieren unter den Bedingungen der medialen Allgegenwart, in: Sarcinelli (Hrsg.), Politikvermittlung und Demokratie in der Mediengesellschaft, S. 233-252, Opladen 1998.

Pieroth, Bodo — Die planende Verwaltung zwischen Geheimhaltung und Öffentlichkeit, in: JuS 1981, S. 625 ff.

Püttner, Günter/ *Kretschmer*, Gerald — Die Staatsorganisation, München 1993.

Pyper, Robert — The Parameters of Accountability, in: Pyper (Hrsg.), Aspects of Accountability in the British System of government, Eastham 1996.

Rhodes, Roderick A. W. — Understanding governance: policy networks, governance, reflexivity and accountability, Buckingham 1997.

Richter, Walter — Controlling und Berichtswesen, in: Blanke/von Bandemer/Nullmeier/Wewer (Hrsg.), Handbuch zur Verwaltungsreform, S. 392-400, 2. Auflage, Opladen 2001.

Ritter, Gerhard — Parlament und Demokratie in Großbritannien: Studien zur Entwicklung und Struktur des politischen Systems. Göttingen 1972.

Rittstieg, Helmut — Die Weisungsunterworfenheit des Beamten, in: ZRB 1970, S. 72 ff.

Roll, Hans-Achim — Geschäftsordnung des Deutschen Bundestages. Kommentar, Baden-Baden 2001.

Romzek, Barbara — Enhancing Accountability, in: Perry (Hrs.), Handbook of Public Administration, S. 97-113, San Francisco 1996.

Romzek, Barbara/ *Dubnick*, Melvin — Accountability in the public sector – lessons from the Challenger tragedy, in: Public Administration Review 1987, S. 227 ff.

Rossi, Matthias — Informationsfreiheitsgesetz: Handkommentar, Baden-Baden 2006.

Saalfeld, Thomas — Großbritannien. Eine politische Landeskunde, Berlin 1998.

Saalfeld, Thomas — Multiple Veto Points, Informal Coordination and Problems of Hidden Action, in: Strom/Müller/Bergmann (Hrsg.), Delegation and accountability in Parliamentary Democracies, S. 347-372, Oxford 2003.

Saladin, Peter — Verantwortung als Staatsprinzip, Stuttgart 1984.

Sarcinelli, Ulrich — Öffentlichkeitsarbeit der Parlamente – Politikvermittlung zwischen Public Relations und Parlamentsdidaktik, in: ZParl 1993, S. 464 ff.

Schenke, Wolf-Rüdiger/ *Baumeister*, Peter — Vorgezogene Bundestagswahlen – der Überraschungscoup ohne Verfassungsbruch? In: NJW 2005, S. 1844 ff.

Schenker-Wicki, Andrea — Accountability. Berichten wir uns zu Tode? Auf dem Weg in die Audit-Society, in: Hill (Hrsg.), Die Zukunft des öffentlichen Sektors, S. 151-165, Speyer 2006.

Scherer, Joachim — Datenschutz und Datenzugang, in: JZ 1979, S. 389 ff.

Scheuner, Ulrich — Verantwortung und Kontrolle in der demokratischen Verfassungsordnung. Festschrift für Gebhard Müller, Tübingen 1970.

Scheuner, Ulrich — Die Kontrolle der Staatsmacht. Die Eingrenzung der Macht in der Verfassungsordnung der Bundesrepublik Deutschland, Hannover 1977.

Schippl, Jens — Public Accountability – eine Frischzellenkur für die Demokratie in Europa, in: Informationen der Technischen Akademie Baden-Württemberg, Heft 3, 2002, S. 17 f.

Schmidt, Jörg — Die demokratische Legitimationsfunktion der parlamentarischen Kontrolle: eine verfassungsrechtliche Untersuchung über Grundlage, Gegenstand und Grenzen der parlamentarischen Kontrolle unter besonderer Berücksichtigung der ministerialfreien Räume und der Privatisierung, Berlin 2007.

Schmidt-Aßmann, Eberhard — Verwaltungsverantwortung und Verwaltungsgerichtsbarkeit, in: VVDStRL Heft 34, S. 221 ff., Berlin 1976.

Schmidt-Aßmann, Eberhard — Verwaltungskontrolle, in: Schmidt-Aßmann/ Hoffmann-Riem (Hrsg.), Verwaltungskontrolle, S. 9-44, Baden-Baden 2004.

Schmidt-Bleibtreu, Bruno/ *Hofmann*, Hans/ *Hopfauf*, Axel — Kommentar zum Grundgesetz, 12. Auflage, München 2008.

Schmidt-Aßmann, Eberhard/ *Möllers*, Christoph — The scope and accountability of Executive Power in Germany, in: Craig/Tomkins (Hrsg.), The executive and public law, S. 268-290, Oxford 2006.

Schmitz, Heribert/ *Jastrow*, Serge-Daniel — Das Informationsfreiheitsgesetz des Bundes, in: NVwZ 2005, S. 984 ff.

Schneider, Hans-Peter — Die Ministeranklage im parlamentarischen Regierungssystem, in: ZParl 1985, S. 495 ff.

Scholz, Rupert	Verwaltungsverantwortung und Verwaltungsgerichtsbarkeit, in: VVDStRL Heft 34, S. 145 ff., Berlin 1976.
Scott, Colin	Accountability in the regulatory State, in: Osborne (Hrsg.), Public Management, S. 451-473, London 2002.
Schreckenberger, Waldemar	Informelle Verfahren der Entscheidungsvorbereitung zwischen Bundesregierung und Mehrheitsfraktionen: Koalitionsgespräche und Koalitionsrunden, in: ZParl 1994, S. 329 ff.
Schröder, Meinhard	Bildung, Bestand und parlamentarische Verantwortung der Bundesregierung, in: Isensee/Kirchhof (Hrsg.), Handbuch des Staatsrechts, Band III, § 65, 3. Auflage, Heidelberg 2005.
Schröder, Meinhard	Untersuchungsausschüsse, in: Schneider/Zeh (Hrsg.), Parlamentsrecht und Parlamentspraxis in der Bundesrepublik Deutschland, § 46, Berlin 1989.
Schuett-Wetschky, Eberhard	Regierung, Parlament oder Parteien: Wer entscheidet, wer beschließt? In: ZParl 2005, S. 489 ff.
Schwarzmeier, Manfred	Gouvermentale Kontrolle und parlamentarische Mitsteuerung. Wirkmechanismen informalen Einflusses zwischen Regierung und Parlamentsmehrheit, in: Holtmann/Patzelt (Hrsg.), Kampf der Gewalten, S. 55-85, Wiesbaden 2004.

Schweitzer, Karl-Christoph — Wahrnehmung von parlamentarischen Kontrollfunktionen,
in: Birke/von Kluxen (Hrsg.), Deutscher und britischer Parlamentarismus,
München 1985.

Steffani, Winfried — Parlamentarismus ohne Transparenz,
Opladen 1971.

Stern, Klaus — Das Staatsrecht der Bundesrepublik Deutschland, Band I.
2. Auflage, München 1984.

Sturm, Roland — Die britische Debatte zum Westminister-Modell,
in: ZParl 2006, S. 795 ff.

Sturm, Roland — Parlamentarische Informationsrechte. Eine Untersuchung an den Beispielen des Bundestages und des Landtages Nordrhein-Westphalen,
Berlin 2007.

Teuber, Christian — Parlamentarische Informationsrechte. Eine Untersuchung an den Beispielen des Bundestages und des Landtages Nordrhein-Westphalen,
Berlin 2007.

Thurston, Anne/*Cain*, Piers — Record Management as a Public Sector accountability function,
London 1998.

Tomkins, Adam — The Struggle to delimit Executive Power in Britain,
in: Craig/Tomkins (Hrsg.), The executive and public law,
Oxford 2006.

Tröndle, Herbert/
Fischer, Thomas — Strafgesetzbuch und Nebengesetze,
München 2009.

Turpin, Colin — British Government and the Constitution, Cambridge 1990.

Verhey, Luc/ *Broeksteg*, Hansko/ *Driessche*, Ilse van den — Political Accountability in Europe. Which way forward? Groningen 2008.

Vogelsang, Klaus — Die Verpflichtung der Bundesregierung zur Antwort auf parlamentarische Anfragen, in: ZRB 1988, S. 5 ff.

Waechter, Kay — Berichtspflichten der Regierung aus einfachem Gesetzesrecht, in: ZG 1996, S. 84 ff.

Wegrich, Kai/ *Shergold,* Miriam/ *Stolk*, Christian van/ *Jann*, Werner — Wirksamkeit von Sunset Legislation und Evaluationsklauseln. Agenda Moderne Regulierung der Bertelsmann Stiftung, Berlin 2005.

Wengst, Udo — Ministerverantwortung in der parlamentarischen Praxis der Bundesrepublik, in: ZParl 1984, S. 539 ff.

Wessels, Johannes — Strafrecht Allgemeiner Teil, Heidelberg 2008.

White, Fidelma/ *Hollingsworth*, Kathryn — Audit, Accountability and Government, Oxford 1999.

Wiefelspütz, Dieter — Das Untersuchungsausschussgesetz, Baden-Baden 2003.

Wieland, Joachim — Rechnungshofkontrolle im demokratischen Rechtsstaat, in: DVBl. 1995, S. 894 ff.

Wilke, Dieter — Über Verwaltungsverantwortung, in: DÖV 1975, S. 509 ff.

Witte-Wegmann, Gertrud — Recht und Kontrollfunktion der Großen, Kleinen und Mündlichen Anfragen im Deutschen Bundestag, Berlin 1972.

Woodhouse, Diana — Ministers and Parliament, Oxford 1994.

Wuttke, Julia — Die Verantwortlichkeit von Regierungsmitgliedern in Deutschland und Frankreich, Köln 2005.

Ziemske, Burkhard — Das parlamentarische Untersuchungsrecht in England – Vorbild einer deutschen Reform? Köln 1990.

Zimmermann, Peter — Reform der Staatstätigkeit durch generelle Befristung von Gesetzen – Aspekte einer Problembewältigung mit verfassungswidrigen Mitteln, in: DÖV 2003, S. 940 ff.

Kolibri 360 GmbH
Ferdinand-Jühlke-Straße 7
99095 Erfurt, Deutschland
produktsicherheit@kolibri360.de